Sigrid Raquet
Keine Angst vor Zeugen Jehovas

W0243432

Ex Libris
Michael
Kittler

Sigrid Raquet

Keine Angst vor Zeugen Jehovas

Argumente für das nächste Gespräch

Brendow
Buch · Kunst · Verlag

Dieses Buch widme ich dem jungen Zeugen-Ehepaar, das jahrelang versuchte, mich von der Richtigkeit der Wachtturmlehren zu überzeugen. Ich hoffe und bete, daß sie die Wahrheit erkennen.

Jesus Christus spricht:
Ich bin der Weg, die Wahrheit und das Leben, niemand kommt zum Vater denn durch mich. (Joh. 14,6)

Die Deutsche Bibliothek – CIP-Einheitsaufnahme

Raquet, Sigrid:
Keine Angst vor Zeugen Jehovas : Argumente für das nächste Gespräch / Sigrid Raquet. -
Moers : Brendow, 1998
(Edition C : C ; 525)
ISBN 3-87067-742-2

ISBN 3-87067-742-2
Edition C, C 525
© 1998 by Brendow Verlag, D-47443 Moers
Einbandgestaltung: Kortüm + Georg, Agentur für Kommunikation und Gestaltung, Münster
Satz: Convertex, Aachen
Druck und Bindung: Clausen & Bosse, Leck
Printed in Germany

Inhalt

Vorwort

„Schon wieder ein Buch über Zeugen Jehovas!" denken Sie vielleicht. *„Was soll da noch Neues kommen?"* Es gibt tatsächlich schon sehr viel Literatur über die Wachtturmgesellschaft. Das meiste sind jedoch Lebensbeschreibungen ehemaliger Zeugen Jehovas. In diesen Büchern spielt die Überprüfung der Lehren oft nur eine untergeordnete Rolle. Ich selbst war nie Zeugin Jehovas. Mit diesem Buch möchte ich eine Auseinandersetzung mit der Lehre der Zeugen Jehovas auf biblischer Basis führen. Es geht daher nur in geringerem Umfang um einen geschichtlichen Abriß.

Die Wachtturmgesellschaft erklärt, an die Unfehlbarkeit der Bibel zu glauben, während sie den christlichen Kirchen vorwirft, diese Grundlage verlassen zu haben. Deshalb ist eine der entscheidenden Fragen für Christen:

Stimmt die Lehre der Wachtturmgesellschaft
mit der Bibel überein?

Es bleibt nicht aus, daß eine Fülle von Bibelstellen überprüft werden müssen, doch wem gerade dies am Herzen liegt, wird mit dem vorliegenden Buch eine gute Hilfe für ein Gespräch mit Jehovas Zeugen haben. Die einzelnen Themen sind so aufgebaut, daß die Lehren der Wachtturmgesellschaft anhand ihrer eigenen Literatur ausführlich dargestellt werden. Zu manchen Themen habe ich nur Aussagen der Gesellschaft selbst angeführt, die aussagekräftig genug sind und kaum eines weiteren Kommentars bedürfen. Obwohl dies eine Fülle von Informationen bedeutet, ist es notwendig, die Wachtturmlehren anhand von Zitaten deutlich zu machen, denn auf manche Fragen bekommt man in Gesprächen keine klare Antwort, manches wird einfach geleugnet. So antwortete eine Zeugin in einer Fernsehshow einmal auf die Frage, ob das Feiern von Weihnachten denn verboten sei, mit: „Nein!", während die Wachtturmliteratur beweist, daß dies als Götzendienst gilt und mit dem Ausschluß geahndet werden kann.

In Broschüren für die Öffentlichkeit wie z. B. *„JEHOVAS ZEUGEN – Menschen aus der Nachbarschaft – Wer sind sie?"* nimmt die Gesellschaft für sich in Anspruch, die Öffentlichkeit objektiv über die Zeugen informieren zu wollen; es werden einige Lehren sowie geschichtliche Hintergründe aufgeführt. Die Broschüre ist reichlich bebildert und zeigt viele freundlich lächelnde Zeugen und glückliche Familien – *Menschen wie du und ich, mit besserer Moral und besonderen Glaubenslehren, aber sonst eben ganz normale Menschen, die in Frieden mit ihren Nachbarn leben möchten.*

Wer die Literatur der Wachtturmgesellschaft kennt, wird sich über den moderaten Ton wundern, der in dieser Broschüre angeschlagen wird. In anderen Publikationen wird ganz anders formuliert. Daher ist es wichtig, neben den Angaben, die die Organisation selbst über sich macht, einen Blick hinter die Kulissen dieser Gesellschaft zu werfen, um ein wirklich genaues Bild zu bekommen.

Nach der Lehre der Wachtturmgesellschaft gehören alle Menschen außer Jehovas Zeugen zum Machtbereich des Teufels. Bei ihren Besuchen von Haus zu Haus sagen sie dies nicht deutlich, wer jedoch ihre Literatur liest, merkt schnell, daß diese Gemeinschaft zwei Gesichter hat: eines für die Öffentlichkeit und eines nach innen.

Wie komme ich dazu, ein Buch über Jehovas Zeugen zu schreiben? Vor etwa 16 Jahren kam ich zum ersten Mal in Berührung mit ihnen. Sie klingelten an meiner Haustür. Etwas verwirrt und verwundert brach ich den Kontakt nach nur drei Besuchen ab, aus Angst, in eine Sekte zu geraten. Als ich einige Jahre später einmal ein Buch über die Wachtturmgesellschaft in die Hand bekam, wurde mein Interesse geweckt, und ich informierte mich weiter. Ich las nicht nur Bücher über die Zeugen, sondern las vor allem Literatur der Wachtturmgesellschaft selbst. So sammelte sich im Laufe der Jahre eine umfangreiche Bibliothek an. Ich besuchte die Versammlungen der Zeugen Jehovas in verschiedenen Orten sowie verschiedene ihrer Kongresse, um mir einen weiteren Eindruck zu verschaffen. Dann kam ich über einen Verein (den *Bruderdienst-Missionsverlag* in Itzehoe) in Kontakt mit ehemaligen Zeugen Jehovas. Während all dieser Jahre führte ich auch viele Gespräche mit aktiven Zeugen, die mich von der Richtigkeit ihrer Lehre zu überzeugen versuchten. Ihre Argumente prüfte ich anhand der Bibel. Während ich es jedoch konnte, war dies für Jehovas Zeugen objektiv nicht oder kaum möglich. Es ist ihnen untersagt, Literatur von „Ehemaligen“ zu lesen. Diese wird als dämonisch angesehen und mit Pornographie gleichgesetzt.

Es ist nicht meine Absicht, mit diesem Buch eifrige Menschen schlecht zu machen. Ich habe viele aufrichtige und sympathische Menschen bei den Zeugen Jehovas kennengelernt – allerdings auch etliche Enttäuschungen in dieser Hinsicht erlebt. Nachdem ich heute als Gegnerin eingestuft bin, habe ich keinen Kontakt mehr mit ihnen, obwohl ich selbst jederzeit dazu bereit bin. Anscheinend „rät“ die Wachtturmgesellschaft davon ab.

Mein Herz brennt nach wie vor für Jehovas Zeugen. Ich möchte aufrichtige Zeugen zum Nachdenken anregen und Menschen, die mit ihnen *studieren*, aus dem Feuer reißen, denn mein Fazit ist klar und deutlich:

Diese Gemeinschaft führt Menschen in die Irre.

Wie ich zu dieser Feststellung gekommen bin, zeigt die Auseinandersetzung mit der Lehre der Zeugen Jehovas in diesem Buch. Weitere Fragen beantworte ich gerne auch persönlich. Zuschriften richten Sie bitte an den Verlag.

Kapitel 1

Was glauben Jehovas Zeugen?

Es bestehen große Unsicherheiten in der Öffentlichkeit, was die Glaubenslehren der Wachtturmgesellschaft betrifft; deshalb kann uns die folgende Liste einen recht umfassenden Überblick verschaffen. Nicht jeder Punkt ist grundsätzlich falsch. So sehe ich als Christin z. B. auch die Bibel als ein von Gott inspiriertes Buch an.

Das glauben die Zeugen Jehovas:

- Gottes Name ist *Jehova*; die „abtrünnige Christenheit" hat diesen Namen aus der Bibel entfernt. An dem Gebrauch dieses Namens kann man u. a. den wahren Christen erkennen.
- Die Bibel wird als von Gott inspiriert angesehen. (Die alleingültige Auslegung erfolgt durch die Wachtturmgesellschaft.)
- Die Wachtturmgesellschaft ist von Gott als sogenannten „Mitteilungskanal" ausgewählt worden, Gott spricht nur durch sie und erkennt keine andere Religionsgemeinschaft an; alle anderen Religionsgemeinschaften gehören zur „Hure Babylon" und werden in der Schlacht von Harmagedon vernichtet.
- Es gibt keine Dreieinigkeit, Jesus Christus ist ein geschaffenes Wesen, identisch mit dem Erzengel Michael; er darf nicht angebetet werden. Der Heilige Geist ist die unpersönliche Kraft Gottes.
- Jesu Wiederkunft hat bereits stattgefunden, und zwar *unsichtbar* im Jahre 1914; seither regiert er vom Himmel aus.
- *In Kürze* wird die Schlacht von Harmagedon stattfinden, in der i. d. R. alle, die die Botschaft der Zeugen Jehovas ablehnen, umkommen werden. (Der Zeitpunkt dieser Schlacht wurde von der Wachtturmgesellschaft z. B. für die Jahre 1914, 1925 oder – wenn auch etwas vorsichtiger – für 1975 vorhergesagt.) Nach dieser Schlacht erfolgt die Auferstehung für „Gerechte und Un-

gerechte". Die Menschen erhalten eine neue Chance, sich im 1000jährigen Reich auf einer paradiesischen Erde zu bewähren. Ausgenommen davon sind die „ganz Bösen", Adam und Eva als Verursacher des Sündenfalls sowie diejenigen Menschen, die in der Schlacht von Harmagedon umkommen. Für sie gibt es keine Wiederauferstehung. Nach dem 1000jährigen Reich erfolgt eine Schlußprüfung.

- Nur 144 000 Menschen, sogenannte „Geistgesalbte", kommen als unsterbliche Geistwesen in den Himmel, die übrigen Menschen, die die Schlußprüfung bestehen, werden ewig auf der paradiesischen Erde leben.
- Eine Hölle gibt es nicht, dieses Wort wird als Symbol verstanden und mit ewiger Vernichtung gleichgesetzt.
- Das Kreuz ist ein heidnisches Symbol; Jesus ist in Wirklichkeit an einem Pfahl gestorben. Das Tragen eines Kreuzes gilt als Götzendienst.
- Feiertage wie Weihnachten und Ostern werden als heidnisch abgelehnt, ebenso Geburtstagsfeiern, Karneval, Muttertag.
- Die Verwendung von Bildnissen – z. B. Heiligenfiguren, Rosenkranz o. ä. – bei der Anbetung ist verboten.
- Das Essen von Blut – z. B. in Wurstwaren – sowie Bluttransfusionen sind verboten.
- Die Verrichtung des sogenannten *Predigtwerkes* zeichnet den wahren Zeugen Jehovas aus.
- Jehovas Zeugen verweigern den Wehrdienst, bis zum 01.05.96 galt auch das Verbot des Zivildienstes.
- Babys dürfen nicht getauft werden.
- Das Abendmahl (bei Jehovas Zeugen als Gedächtnismahl bezeichnet) darf nur einmal im Jahr gefeiert werden, und zwar an dem 14. Nisan (Tag des Passahmahles) entsprechenden Tag. Von Brot und Wein nehmen dürfen nur Zeugen, die sich zu den 144 000 rechnen. Alle anderen geben es nur weiter.
  Anwesende im Jahr 1996: 12 921 801
  Teilnehmer: 8757
- Ausschlußgründe bei Jehovas Zeugen (nicht abschließend)
  - Abtrünnigkeit, z. B. geäußerte Zweifel an der Richtigkeit diverser Lehren

- Feiern von christlichen Festen und Geburtstag o. ä.
- Bluttransfusionen
- Rauchen
- Sexuelles Fehlverhalten
- Tätigkeiten, durch die die *Neutralität verletzt wird*, z. B. Teilnahme an Wahlen
- Wehrdienst (bis zum Mai 1996 auch Zivildienst)
- Diebstahl, Betrug, Trunkenheit, Glücksspiel

Kapitel 2

„Jehova Gott macht seine wahren Boten kenntlich. Er tut es dadurch, daß er die Botschaften, die er durch sie übermittelt, in Erfüllung gehen läßt. Außerdem stellt Jehova falsche Boten bloß. Auf welche Weise? Er läßt ihre Zeichen und Voraussagen nicht eintreffen. So zeigt er, daß sie selbsternannte Weissager sind, deren Botschaften in Wahrheit ihren eigenen abwegigen Überlegungen entspringen, ja ihrem törichten, fleischlichen Denken“ (Wachtturm vom 01.05.97, S. 8).

Die alleinseligmachende Organisation?

Nach der Lehre der Zeugen Jehovas ist die Wachtturmgesellschaft Gottes sichtbare Organisation auf Erden und soll als *Mitteilungskanal* zwischen Gott und den Menschen fungieren und *„geistige Speise zur rechten Zeit“* austeilen. Erkenntnis über das Wort Gottes kann nach der Lehre der Gesellschaft nur über diese Organisation kommen, zwar benötigten wir die Hilfe des heiligen Geistes, *„doch diese Hilfe wird uns in erster Linie zugänglich, wenn wir uns mit dem von Jehova Gott erwählten Kanal verbinden ... Um uns in den heutigen letzten Tagen zu einem Verständnis des Wortes Gottes zu verhelfen, hat Jehova Gott in seiner Liebe eine sichtbare Organisation beschafft, die unter der Leitung Christi steht: den ‚treuen und verständigen Sklaven‘. Die Art und Weise, wie Jehova die Tätigkeit unter ihrer Leitung gesegnet hat, läßt im Sinn Gott hingegebener Christen keinen Zweifel aufkommen, daß sie die Anerkennung Jehovas genießt“* (*Wachtturm* vom 15.05.81, s. S. 17+18).

Die Lehren, die durch die Zeitschriften *Wachtturm* und *Erwachet*, die Bücher und andere Literatur verbreitet werden, sind für jeden Zeugen Jehovas verbindlich. Zwar betonen Jehovas Zeugen, diese Bücher seien nicht von Gott inspiriert, die Organisation also keinen Unfehlbarkeitsanspruch erhebe, die Praxis jedoch zeigt etwas anderes:

Eine *„anerkannte Mitverbundenheit mit Jehovas Zeugen erfordert, daß man die Gesamtheit der wahren Lehren der Bibel akzeptiert, einschließlich jener biblischen Glaubensinhalte, die nur Jehovas Zeugen vertreten"*, so der *Wachtturm* vom 01.04.86, S. 31. Dies sind z. B. die Lehren, daß Jesus Gott untergeordnet sei, die Wachtturmgesellschaft von Jehova eingesetzt sei, im Jahre 1914 Jesus unsichtbar zu herrschen begann und nur 144 000 Personen in den Himmel kommen würden.

Wer nur eine dieser Aussagen öffentlich in Frage zöge, würde demnach wohl ausgeschlossen (s. auch Kap. 13). Ausgeschlossene oder Menschen, die die Gemeinschaft von sich aus verlassen, werden von der Wachtturmorganisation als die *„Klasse des bösen Sklaven"* bezeichnet, die sich am Tisch der Dämonen nähre (*Wachtturm* vom 01.07.94, S. 11). Wer die Gesellschaft verläßt, weil er nicht glauben kann, daß sie Gottes Vertreter ist, wird als Abtrünniger und falscher Apostel gebrandmarkt: *„Sie behaupten vielleicht, Gott zu dienen, doch lehnen sie seine Vertreter, seine sichtbare Organisation, ab"* („Unterredungen anhand der Schriften", S. 26; siehe auch *„Die Offenbarung – ihr großartiger Höhepunkt ist nahe"*, S. 33).

Ist dies nicht in der Praxis doch ein Unfehlbarkeitsanspruch?

Jehovas Zeugen vertreten die Meinung, daß die anderen Religionsgemeinschaften, insbesondere die christlichen, von Gott verworfen worden seien. Von den jetzt lebenden Menschen würden in der Regel nur sie selbst das ewige Leben erben. Die übrigen Menschen, auch die, die sich ausdrücklich zu Jesus Christus bekennen, kämen in der Schlacht von Harmagedon um. In dem Buch *„Du kannst für immer im Paradies auf Erden leben"* (nachfolgend Paradiesbuch genannt) heißt es auf S. 255: *„Denke nicht, es gebe verschiedene Wege, die du gehen könntest, um in Gottes neuem System Leben zu erlangen. Es gibt nur einen. Es gab nur eine Arche, die die Sintflut überstand, nicht mehrere. Und es wird nur eine Organisation – die sichtbare Organisation Gottes – geben, die die schnell herannahende ‚große Drangsal' überleben wird."*

Jehovas Zeugen erklären zwar, nur Jehova sei der Richter und sie könnten daher nicht beurteilen, wer vernichtet werde, daß der *„Tod die Menschen auch nicht wahllos treffen werde, sondern nur diejenigen, die es wirklich verdienen, vernichtet zu werden"* (Wachtturm-Buch

„Frieden und Sicherheit – wie wirklich zu finden?“, S. 35). Im gleichen Buch wird jedoch präzisiert, wer diejenigen sein würden, die *„es wirklich verdienen“: „Und wie sollen die Menschen erfahren, was Gottes Wille ist? Indem sie auf das weltweite Erziehungswerk positiv reagieren ... In mehr als 200 Ländern besuchen Millionen Zeugen Jehovas die Leute... Dieses Scheidungswerk wird bereits viele Jahre durchgeführt. Gemäß Gottes Wort werden sowohl diejenigen, die seine Königreichsherrschaft zurückweisen, als auch Personen, die die Gelegenheit, etwas von ihm zu lernen, achtlos vorbeigehen lassen, vom Leben ‚abgeschnitten‘ werden“* (a. a. O., S. 82+83). Das Überleben in Harmagedon wird deutlich an die Zugehörigkeit zur Wachtturmgesellschaft geknüpft.

Auch das bekannte Gleichnis Jesu in Mt. 25,31-45 wird von Jehovas Zeugen auf ihre Organisation gedeutet: Dort ist die Rede von Jesu Wiederkunft und dem Gericht, bei dem er die Menschen in Schafe und Böcke trennt; die Schafe werden das Reich Gottes erben und die Böcke in das ewige Feuer gehen: *„Warum belohnt der Hirte und König die zu der Klasse der Schafe Gehörenden mit einer gesegneten Zukunft? Weil sie das Königreichspredigtwerk rückhaltlos unterstützen und weil sie seinen gesalbten Brüdern gefällig sind, was Jesus so betrachtet, als hätten sie ihm gegenüber so gehandelt ...* (Anm. d. Verf.: Diese „gesalbten Brüder“ sind heute nach Wachtturm-Lehre nur in den eigenen Reihen zu finden.) ... *Unterstützen wir deshalb eifrig den treuen und verständigen Sklaven! Nur dann werden eines Tages – und zwar sehr bald – alle schafähnlichen Menschen die beglückenden Worte hören können: „Kommt her, die ihr von meinem Vater gesegnet worden seid, erbt das Königreich, das von der Grundlegung der Welt an für euch bereitet ist“* (*Wachtturm* vom 01.05.93, S. 19+21). – Gerade dieses Gleichnis beweist auch, welches Wechsellicht durch die Organisation erscheint. Während C. T. Russell noch lehrte, die Scheidung von Schafen und Böcken finde im Tausendjährigen Reich statt (Schriftstudien, Bd. 5, Nachdruck von 1960, S. 457), lehrte die Organisation bis zum 15.10.95, es gehe um die Zeit seit 1914, und heute heißt es, diese Scheidung stehe noch bevor.

Wenn ein Zeuge Jehovas bei seinem Besuch also erklärt, nicht seine Gemeinschaft richte, sondern Jehova, ist dies nur die halbe Wahrheit. Die Wachtturmgesellschaft hat in ihrer Literatur die

Kriterien festgelegt, nach denen Jehova angeblich richten wird, zu ihnen gehört unabänderlich die Zugehörigkeit zu ihrer Organisation.

Alle Religionsgemeinschaften außerhalb der Wachtturmgesellschaft gehören angeblich zum „Weltreich der falschen Religion, der großen Hure Babylon": *„Wir erkennen, daß mit ‚Babylon der Großen' die gesamte falsche Religion gemeint ist. Sie ist die ‚Mutter der Huren', denn all die verschiedenen falschen Religionen auf der Erde, einschließlich der vielen Sekten der Christenheit, sind wie ihre Töchter, indem sie sie in ihrer geistigen Hurerei nachahmen"* („Die Offenbarung – ihr großartiger Höhepunkt ist nahe", S. 244).

Der Versuch, das Heil allein bei der eigenen Gemeinschaft festzumachen, ist nicht neu. Handelt Gott nur mit einer bestimmten Gemeinschaft, und sind dies Jehovas Zeugen? Hat Gott diese Gemeinschaft als „Stellvertreter Christi auf Erden" eingesetzt? Es ist ebenso wichtig für Jehovas Zeugen wie für uns als Christen dies nachzuprüfen, denn die Konsequenzen für den weiteren Glaubensweg sind immens.

Wie werden wir errettet?

Über den Weg zu Gott sagt die Bibel in Joh. 3,16: „Denn so hat Gott die Welt geliebt, daß er seinen eingeborenen Sohn gab, damit JEDER, der an ihn glaubt, nicht verloren gehe, sondern ewiges Leben habe", und in Röm. 10,8-11: „Denn das ist das Wort des Glaubens, das wir predigen, daß, wenn du mit deinem Mund Jesus als Herrn bekennen und in deinem Herzen glauben wirst, daß Gott ihn aus den Toten auferweckt hat, du errettet werden wirst. Denn mit dem Herzen wird geglaubt zur Gerechtigkeit, und mit dem Mund wird bekannt zum Heil."

Gott selbst spricht vom Glauben als Voraussetzung für das ewige Leben, aber nicht davon, daß es eine weitere Voraussetzung gibt. Man muß Jehovas Zeugen darin zustimmen, daß sich der Glaube durch Werke als echt erweist (Jak. 2,14), doch dies ist keine Voraussetzung, sondern eine Frucht unseres Glaubens. Wir werden nicht deshalb errettet, weil wir gute Werke tun, sondern genau anders herum: Weil wir errettet und Kinder Gottes geworden sind, hat das Auswirkungen auf unser Handeln.

„Denn aus Gnade seid ihr errettet durch Glauben, und das nicht aus euch, Gottes Gabe ist es, nicht aus Werken, damit niemand sich rühme. Denn wir sind sein Gebilde, in Christus Jesus geschaffen zu guten Werken, die Gott zuvor bereitet hat, damit wir in ihnen wandeln sollen" (Eph. 1,8-10).

Jehovas Zeugen jedoch hat man gelehrt, daß dieser lebendige Glaube nicht ausreiche, sondern eine weitere Voraussetzung darin bestehe, Jehova in Verbindung mit der von seinem Geist geleiteten Organisation zu dienen (*Wachtturm* vom 15.01.97, S. 22).

Nur über sie als *Jehovas Kanal* sei ewiges Leben möglich, die Mitgliedschaft in dieser Organisation wäre Voraussetzung für Gottes Gnade und nicht nur der lebendige Glaube an Jesus Christus! Dieser hatte aber eindeutig den einzig möglichen Weg zu Gott gewiesen:

„Ich bin der Weg, die Wahrheit und das Leben, niemand kommt zum Vater denn durch mich" (Joh. 14,6). Auch im Korintherbrief schreibt Paulus, wer der Grund unseres Glaubens ist:

„Einen anderen Grund kann niemand legen, außer dem, der gelegt ist, welcher ist Jesus Christus" (1. Kor. 3,11). Jehovas Zeugen sehen aber die Rettung nur innerhalb ihrer Organisation als möglich an.

Eine Organisation für alle wahren Christen?

Eigentlich müßten Jesu Worte auch jedem Zeugen Jehovas klar machen, daß der Glaube an ihn ausreichend zur Rettung ist. Hier zieht man sich auf eine andere Argumentation zurück: Schon Jesus habe vorausgesagt, daß nicht alle, die ihn Herr nennen würden, auch tatsächlich den Willen Gottes täten trotz eventueller Wundertaten und daß er solche Menschen tatsächlich verwerfen würde (Mt. 7,21-23).

Außerdem erkenne man die Jünger Jesu an bestimmten Merkmalen, an ihrer Liebe untereinander und an der Frucht des Geistes (Gal. 5,22.23). Diese seien jedoch nicht in den *„verschiedenen Sekten* *der Christenheit*" zu finden, sondern nur bei der *„vom Geist geleiteten Organisation Jehovas*".

Es gibt sicherlich Menschen, die sich Christen nennen, es aber dem Herzen nach nicht sind, aber auf diesen Personenkreis trifft Gottes Zusage in Röm. 10 auch nicht zu. Nur wer von Herzen glaubt, darf sich auf das Versprechen Gottes berufen, und in dessen Leben wird die Frucht nicht ausbleiben (Gal. 5,22).

Die Wachtturmgesellschaft wendet Verheißungen, Prophezeiungen und Aussagen der Bibel, die sich an einzelne Personen richten, auf die Organisation an. Doch gerade die oben erwähnte Frucht des Geistes macht deutlich, daß es Gott um den einzelnen Menschen geht. Kann eine Organisation gütig, sanftmütig oder enthaltsam sein (Gal. 5,22), oder kann sie im Gegenteil eifersüchtig sein, unzüchtig, zu Zornausbrüchen neigen, Trinkgelage veranstalten oder ähnliches (Gal. 5,19)? Gott liebt Personen, nicht Organisationen; darum gilt sein Wort auch nicht für eine Organisation, sondern richtet sich immer an einzelne Menschen in verschiedenen Gemeinden, die sein Wort annehmen und Jesus in ihr Herz aufnehmen.

Eine neue Mittlerin

Welchen Stellenwert die Organisation im Leben der Zeugen hat, zeigt ihre eigene Literatur sehr deutlich. Der Titel des Wachtturms vom 01.06.79 und die Überschrift des Studienartikels lauten: DER GLAUBE AN JEHOVAS SIEGREICHE ORGANISATION.

Jesus sagte einmal, wir sollten an Gott und an ihn glauben, von einem Glauben an eine Organisation hat er nichts gesagt! (Joh. 14,1). So macht sich eine Organisation Gott gleich.

In dem 1993 herausgegebenen Buch der Wachtturmgesellschaft *„Jehovas Zeugen – Verkündiger des Königreiches Gottes*", wird auf S. 69 eine Bibelforscherin (früherer Name der Zeugen Jehovas) zitiert: *„Hat sich Jehova nicht dieser Organisation bedient, um uns aus der Knechtschaft der falschen Religion zu befreien? Haben wir seine Güte nicht schon geschmeckt? Wohin sollten wir gehen, wenn wir die Organisation jetzt verließen? Würden wir nicht letztlich Menschen* *nachfolgen?*“ Und dann wird in einer Klammer Joh. 6,66-69 angegeben, wo Petrus zu Jesus sagt: „Zu wem sollen wir gehen? Du hast Worte ewigen Lebens.“ Es geht nicht um ein „wohin“, sondern um ein „zu wem“. In der Bibel galten diese Worte Jesus, hier der Organisation: Jesus wird auf diese Weise mit der Organisation gleichgesetzt!

Gott und die Organisation werden als die *himmlischen Eltern* bezeichnet. Die Wachtturmgesellschaft selbst als *sichtbare Organisation Jehovas* wird von den Zeugen als Mutter bezeichnet, manchmal fast zärtlich als *Mama*. Wenn Gott der Vater ist und die Organisation die Mutter, welchen Stellenwert hat dann Jesus noch? In der Praxis hat die Organisation die Rolle eines Mittlers zwischen Gott und Menschen bekommen, denn wie anders soll man sonst auch die Bezeichnung: *„Jehovas Mitteilungskanal“* werten? Was ist ein Kanal anderes als ein Verbindungsstück zwischen zwei Dingen, in diesem Fall zwischen Gott und den Menschen?

Auch andere Beispiele zeigen, wie sehr die Organisation Jesus von seinem Platz als alleiniger Mittler zu Gott verdrängt hat. Paulus schreibt in seinem ersten Brief an Timotheus: „Denn einer ist Gott, und einer ist Mittler zwischen Gott und Menschen, der Mensch Jesus Christus, der sich selbst als Lösegeld für alle gab“ (1. Tim. 2,5). In der Neue-Welt-Übersetzung, der Bibelübersetzung der Wachtturmgesellschaft, wird z. B. Hebr. 12,2 wie folgt wiedergegeben: *„... während wir unseren Blick auf den Hauptvermittler und Vervollkommner unseres Glaubens, Jesus, gerichtet halten.“* Dies unterscheidet sich gravierend von allen namhaften Übersetzungen, die diese Verse mit „Anfänger und Vollender des Glaubens“ wiedergeben. Jesus ist bei den Zeugen Jehovas nicht mehr der alleinige Mittler, wie uns die Bibel sagt, sondern nur noch der *„Hauptvermittler“*. Im griechischen Grundtext steht in diesem Vers und auch in einigen anderen, wo die Neue-Welt-Übersetzung der Zeugen Jehovas (NW-Übersetzung) den Ausdruck *Hauptvermittler* gewählt hat, das Wort **archgos**, das *Führer, Urheber, Fürst, Befehlshaber, Herrscher* und ähnliches bedeutet, nicht jedoch *Hauptvermittler*. Für den Begriff des Mittlers kennt die griechische Sprache ein eigenes Wort. In ihrer Studienbibel gibt die Wachtturmgesellschaft selbst als wörtliche Übersetzung in der Fußnote „Ober- oder Hauptanführer" an. Obwohl auch in der Bibelübersetzung der Wachtturmgesellschaft in 1. Tim. 2,5 Jesus als alleiniger Mittler zu Gott bezeichnet wird, fällt es Jehovas Zeugen anscheinend nicht auf, daß hier mit einer falschen Übersetzung eine zweite Mittlerin eingeführt wird.

In ihrer Literatur weist die Wachtturmgesellschaft zwar immer darauf hin, daß Jesus Christus der *inthronisierte König Jehovas* und das *Oberhaupt der Königreichsregierung* sei. Für den Glaubensalltag des einzelnen Zeugen spielt Jesus jedoch keine Rolle. *„Wie kommuniziert Jesus heute mit seinen wahren Nachfolgern? Als Veranschaulichung diene das, was Paulus über die Versammlung gesalbter Christen schrieb. Er verglich sie mit einem Leib und Jesus Christus mit dem Haupt. Das ‚Haupt' versorgt die Glieder des geistigen Leibes mit dem, was sie benötigen, durch ‚Gelenke und Bänder' oder die Mittel und Vorkehrungen, durch die seine Versammlung mit geistiger Nahrung versorgt wird und Anleitung erhält (Kol. 2,19). ... Es ist nicht vorgesehen, daß die Glieder der Versammlung direkt mit Jesus Kontakt aufnehmen"* (*Wachtturm* vom 15.12.94, S. 25). Ehren Jehovas Zeugen damit Jesus wirklich so, wie sie den Vater ehren? Haben sie überhaupt ein persönliches Verhältnis zu Jesus? Wurde nicht auch dies auf die Organisation übertragen, wie es eine Zeugin ausdrückte: *„Wir nennen die Organisation ‚Mama'. Wir fühlen uns eng mit ihr verbunden. Es ist etwas Wunderbares, etwas unvergleichlich Schönes"* (*Wachtturm* vom 01.04.94, S. 32).

Ein weiteres Beispiel ist im Buch *„Die Wahrheit, die zu ewigem Leben führt"* nachzulesen. Es wird von der Wachtturmgesellschaft selbst als eines der meistverkauften Bücher der Welt bezeichnet und war jahrelang eines der Hauptlehrbücher der Wachtturmorganisation. Unter anderem wird dort von den Befugnissen der sogenannten 144 000 Mitkönige Jesu berichtet: *„Die Menschen, die die Vernichtung des Bösen überlebt haben, werden zufolge der von Adam ererbten Sünde immer noch unvollkommen sein. Die unrechten Wünsche ihres unvollkommenen Fleisches werden immer noch gegen die rechten Wünsche des Sinnes und Herzens streiten (Röm. 7,21-23). Sie bedürfen daher zuerst der Dienste der himmlischen Priester Gottes, um als vollwertige Glieder, als Söhne, in Gottes Familie aufgenommen zu werden. Was werden diese Priester Gottes tun? Sie werden eine Macht* *besitzen, die bis jetzt keine menschliche Regierung besessen hat; die Macht, die Menschen von Sünde und Unvollkommenheit zu befreien. Diese Macht besitzt Gottes himmlische Priesterschaft zufolge des Loskaufsopfers Jesu*" (a. a. O., S. 6).

Hier werden die „144 000" zu Miterlösern! Es ist bemerkenswert, daß Jehovas Zeugen die Heiligenverehrung der katholischen Kirche unverhohlen als Götzendienst bezeichnen und hier doch selbst 144 000 weitere Mittler zu Gott eingeführt haben, die sogar von Sünde und Schuld befreien können.

Sie folgen einer Organisation, die sich als Kanal Gottes und Stellvertreter Christi auf Erden bezeichnet und die doch das alleinige Mittel zur Sündenvergebung durch das Blut Jesu in Frage stellt. Trifft hier nicht zu, was Paulus in seinem Brief an die Galater schreibt: „Wenn jemand euch etwas als Evangelium verkündigt entgegen dem, was ihr empfangen habt, der sei verflucht" (Gal. 1,9)?

Ungehorsam gegen die Organisation = Ungehorsam gegen Gott??

Die Wachtturmgesellschaft verlangt von den Zeugen sehr weitgehenden Gehorsam und warnt vor sogenanntem *unabhängigem Denken*: *„Satan zog schon zu Beginn seiner Auflehnung Gottes Handlungsweise in Frage. Er trat für unabhängiges Denken ein. ‚Du kannst selbst entscheiden, was gut und böse ist', sagte er zu Eva. ‚Du mußt nicht auf Gott hören. Er sagt dir in Wirklichkeit gar nicht die Wahrheit' (1. Mose 3,1-5). Bis auf den heutigen Tag besteht einer der heimtückischen Anschläge Satans darin, Gottes Volk mit dieser Art des Denkens zu infizieren (2. Tim. 3,1.13). Wie macht sich dieses unabhängige Denken bemerkbar? Im allgemeinen dadurch, daß der Rat, den Gottes sichtbare Organisation gibt, in Frage gestellt wird"* (*Wachtturm* vom 15.04.83, S. 22). Als Folge dieses unabhängigen Denkens wird dann Unsittlichkeit genannt. Die Auflehnung gegen Gottes Gebot an Adam und Eva, nicht von der verbotenen Frucht zu essen, wird mit der Auflehnung gegen die Organisation gleichgesetzt und behauptet: Wer der Organisation nicht gehorcht, gehorcht Gott nicht.

Die Wachtturmgesellschaft, die schon viele gerichtliche Prozesse zur Durchsetzung der Religionsfreiheit geführt hat und die in ihren Zeitschriften regelmäßig auf Machtmißbrauch und Intoleranz der Großkirchen hinweist, will innerhalb der eigenen Organisation kein selbständiges Denken zulassen.

Über das geistliche Klima unter dem Papsttum im 11. Jahrhundert berichtet der *Wachtturm* vom 01.09.89 auf S. 3: *„Niemand war frei, Gott so zu dienen, wie er wollte, oder eine Meinung zu äußern, die derjenigen der Geistlichkeit widersprach. Diese klerikale Intoleranz schuf in ganz Europa ein Klima der Furcht. Die Kirche rief die Inquisition ins Leben, um einzelne, die unerschütterlich an ihrer abweichenden Anschauung festhielten, auszurotten. Sie wurden als Ketzer betrachtet und vor die Inquisitoren geschleppt, die von ihnen mit der Folter ein Schuldbekenntnis erzwingen wollten.“*

Selbstverständlich stellen Jehovas Zeugen niemanden vor eine Inquisition, die sie dann zum Tode verurteilt; aber haben nicht die Rechtskomitees, vor denen sich Personen verantworten müssen, die gegen bestimmte Lehren verstoßen haben, eine vergleichbare Macht? Wer sich von Jehovas Zeugen abwendet, ist damit ihrer Lehre gemäß auch vom ewigen Leben *„abgeschnitten“*. Und darf ein Zeuge Jehovas *Gott so dienen, wie er will?* Ist er *frei, eine Meinung zu äußern, die derjenigen* der Gesellschaft *widerspricht?* Was geschieht mit *einzelnen, die unerschütterlich an ihrer abweichenden Ansicht festhalten?* Sie werden als Abtrünnige bezeichnet: *„Personen, die vorsätzlich Lehren verbreiten (hartnäckig daran festhalten und darüber reden), welche im Widerspruch zu der biblischen Wahrheit stehen, die Zeugen Jehovas lehren, sind Abtrünnige“* („Gebt acht auf euch selbst und auf die ganze Herde“, 1991, S. 94).

Verhandlungen vor den Rechtskomitees sind außerdem grundsätzlich nicht öffentlich, so daß die Versammlung Ausschlußgründe nicht nachprüfen kann. So sind den wildesten Spekulationen Tür und Tor geöffnet. Mit dem Ausgeschlossenen darf nicht mehr geredet werden, so daß dieser seine Gründe nicht darlegen kann. Wie oft wurden Menschen, die die Wachtturmgesellschaft verließen, schon der unmoralischsten Handlungen verdächtigt, während sie in Wirklichkeit nur die Lehren der Organisation bezweifelten.

Gibt es eine Organisation, die das Heil vermittelt?

Die Wachttumgesellschaft gibt Mt. 24,45ff als biblische Grundlage für ihre Bevollmächtigung an: „Wer ist demnach der treue und kluge Knecht, den sein Herr über seine Dienerschaft gesetzt hat, damit er ihnen die Speise zu rechter Zeit gebe? Selig ist ein solcher Knecht, den sein Herr bei seiner Rückkehr in solcher Tätigkeit antrifft. Wahrlich, ich sage euch, er wird ihn über seine sämtlichen Güter setzen. Wenn aber ein solcher Knecht schlecht ist und in seinem Herzen denkt: Mein Herr kommt noch lange nicht! und wenn er seine Mitknechte zu schlagen beginnt und mit den Trunkenen ißt und trinkt, so wird der Herr eines solches Knechts an einem Tage kommen, an dem er es nicht erwartet, und zu einer Stunde, die er nicht kennt ...“

Nach ihrer Auslegung ist eine sogenannte *„Klasse des klugen und getreuen Knechtes“* (heute: „treuer und verständiger Sklave“) gemeint. *„Bibelkommentatoren betrachten das Gleichnis häufig als eine allgemeine Ermahnung an jeden, der eine verantwortungsvolle Stellung in der Christenversammlung bekleidet ... Doch es ist natürlich klar, daß nicht jede dieser Personen zur gleichen Zeit, nämlich bei der Ankunft des Herrn, über die ‚ganze‘ Habe gesetzt werden kann. Dies erfordert jedoch nicht, daß der ‚Sklave‘ nur eine bestimmte Person mit großen Vorrechten darstellt“* (Einsichten über die Heilige Schrift, Bd. II, S. 1159).

In früheren Zeiten legte die Gesellschaft das Gleichnis noch anders aus: *„Man war damals sehr daran interessiert zu wissen, wer der kluge und verständige Sklave ... sei. Lange zuvor, im Jahre 1881, hatte C. T. Russell geschrieben: ‚Wir glauben, daß jedes Glied dieses Leibes Christi entweder direkt oder indirekt an dem gesegneten Werk teilhat, dem Haushalt des Glaubens Speise zur rechten Zeit auszuteilen. Wer ist nun der treue und kluge Knecht, den sein Herr über sein Gesinde gesetzt hat, um ihnen Speise zu geben zur rechten Zeit? Ist es nicht diese kleine Herde geweihter Diener, die ihre Weihegelübde treu erfüllen – der Leibe Christi –, und ist es nicht der ganze Leib, als einzelne und als Gesamtheit, der dem Haushalt des Glaubens – der großen Menge der Gläubigen – Speise zur rechten Zeit austeilt? Demnach verstand man, daß der Knecht, den Gott gebrauchte, um geistige Speise auszuteilen,* *eine Gruppe war. Im Laufe der Zeit jedoch vertraten viele die Ansicht, daß C. T. Russell selbst der treue und kluge Knecht sei. Dadurch gerieten einige in die Schlinge der Menschenverehrung ... Mit der verkehrten Ansicht, daß Russell selbst der kluge und treue Knecht sei, wurde im Februar 1927 aufgeräumt"* (Jahrbuch der Zeugen Jehovas von 1975, S. 86).

Wer waren denn diese, die sich in der *„Schlinge der Menschenverehrung"* fangen ließen? In der heutigen Literatur von Jehovas Zeugen wird der Eindruck erweckt, es seien einige übereifrige Menschen gewesen, die C. T. Russell als den *„treuen und klugen Knecht"* bezeichnet hätten, doch die Tatsachen sehen anders aus.

Es war der *Wachtturm* selbst! In seiner englischen Ausgabe vom 01.01.1917 heißt es, der *Wachtturm „erkläre ohne Zögern, daß Bruder Russell der kluge und treue Knecht sei"*. Auch in seiner Ausgabe vom 01.03.1896 erklärt der englische *Wachtturm*, man habe in der Zeitschrift vom 01.04.1895 den *treuen Sklaven* auf alle Sklaven Gottes bezogen, aber *weitere Untersuchungen* – ein auch heute gern gebrauchter Begriff, wenn einmal wieder *helleres Licht* erscheint – deuteten auf eine einzelne Person hin. Diese Einzelperson sei eindeutig und unmißverständlich C. T. Russell, der erste Präsident der Gesellschaft (*Watchtower* vom 01.03.1917).

Mit dem Tod Russells endete diese Lehre nicht; in dem Buch *„Das vollendete Geheimnis"*, das auch als *7. Band der „Schriftstudien"* bezeichnet wird, heißt es im Kommentar zu Hes. 3,1: *„Und er sprach zu mir: Menschensohn, iß, was du findest; iß diese Wort und gehe hin, rede zu dem Haus Israel. – Der Prophet sollte etwas finden. Wie Hesekiel das Buch aß, das in der Hand Gottes war, so ‚der treue und kluge Knecht' dieser Zeit: er nahm den göttlichen Plan der Zeitalter, der in der Macht (Hand) des Allmächtigen war, in sich auf und machte ihn sich zu eigen."*

Joseph Rutherford, der zweite Präsident der Wachtturmgesellschaft und Nachfolger Russells, veröffentlichte nach dem Tode Russells das Buch *„Das vollendete Geheimnis"*. In einer Wort-für-Wort-Auslegung zum Buch Hesekiel heißt u. a.: *„Ich habe niemals jemand gekannt, der so willig war, den Willen Gottes zu tun, sagte der Privatsekretär und Reisegefährte von Pastor Russell ... Nicht aus sich selbst heraus lernte und lehrte er den göttlichen Plan, sondern Gott ließ* *ihn lernen, glauben und lehren ... Den Hesekiel und den größten Prediger der Neuzeit überkam eine Redegewandtheit ohnegleichen, wenn Jehova selbst ihnen seinen Geist gab ... Der Geist von Pastor Russell war mit der Wahrheit erfüllt. Christallklar, mit zwingender, unwiderstehlicher Logik, war die gegenwärtige Wahrheit, die seine Weisheit und sein Verständnis bildete, das Härteste, mit dem das Kirchentum jemals zu tun bekam.*" Alle diese Aussagen über Hesekiel wurden auf Russell angewandt und gipfelten in dem Ausspruch: *„Er sagte, daß er seine Bücher niemals selbst geschrieben haben könnte. Alles kam von Gott durch die Erleuchtung des Heiligen Geistes*" (Das vollendete Geheimnis, Auslegung zu Hes. 3,17).

Im Jahre 1881 hatte C. T. Russell also geschrieben, der *kluge und treue Knecht* sei der *„ganze Leib Christi"*. Zu Anfang des Jahrhunderts schrieb der *Wachtturm*, Russell selbst sei der *„kluge und treue Knecht"*. Personen, die die Lehre vertraten, der *kluge und treue Knecht* sei die ganze Gemeinde gesalbter Christen, wurden im englischen *Wachtturm* als *bittere und sarkastische Gegner* eingestuft. Auch nach Russells Tod wurde diese Lehre im Buch *Das vollendete Geheimnis* aufrechterhalten, und im Jahre 1927 *„räumte man mit dieser verkehrten Ansicht"* dann wieder auf.

Vielfach kommt der Einwand, die damaligen Lehren seien nicht mehr interessant, das Verständnis vieler Dinge habe sich verbessert, und heute habe man *helleres Licht*. In den heutigen Büchern und Zeitschriften werden frühere Lehren meist mit Bemerkungen wie *„Damals wurde allerdings nicht genau verstanden ..."* oder *„Eine Zeitlang glaubten Jehovas Diener ..."* abgetan.

Doch macht man es sich damit nicht etwas einfach? Die Lehre in *Das vollendete Geheimnis* war die „geistige Speise", die ausgeteilt wurde, nachdem Jesus Christus angeblich unsichtbar wiedergekommen war, die christlichen Kirchen begutachtet und dann die Wachtturmgesellschaft auserwählt hatte. Die Gesellschaft, so lehrt man, war zu diesem Zeitpunkt die Wachtturmgesellschaft schon Gottes *Kanal*. Kann dieses Licht von Gott stammen, bei dem „keine Veränderung noch eines Wechsels Schatten" ist (Jak. 1,17)?

Heute heißt es, der kluge und treue Knecht *(treuer und verständiger Sklave)* sei der Überrest gesalbter Christen, die sich heute noch auf der Erde befinden. Diese befänden sich nur in den Reihen der Zeugen Jehovas. Ihre Zahl beläuft sich auf etwa 8800 Personen (Stand 1997), diese gesalbten Christen bedienten sich der *„Gesellschaft"*, die ihrerseits wieder eine sogenannte *„leitende Körperschaft"* habe.

Es gibt nur noch einige Tausend dieser *„gesalbter Christen"*, die hoch in den 70ern und 80ern sind und meist keinerlei Einfluß mehr haben. Sie leben verstreut in den verschiedensten Versammlungen der Zeugen Jehovas auf der ganzen Welt und werden nie zusammengerufen, um Lehren auszuarbeiten oder ähnliches. Die sogenannte *„geistige Speise"* wird zentral in Brooklyn herausgegeben, erarbeitet von den dortigen Mitarbeitern – heute nach eigenem Bekenntnis in den meisten Fällen selbst keine Mitglieder der *„Gesalbten"*. Danach wird sie beschlossen von der *„Leitenden Körperschaft"* der Zeugen Jehovas, zwischen 10 und 15 Männern, die sich zu den *„Gesalbten"* zählen. Der sogenannte *„Überrest"*, der den *treuen und verständigen Sklaven* bilden soll, ist in keiner Weise an der Ausarbeitung *neuen Lichtes* oder neuer Anweisungen beteiligt und doch sind sie angeblich der Kanal, durch den Jehova sein Licht vermittelt.

Das einzige Mal, wo diese Männer und Frauen in Erscheinung treten, ist beim vorhin erwähnten Gedächtnismahl, wo sie als einzige das Recht haben, Brot und Wein zu nehmen. Diese Männer und Frauen empfangen also die *„geistige Speise"* und neue Erkenntnisse wie jeder andere Zeuge auch, der zu den *„anderen Schafen"*, den Nichtgesalbten, zählt. Den *„treuen und verständigen Sklaven"*, der aus allen Gesalbten bestehen soll, gibt es eigentlich gar nicht!

Ein Blick in die Kirchengeschichte bringt uns zu einem weiteren Problem. Wo soll dieser *treue und verständige Sklave* zu finden gewesen sein? Über dieser *Sklavenklasse* schreibt der Wachtturm: *„Offenbar nahm jede Generation der ‚Sklaven'klasse nicht nur selbst Speise zu sich, sondern reichte sie auch der nachfolgenden Generation weiter ... Wir stellen also fest, daß Jesus Christus selbst die Aufmerksamkeit darauf lenkte, wie die Glieder seines Volkes geistige Speise erhalten – nicht als voneinander unabhängige Einzelpersonen, sondern als eine Gruppe eng miteinander verbundener Christen, die echte Liebe hatten und umeinander besorgt sind. Dies trifft heute auf die Ver-*

sammlungen der Zeugen Jehovas in allen Ländern der Welt zu" (*Wachtturm* vom 15.04.75, S. 238+239).

Es hätte also durch die Jahrhunderte hindurch **eine** Gemeinschaft geben müssen, die Gottes Wort bewahrte. Nach der Lehre der Zeugen Jehovas sind die Christen nach dem Tod der Apostel jedoch recht schnell vom Glauben abgefallen. Akzeptiert werden durch die Jahrhunderte hindurch allenfalls Einzelpersönlichkeiten, die durch die damaligen herrschenden Organisationen trotz Verfolgung ihren Glauben bewahrt hätten. Die christlichen Kirchen sind nach Aussage der Wachtturmgesellschaft alle von Jehova Gott abgefallen. Wo blieb also diese *Sklavenklasse* durch die Jahrhunderte hindurch? Zwar gab es in jeder Gemeinschaft Gott hingegebene und treue Christen, aber sie waren überall verstreut, und das ist es ja gerade nicht, was Jehovas Zeugen lehren.

In vielen *Wachtturm* und *Erwachet* werden treue Einzelpersonen über die Jahrhunderte gelobt, die gegen den Widerstand der damals herrschenden Organisationen das vertraten, was sie bei ihrem Bibelstudium gelernt hatten. (Fast alle diese Menschen vertraten im übrigen Lehren, die von der Wachtturmgesellschaft heute als babylonisch gebrandmarkt werden.) In den Lebensbeschreibungen Russells wird immer wieder betont, daß er zwar durch den Kontakt mit dem Adventisten Barbour auf das Datum 1914 aufmerksam geworden sei, aber unabhängig von irgendeiner damaligen Gesellschaft nach der Wahrheit gesucht und sich allein auf sein eigenes Studium der Bibel verlassen habe. Eine Verwalterklasse, die Speise ausgeteilt hat, ist nicht zu finden gewesen.

Nebenbei bemerkt: Etwas, was damals als lobenswert galt, ist für einen heutigen Zeugen fast gefährlich; ein unabhängiges Bibelstudium wäre ein Zeichen von *unabhängigem Denken, das vom Teufel herrührt* (s. o.).

Die Geschichte der Gesellschaft

Läßt sich aus der Geschichte der Wachtturmgesellschaft eindeutig entnehmen, daß ihre Organisation der *„neuzeitliche Prophet Jehovas"* ist? Jehovas Zeugen erklären, daß Gott durch ihre Organisation als „Kanal“ rede. Ob diese Behauptung den Tatsachen entspricht, kann man anhand der Bibel überprüfen. Sie zeigt, wie man wahre und falsche Propheten erkennen kann: „Und wenn du in deinem Herzen sagst: Wie sollen wir das Wort erkennen, das nicht der HERR geredet hat?, wenn der Prophet im Namen des HERRN redet und das Wort geschieht nicht und trifft nicht ein, so ist das das Wort, das nicht der HERR geredet hat. In Vermessenheit hat der Prophet es geredet; du brauchst dich nicht vor ihm zu fürchten“ (5. Mose 18,21).

In diesem Zusammenhang heißt es sogar, daß dieser falsche Prophet von Gott verworfen wurde und sterben sollte.

Die Organisation der Zeugen Jehovas hat verschiedene ihrer Lehren und besonders die Zeitprophezeiungen im Laufe der Geschichte mehrmals korrigieren müssen (siehe Kap. 4). Die Gesellschaft entschuldigt sich mit dem Eifer, den man für Jehova gehabt habe, und erklärt, dies sei schließlich lobenswerter als schläfrige Untätigkeit. Doch hat ein Diener Gottes wirklich nur diese beiden Möglichkeiten?

Ein Prophet Gottes – oder doch nicht?

Die Lehren der Wachtturmgesellschaft werden von einer Organisation veröffentlicht, die angeblich als *„Vertreter des Herrn auf Erden“* eingesetzt worden ist („Jehovas Zeugen – Verkündiger des Königreiches Gottes“, S. 219). Sie wird als *Kanal Gottes* und als *Prophet* bezeichnet. Den Vorwurf, ein falscher Prophet zu sein, weist sie zurück. Sie habe nie behauptet, inspiriert zu sein. Die eigene Literatur enthüllt jedoch das Gegenteil:

Im Jahre 1972 wurde von der Wachtturmgesellschaft das Buch *„Die Nationen sollen erkennen, daß ich Jehova bin – wie?“*, herausgegeben. Dort heißt es in Kapitel 4, ab S. 55:

„... ich sende dich zu ihnen, und du sollst zu ihnen sprechen: ‚dies ist, was der [Souveräne] Herr Jehova gesprochen hat.‘ Und was sie betrifft, ob sie hören werden oder es unterlassen – denn sie sind ein rebellisches Haus –, sie werden gewißlich auch wissen, daß sich ein Prophet in ihrer Mitte befunden hat.“ – Hesekiel 2,3-5.

Dadurch wird zu Hesekiel ausdrücklich gesagt, daß er von nun an als ein Prophet dienen soll. Er wird beauftragt, im göttlichen Namen zu reden und zu sagen. ‚Dies ist, was der [Souveräne] Herr Jehova gesprochen hat.' So, wie Jehova neunhundert Jahre zuvor Mose als seinen Propheten gesandt hatte, so sandte er jetzt Hesekiel. Hesekiel erhob sich nicht selbst zum Propheten, noch maßte er sich an, im göttlichen Namen zur reden. Er war wirklich ein Prophet, den Gott, der Höchste, gesandt hatte. Die Tatsache, daß Jehova in einer Vision Hesekiel erschien und von seinem Thron auf seinem himmlischen Wagen aus sprach und Hesekiel direkt in einer bestimmten Mission mit einer bestimmten Botschaft aussandte, beweist, daß Hesekiel ein wahrer Prophet war, ein von Gott gesandter, und daß das, was er unter Inspiration redete, wirklich das Wort Gottes war ... Nicht nur die inspirierten Worte Hesekiel waren prophetisch, sondern er selbst war in seiner Handlungsweise eine prophetische Gestalt, wie dies bei späteren Gelegenheiten gezeigt wird (Hesekiel 24,24). Wen schaltete der Prophet Hesekiel vor, da er selbst ein „Vorzeichen" oder „Zeichen" (ZB) von jemandem war, der kommen sollte, aber weder ein Vorbild noch eine prophetische Gestalt von Jesus Christus war? ... Wenn wir die Dinge zeitlich richtig betrachten, sollten wir heute das neuzeitliche Gegenstück als eine typische Klasse oder eine prophetische Gestalt der „Zeit des Endes", in der wir jetzt leben, erwarten ... Da der neuzeitliche Hesekiel aus einer vereinigten Schar Menschen besteht, ist er eine Kollektivperson, die, gleichwie der menschliche Körper, aus vielen Gliedern besteht ... Wer bildet denn die Gruppe von Personen, die gegen Anfang dieser „Zeit des Endes" damit beauftragt wurde, als Sprecher und aktives Werkzeug Jehovas zu dienen? ... Jehova hat einen ‚Hesekiel' der Neuzeit gefunden und beauftragt. Er ist ein Kollektiv-Hesekiel, eine Klasse. Sie besteht aus jenen Gott hingegebenen, getauften Verkündigern des Königreiches Gottes, die mit seinem Geist für ihr Werk gesalbt worden sind (Jesaja 61,1-3) ... Von der Höhe dieser himmlischen wagenähnlichen Organisation aus beauftragte Jehova diese Klasse Gott hingegebener, getaufter und gesalbter Diener, in einem Namen zu allen Nationen zu reden ... Das Wesentliche, das eine Person oder eine Gruppe von Personen haben muß, ist die Ernennung und ein Auftrag von Jehova Gott, dem Höchsten selbst. Das ist alles, was zählt ... Für den Hesekiel der alten Zeit war es eine harte Mission, mit der ihn Je-

hova betraute, da er zu Menschen gesandt wurde, die „frechen Angesichts und harten Herzens" waren ... Zu der Zeit mochten sie ihn nicht als einen Propheten Jehovas ansehen oder schätzen. Aber ob sie ihn als solchen anhörten und ihm Aufmerksamkeit zollten oder nicht, sollte doch die Gelegenheit kommen, da diese rebellischen Menschen ‚auch wissen würden, daß sich ein Prophet selbst in ihrer Mitte befand.' Jehova würde ihn als einen Propheten vor ihnen bestätigen, indem er das was Hesekiel prophezeite, wahr werden ließe. (Hesekiel 2,3-5) Diese Erwartung wäre für Hesekiel Trost und Stärke, damit er wegen der Art und Weise, wie man ihn damals ansah und behandelte, nicht entmutigt würde. Es war ebenfalls eine prüfungsvolle Mission, mit der die neuzeitliche Hesekiel-Klasse betraut und zu religiösen Menschen von derselben Art, wie es die Menschen zur Zeit Hesekiel waren, gesandt wurde. Doch ungeachtet dessen, wie die Christenheit diese Gruppe gesalbter Zeugen Jehovas ansieht oder betrachtet, muß die Zeit kommen und das binnen kurzen, da diejenigen, die die Christenheit ausmachen, wissen werden, daß wirklich ein „Prophet" Jehovas unter ihnen war."

Auch der *Wachtturm* vom 01.07.1972, S. 389, erhebt den gleichen Anspruch: *„Sie werden wissen, daß ein Prophet unter ihnen gewesen ist":*

„Jehova Gott ist daran interessiert, daß ihn die Menschen kennen. Obwohl er für Menschenaugen unsichtbar ist, sorgt er für verschiedene Möglichkeiten, seine Persönlichkeit kennenzulernen. Die Menschen können wissen, was sie von ihm zu erwarten haben und was er von ihnen erwartet ... Eine ... Möglichkeit, Jehova Gott kennenzulernen, ist durch seine Vertreter gegeben. In alter Zeit sandte er Propheten als seine besonderen Boten. Während diese Menschen künftige Dinge vorhersagten, dienen sie den Menschen auch, indem sie ihnen mitteilten, was Gottes Wille damals für sie war, und oft warnten sie sie auch vor Gefahren und Unheil. Heute können die Menschen das Erschaffene betrachten. Sie haben die Bibel, aber sie wird wenig gelesen oder wenig verstanden. Hat Jehova denn einen Propheten, der ihnen hilft, der sie vor Gefahren warnt und der Künftiges verkündigt? Diese Fragen können bejaht werden. Wer ist dieser Prophet? ... Dieser Prophet war kein einzelner Mensch, sondern eine Körperschaft von Männern und Frauen. Es war die kleine Gruppe der Fußstapfennachfolger Jesu Christi, die damals als Internationale Bibelforscher bekannt waren. Heute sind sie

als christliche Zeugen Jehovas bekannt. Sie verkündigen immer noch eine Warnung, und es haben sich ihnen in dem ihnen aufgetragenen Werk Hunderttausende, die auf ihre Botschaft gehört und ihnen geglaubt haben, angeschlossen und haben ihnen geholfen ... Die Buchrolle wurde dem Hesekiel zweifellos durch die Hand eines der Cherubim in der Vision übergeben. Dies würde anzeigen, daß Jehovas Zeugen heute die gute Botschaft vom Königreich unter Leitung und mit Unterstützung der Engel verkündigen. Und da kein Wort oder Werk Jehovas seinen Zweck verfehlen kann – denn er ist Gott, der Allmächtige –, werden die Nationen die Erfüllung dessen sehen, was diese Zeugen sagen, so wie sie vom Himmel aus geleitet werden. Ja, in Kürze muß die Zeit herbeikommen, da die Nationen wissen müssen, daß wirklich ein ‚Prophet' Jehovas unter ihnen gewesen ist. Tatsächlich helfen jetzt mehr als eineinhalb Millionen Menschen diesem aus Einzelpersonen bestehenden Kollektiv-‚Propheten' in seinem Predigtwerk."

Die Gesellschaft verlangt von ihren Mitgliedern absoluten Gehorsam und die Annahme aller Wachtturmlehren. Dürfte sie falsche Daten veröffentlichen, wenn Gott durch sie als einen bevollmächtigten Kanal spräche? Jehovas Zeugen wenden ein, auch die Propheten des Alten Testaments hätten oftmals auch nicht alles, was sie weissagten, selbst verstanden, doch besteht hier ein gravierender Unterschied:

Das, *was* sie prophezeiten, erfüllte sich!

Wenn Gott jetzt „helleres Licht" gibt, wie Jehovas Zeugen ausdrücken, von wem stammt dann das ursprüngliche Licht? Zwar ist nicht jeder, der eine falsche Auslegung veröffentlicht, ein falscher Prophet, denn die Bibel sagt selbst ausdrücklich, daß unser Wissen Stückwerk ist. Doch was macht die Wachtturmgesellschaft denn dann zu einem falschen Propheten?

- Sie spricht im Namen Jehovas.
- Sie erklärt, Gottes *Kanal* und *neuzeitlicher Prophet* zu sein.

Wenn die Gesellschaft sich selbst als Prophet Jehovas bezeichnet, wenn sie im Namen Jehovas spricht und ihre Voraussagen erfüllen sich nicht, dann macht sie Gott zum Lügner und ist nach der Aussage der Bibel ein falscher Prophet.

In Gesprächen werden die Änderungen in der Lehre von Zeugen manchmal mit dem „Kreuzen" eines Segelschiffes verglichen, das keinen geraden Weg zurücklegt, sondern sich nach den günstigsten Winden richtet, um an sein Ziel zu gelangen. Nach ihrer eigenen Definition gilt für die Erkenntnisse der Zeugen Jehovas Sprüche 4,18: „Aber der Pfad der Gerechten ist wie das glänzende Morgenlicht, heller und heller erstrahlt es bis zur Tageshöhe."

Doch wer die verschiedenen Änderungen in den Lehren der Zeugen Jehovas betrachtet, wird sehr schnell feststellen, daß diese Richtungsänderungen mit „Kreuzen" nichts zu tun haben, sondern teilweise glatte Kehrtwendungen sind. Auch ist das Licht nicht etwa heller geworden, sondern es waren offensichtlich verschiedene Lichter zu sehen, ob von Gott, mag der Leser selbst entscheiden. Im Zusammenhang mit der Aufforderung an Christen, nicht wie ins ungewisse zu laufen (1. Kor. 9,26), schreibt der *Wachtturm* vom 01.08.92 auf S. 17: *„Wenn man am Strand Fußspuren sieht, die sich hin und her schlängeln, stellenweise im Kreis verlaufen und manchmal sogar zurückführen, wird man kaum annehmen, daß die Person gerannt ist, geschweige denn, daß sie genau wußte, wohin sie wollte."*

Ist dies nicht eine ziemlich gute Beschreibung für die Änderung in den Lehren der Zeugen Jehovas? Sieht das so aus, als sei das Wort Gottes für den Wachtturmgesellschaft eine „Leuchte für den Fuß und ein Licht auf dem Pfad" (Ps. 119,105)?

Nach der Lehre der Zeugen Jehovas soll ja die Gesellschaft „geistige Speise zur rechten Zeit" austeilen. Im Wachtturm-Buch *„Jehovas Zeugen – Verkündiger des Königreiches Gottes"* heißt es hierzu auf S. 146: *„Da sie die Sachverhalte nur in dem Licht untersuchen konnten, das ihnen jeweils zur Verfügung stand, waren ihre Vorstellungen unvollständig oder sogar ungenau ... In dem Maße, wie Jehova durch seinen Geist immer mehr Licht auf sein Wort geworfen hat, sind seine Diener demütig dazu bereit gewesen, die nötigen Korrekturen vorzunehmen ... Dieses fortschreitende Verständnis beschränkte sich nicht auf die Anfänge ihrer neuzeitlichen Geschichte. Auch heute ist es noch so. Zum Beispiel wurde 1962 das Verständnis über die ‚obrigkeitlichen Gewalten' aus Römer 13,1-7 berichtigt."*

Gerade bei dieser Auslegung zeigt sich, wie brüchig die Argumentation vom „helleren Licht" ist:

Bis 1929 glaubten Jehovas Zeugen, daß in Röm. 13 mit den obrigkeitlichen Gewalten die irdischen Herrscher gemeint waren, so lehrte es Russell – u. a. in Bd. 6 der Schriftstudien, S. 588.

Ab 1929 hieß es, mit den obrigkeitlichen Gewalten seien Jehova Gott und Jesus Christus gemeint: *„Sie zogen sich von ihrem öffentlichen Unterrichtswerk zurück, großenteils wegen der immer noch herrschenden religiösen Ansicht, daß die politischen Behörden der sichtbaren Organisation Satans die ‚obrigkeitlichen Gewalten' seien, denen alle Christenseelen, wie in Römer 13,1 befohlen, untertan sein sollten. Durch solche Bibelverdrehung vermochte die gewalthabende Religionshierarchie als ‚geistlicher Berater' der politischen Mächte zu handeln ... Nachdem der Herr zum Tempel gekommen war und den treuen Überrest geistlicher Israeliten aus der Gefangenschaft des neuzeitlichen Babylon befreit hatte, begann der ihren Augen allmählich die Wahrheit zu erschließen. Im Jahre 1929 brach das helle Licht hervor. In jenem Jahre veröffentlichte der Wachtturm die biblische Erklärung über Römer, Kapitel 13. Er zeigte, daß nicht weltliche Herrscher und Regenten, sondern Jehova Gott und Christus Jesus die ‚obrigkeitlichen Gewalten' sind"* („Die Wahrheit wird euch frei machen", S. 312).

Im Buch *„Jehovas Zeugen in Gottes Vorhaben"* heißt es dagegen auf S. 124: *„Ist es nicht klar, daß die Worte des Apostels Paulus ganz entschieden falsch ausgelegt worden sind, wenn man sie auf die Regierungen dieser Welt anwandte?"*

Seit dem Jahre 1963 glauben Jehovas Zeugen wieder, daß in Römer 13 mit den obrigkeitlichen Gewalten die irdischen Herrscher und Regierungen gemeint sind.

Im Jahrbuch 1975 heißt es auf S. 237+238: *„Wie konnten Jehovas christliche Zeugen ihre feste Haltung als Verfechter des Königreiches Gottes aufrechterhalten? ... Dies war möglich, weil Jehova Gott barmherzigerweise durch die Gruppe des ‚treuen und verständigen Sklaven' für geistige Speise zur rechten Zeit sorgte (Matthäus 24,45-47). ... Während der Bezirkskongresse ‚Mutige Diener Gottes' im Jahr 1962 zogen sie beispielsweise großen Nutzen aus den Ansprachen über die Themen ‚Ordnet euch unter – Wem?', ‚Unterordnung unter die obrigkeitlichen Gewalten – Warum?' und ähnliche. Dieser wichtige Aufschluß wurde später wieder im Wachtturm veröffentlicht. Siehe die Ausgaben vom 1. Januar bis zum 1. Februar 1963."*

Zuerst wurde Röm. 13 also richtig, dann falsch und dann wieder richtig ausgelegt. War dies wertvolle *„geistige Speise zur rechten Zeit"* und *„immer heller werdendes Licht"*? Was für ein Licht schien in diesen 34 Jahren von 1929 – 1963, und von wem stammte es? Das obige Zitat erweckt außerdem den Eindruck, als habe man eine ursprünglich unrichtige Ansicht korrigiert; doch dies ist eben nur die halbe Wahrheit, weil man vorher schon einmal „korrigiert" hatte.

Die Lehre, daß mit Römer 13 die weltliche Obrigkeit gemeint ist, ist in den christlichen Kommentaren über die Jahrhunderte hinweg überall zu finden gewesen. Aber seltsamerweise verkündigt ausgerechnet die Organisation, die Jehova angeblich 1919 mit der Verwaltung seiner irdischen Besitztümer beauftragt hat, von 1929 bis 1963 eine falsche Lehre. Diejenigen Religionsgemeinschaften, die Jehova angeblich verworfen hat, irrten sich nicht.

Es gab immer wieder Lehrpunkte, die die Wachtturmgesellschaft im Laufe ihrer Geschichte geändert hat. Manche haben die Gesellschaft in Krisen gestürzt. Doch diese Änderungen in der Lehre werden immer als etwas Positives dargestellt: „... *die wirklich Ehrlichen und Aufrichtigen im Glauben werden feststehen und sich freuen.*" hieß es über eine neue Auslegung von Offenbarung 12 im Wachtturm vom 15.04.25, die in krassem Gegensatz zum vorherigen Buch „Das vollendete Geheimnis" stand (*Jehovas Zeugen – Verkündiger des Königreiches Gottes*, S. 78+79). Während Änderungen wie die obengenannten ein bezeichnendes Licht auf die Glaubwürdigkeit einer Organisation werfen, werden sie von der Wachtturmgesellschaft als positiv dargestellt, teilweise werden Fehler sogar als von Gott gewollt ausgegeben. *„Durch eine höhere Fügung hatten die Bibelforscher nicht verstanden, daß es zwischen v. Chr. und n. Chr. kein Jahr Null gibt. Später, als Forschungen ergaben, daß eine Änderung von 606 v. Chr. auf 607 v. u. Z. nötig war, wurde auch das Jahr Null fallengelassen, so daß die Voraussage auf das Jahr 1914 weiterhin zutraf"* („Die Offenbarung – ihr großartiger Höhepunkt ist nahe", S. 105).

Fehler und falsches Verständnis, gewollt von Jehova? In ihren Publikationen räumt die Wachtturmgesellschaft zwar ein, daß sie fehlbar sei, das hindert sie aber nicht, ihre jeweiligen Auslegungen als *„Speise zur rechten Zeit"* zu bezeichnen und jeden Zeugen zu verpflichten, diese Auslegung auch nach außen zu vertreten. Was ist von einem solchen Anspruch zu halten? Warum kritisieren Jehovas Zeugen z. B. das Unfehlbarkeitsdogma der katholischen Kirche, wenn sie indirekt den gleichen Anspruch erheben? Die Bibel warnt ausdrücklich vor Messen mit zweierlei Maß (Mt. 7,1; Röm. 2,1).

Was entscheidet über unser Heil?

Für die Führung der Zeugen Jehovas ist es uninteressant, wie der einzelne Mensch zu Gott steht. Sie fällt pauschale Verdammungsurteile über Christen, weil in den Reihen ihrer Kirchen schlimme Sünden vorkommen: *„Auch behaupten einige geistliche Führer, außerehelicher Geschlechtsverkehr sei nicht verkehrt, und selbst Homosexualität oder Polygamie könne ganz in Ordnung sein. ... Es gibt Kirchenmitglieder, die die Bibel besitzen und sie sogar studieren, die aber durch ihre Lebensweise zeigen, daß sie sich nicht daran halten ... Welche Schlußfolgerung muß man ziehen, wenn Kirchenmitglieder, die sich an Glücksspielen beteiligen, sich betrinken oder andere unrechte Dinge tun, bei ihrer Kirche in gutem Ansehen bleiben? Daß Gott ihre Religionsorganisation nicht gut heißt"* (Paradiesbuch, S. 187-188).

Würde Gott nach diesem Grundsatz handeln, könnte kaum einer selig werden. Israel war Gottes auserwähltes Volk, das er besonders schützte und führte. Verdammte Gott alle Israeliten, die unter der Herrschaft gottloser Könige lebten, die „taten, was Gott mißfiel" (Bücher Könige und Chronik)? Nein, sondern „in jeder Nation ist, wer ihn fürchtet und Gerechtigkeit wirkt, ihm angenehm" (Apg. 10,35). Gott verurteilte nicht das ganze Volk, weil König David Mord und Ehebruch beging, sondern Davids und Bathsebas Sohn starb. Es gab auch Begebenheiten, wo das Volk für die Sünden einzelner bestraft wurde, doch kündigt Gott etwas Neues an.

In Hes. 18,1ff heißt es: „Und das Wort des HERRN geschah zu mir so: Was habt ihr, daß ihr dieses Sprichwort im Land Israel gebraucht und sprecht: Die Väter essen unreife Trauben, und die Zähne der Söhne werden stumpf? So wahr ich lebe, spricht der Herr, HERR, wenn ihr diesen Spruch in Israel noch gebraucht.

Siehe, alle Seelen gehören mir; wie die Seele des Vaters, so auch die Seele des Sohnes. Sie gehören mir. Die Seele, die sündigt, sie soll sterben." Gott macht jeden Menschen für seine eigenen Sünden verantwortlich, und das nicht in einer fernen Zukunft, sondern dies war ein Ausspruch Gottes für die Zeit Hesekiels (um 600 vor Chr.)

Es soll nicht einer Theologie das Wort geredet werden, die unter dem Deckmantel von Nächstenliebe und Toleranz alles duldet; jeder Christ ist aufgefordert, alles zu prüfen und in seiner Gemeinde auf Lehre und Praxis zu achten.

Mit gleichem Maß messen

Jehovas Zeugen messen bei der Verurteilung der christlichen Kirchen mit zweierlei Maß. So tragen nach ihrer Lehre die Angehörigen der christlichen Kirchen Mitverantwortung dafür, was in ihren Kirchen geschieht. Doch dies würde dann auch auf sie zutreffen. Wenn sie einer Organisation blind gehorchen, die erklärt, sie sei von Gott beauftragt, ohne geprüft zu haben, ob dies denn tatsächlich stimmt, so machen sie sich mitschuldig an den Entscheidungen dieser Organisation. Wenn Menschen aus der Versammlung der Zeugen Jehovas ausgeschlossen werden, weil sie nicht daran glauben, daß dieses Jehovas eigene Organisation ist, wenn Ehen und Familien und Freundschaften daran zerbrechen, daß man mit diesen Ausgeschlossenen nicht mehr reden darf, wenn manche sich deswegen auch das Leben nahmen, dann trägt der einzelne Zeuge nach dem gleichen Maß, mit dem er mißt, auch eine Mitverantwortung. Wie weit diese Mitverantwortung bei den Zeugen geht, zeigt ein Zitat aus dem *Wachtturm* vom 15.04.95, wo als geistige *Speise gelehrt* wird, daß auch die kleinen Kinder der Nicht-Zeugen in Hamargedon vernichtet werden: *„An jenem Tag der Abrechnung wird mit Kindern oder Zweigen gerecht verfahren werden, je nachdem, wie Jehova ihre Wurzeln, das heißt die Eltern, einschätzt, die die Aufsicht über sie haben. Böse Eltern werden keine Nachkommen haben, die ihre verderbte Handlungsweise fortsetzen könnten."*

Über zwanzig Jahre lang war z. B. Impfung bei Jehovas Zeugen verboten. Wer kann sagen, wie viele Krankheiten oder sogar Todesfälle es durch diese Vorschrift der Wachtturmgesellschaft gab? Wo Impfungen per Gesetz vorgeschrieben waren, sind sie wohl oftmals durch gefälschte Bescheinigungen umgangen worden, denn wie sonst hätten z. B. Missionare der Wachtturmgesellschaft in bestimmte tropische Länder reisen können? Auf einen Leserbrief zur Frage der Organtransplantation im amerikanischen *Watchtower* vom 15.11.67 antwortete der „treue und verständige Sklave", Gott verbiete diese, sie seien vergleichbar mit Kannibalismus. Auch hier mußte man einen Angehörigen lieber sterben lassen als einer Transplantation zuzustimmen. Im Jahre 1980 (15.06.80) hatte er dann auf eine Leserfrage im *Wachtturm* geantwortet: *„Ob man sich Gewebe oder Knochen eines anderen Menschen einpflanzen lassen darf, muß jeder Zeuge Jehovas in Übereinstimmung mit seinem Gewissen entscheiden."* Als ob man von der vorherigen offiziellen Aussage des „treuen und verständigen Sklaven", Transplantation sei Kannibalismus, gar nichts wüßte, schreibt man: *„Einige Christen* mögen der Auffassung sein, es sei Kannibalismus, wenn man Gewebe oder Körperteile eines anderen Menschen in den eigenen Körper aufnimmt ..."

Besonders schlimme *geistige Speise* findet sich im *Wachtturm* vom 15.03.72 auf Seite 191. Hier wird im Rahmen einer Leserfrage darauf eingegangen, ob homosexuelle Handlungen des Ehepartners ein Grund zu einer Scheidung seien. Der *„treue und verständige Sklave"* antwortete hierauf mit: NEIN! Sogar Sodomie sei kein Grund! Als Begründung wurde angegeben, Ehebruch sei nur mit einem Menschen des anderen Geschlechtes möglich. Wer sich trotzdem scheiden ließ und noch einmal heiratete, dem konnte wegen Ehebruch die Gemeinschaft entzogen werden (siehe Kapitel 16).

Diese skandalöse Deutung wurde einige Jahre später geändert, doch ist dies ein Trost für diejenigen, die dieses Unrecht erlitten haben?

Wer ist wirklich abtrünnig?

Der *„treue und verständige Sklave"*, der in Wirklichkeit nur aus etwa 10-15 Männern besteht, hat wirkliche Macht über das ganze Leben eines Zeugen, über sein Denken, seine Kleidung, sein Benehmen und sogar sein Intimleben.

Menschen haben hier einer Organisation die Entscheidung über alle ihre Lebensbereiche abgetreten. Sie haben nur die Wahl, ihr zu gehorchen oder als böse und abtrünnig von Jehova Gott ausgeschlossen zu werden. Heißt es denn wirklich abtrünnig von Gott selbst zu sein, wenn man der Organisation nicht folgen will?

Jehovas Zeugen wird keine Wahl gelassen; sie müssen dem *treuen und verständigen Sklaven* folgen, wenn sie mit Jesus Schritt halten wollen, so heißt es im Wachtturm vom 01.05.88, S. 13: *„Nicht mit Christus Schritt zu halten kann zweierlei bedeuten. Entweder versuchen wir, schneller zu gehen und dem ‚treuen und verständigen Sklaven', dessen sich Jesus zur Verwirklichung des Vorsatzes Jehovas bedient, vorauszueilen, oder wir hinken der Führung dieses ‚Sklaven' hinterher (Mt. 24,45-47). Einige Christen sind zum Beispiel in der Vergangenheit ungeduldig geworden, weil sie Änderungen in bezug auf die Lehre oder organisatorische Verbesserungen für notwendig und überfällig hielten. Da ihnen die Sache zu langsam ging, zogen sie sich verärgert von Jehovas Volk zurück. Wie töricht und kurzsichtig! Oftmals wurde genau das, was sie aufregte, später geändert, und zwar zu Jehovas bestimmter Zeit (Spr. 19,2; Prediger 7,8.9)."*

Hier werden wieder Gottes Wille und Weg und der der Organisation gleichgesetzt. Aber was noch viel schlimmer ist: Eigentlich wird Gott für die falschen Lehren verantwortlich gemacht, denn die Änderung der Lehren erfolgte angeblich zu der von ihm bestimmten Zeit.

Bei Angehörigen anderer Gemeinschaften drängen Jehovas Zeugen immer darauf, diese sollten die Lehren ihrer Kirche sorgfältig überprüfen und sich aus erster Hand darüber informieren, ob z. B. die Informationen, die man ihnen über Jehovas Zeugen gegeben hat, richtig sind. So heißt es im Wachtturm vom 01.04.95: *„Wichtig: Informationen aus erster Hand ... Jehovas Zeugen schätzen es jedoch, wenn ein Gesprächspartner fair ist und gewissermaßen das sagt,* *was einige Leute einst in Rom gegenüber dem Apostel Paulus zum Ausdruck brachten: ‚Wir denken aber, daß es angebracht ist, von dir zu hören, was deine Gedanken sind, denn in der Tat, was diese Sekte betrifft, ist uns bekannt, daß ihr überall widersprochen wird ... Kläre falsch unterrichtete Personen mit aller Milde auf ... Lade sie ein, Informationen über Jehovas Zeugen aus erster Hand zu erhalten, wodurch sie selbst gewisse Verleumdungen durchschauen können ... Du kannst Publikationen verwenden, die von der Wachtturm- Gesellschaft herausgegeben werden und Aufschluß über die Organisation, ihre Geschichte und ihre Lehren geben. Wie Philippus einst Nathanael antwortete, so können wir kritische Personen auffordern: ‚Komm und sieh' ... Jedermann ist herzlich eingeladen, zum nächstgelegenen Königreichssaal zu gehen, um sich ein eigenes Bild davon zu machen, was für Menschen Jehovas Zeugen sind und was sie lehren."*

Doch wie sieht es im umgekehrten Fall aus? Darf ein Zeuge Jehovas den Gottesdienst einer christlichen Kirche besuchen, um sich „aus erster Hand" zu informieren? Auch hier wird mit zweierlei Maß gemessen.

Falsche Dinge, Unzulänglichkeiten und Sünden gab und gibt es sicherlich in jeder Gemeinde. Die vollkommene Gemeinde gibt es nicht und hat es nie gegeben. Bei der einen ist es die tote Gesetzlichkeit, bei der anderen falsche Lehren oder Unsittlichkeit. Doch wie sollen wir eine Gesellschaft beurteilen, die behauptet, nur in ihr sei Rettung möglich, die von ihren Mitgliedern fordert, alle Anweisungen zu befolgen, ebenso jede Änderung in der Lehre zu akzeptieren, die von sich selbst sagt, sie sei Jehovas Prophet, und die dann solche Dinge lehrt? Dies erinnert an das, was Paulus in Röm. 2,17ff sagt: „... der du nun einen anderen lehrst, und lehrst dich selbst nicht ..."

Auch die ersten Christen waren nicht vollkommen

Eine Betrachtung des ganzen Neuen Testaments zeigt uns, daß es keine Organisation gibt, in der sämtliche Gotteskinder vereint wären, sondern daß es in jeder neutestamentlichen Gemeinde gläubige Gotteskinder gegeben hat und solche, die verloren gegangen sind.

Schon in der allerersten Gemeinde in Jerusalem sehen wir, wie Hananias und Saphira den Heiligen Geist belügen und sterben müssen. In der Gemeinde in Korinth geschieht Unzucht, die Gemeinde in Galatien ist einem Rückfall in die Gesetzlichkeit des Spätjudentums erlegen, doch alle diese Gemeinden werden von Paulus trotzdem als „Gemeinde Gottes", „Geheiligte in Christus" angesprochen. Paulus macht gerade in seinem ersten Brief an die Korinther klar, daß er sich an die einzelnen Christen wendet; in der Anrede spricht er zu „allen, die den Namen unseres Herrn Jesus Christus anrufen an jedem Ort, bei ihnen und bei uns". Es kamen viele und schlimme Sünden vor in den Gemeinden der Urchristenheit, aber es wurde niemand von den Aposteln angewiesen, diese Gemeinde zu verlassen, selbst dort nicht, wo die Gemeinde wie in Korinth nicht die notwendige Gemeindezucht geübt hatte.

In den Sendschreiben an die sieben Gemeinden der Offenbarung wurden fast alle getadelt, weil sie eine falsche Prophetin duldeten, weil sie die erste Liebe verlassen hatten, weil sie sogenannten Nikolaiten bei sich hatten etc. Und doch verhieß Jesus all denen aus diesen getadelten Gemeinden das ewige Leben, die ihm treu waren, obwohl die Gemeinden selbst teilweise verworfen wurde (Offb. 2,7.11.17.24-26; 3,4+5.21). So kam es Gott stets auf das Verhältnis zu den einzelnen Personen an.

Gott erwählte einzelne

Nach der Lehre der Zeugen Jehovas handelt Gott jedoch nicht mit Einzelnen, sondern nur mit ihrer Organisation. Im Paradiesbuch heißt es auf S. 191: *„Wieso können wir davon überzeugt sein, daß Gott eine sichtbare Organisation hat? Ein Grund dafür ist, daß er eine unsichtbare Organisation hat ... Die Bibel zeigt, daß Jehova seine Diener immer auf organisierte Weise geleitet hat. Zum Beispiel führten gläubige Männer wie Abraham ihre Angehörigen und ihre Diener in der Anbetung Jehovas ... Später, als die Israeliten an Zahl zunahmen und zu Millionen wurden, wollte Jehova nicht, daß ihn jeder auf seine eigene Weise anbetete, getrennt von irgendeiner organisierten Einrichtung. Nein, die Israeliten wurden zu einer Nation organisierter*

Anbeter zusammengefügt ... Gebrauchte Jehova zu irgendeiner Zeit mehr als eine Organisation? In Noahs Tagen hatten nur Noah und diejenigen, die bei ihm in der Arche waren, Gottes Schutz und überlebten die Sintflut. Auch im 1. Jahrhundert gab es nicht zwei oder mehrere Christenorganisationen. Gott handelte nur mit einer."

Doch die angeblichen Belegstellen, die im Paradiesbuch genannt werden, beweisen die Behauptungen der Gesellschaft keineswegs:

„Denn in ihm ist alles geschaffen, was im Himmel und auf Erden ist, das Sichtbare und das Unsichtbare, es seien Throne oder Herrschaften oder Mächte oder Gewalten; es ist alles durch ihn und zu ihm geschaffen" (Kol. 1,16).

In der zweiten Stelle in Eph. 1,21 ist wiederum die Rede von Jesus Christus, der von Gott eingesetzt ist zu seiner Rechten im Himmel „über alle Reiche, Gewalt, Macht, Herrschaft und alles, was sonst einen Namen hat, nicht allein in dieser Welt, sondern auch in der zukünftigen." Von einer Organisation, die Gott über seine Gemeinde gesetzt hat, wird hier nichts gesagt. Jesus ist das Haupt der Gemeinde und sie sein Leib (Eph. 1,22). Die Bibel berichtet auch über Organisation, nämlich die Organisation der Gemeinde (Versammlung) selbst: „Und er hat die einen als Apostel gegeben und andere als Propheten und andere als Evangelisten und andere als Hirten und Lehrer, zur Ausrüstung der Heiligen für das Werk des Dienstes, für die Erbauung des Leibes Christi, bis wir alle hingelangen zur Einheit des Glaubens und der Erkenntnis des Sohnes Gottes, zur vollen Mannesreife, zum Vollmaß des Wuchses der Fülle Christi." Über die Organisation der Gemeinde wird noch des öfteren gesprochen (1. Kor. 12,28; Hebr. 13,17), aber von dieser angeblich heilsnotwendigen zentralen Organisation finden wir nichts dergleichen, und darum greift man zu Gedankenschlüssen und zu Formulierungen wie den obigen: „*... Wieso können wir überzeugt sein ...*"

Auch der Vergleich mit dem Volk Israel zeigt Unterschiede auf. Schon dieses bildete angeblich in vorchristlicher Zeit Gottes Organisation. Gott erwählte das Volk Israel und handelte besonders mit ihm. Beinhaltet dies aber eine Organisation im Sinne der Zeugen Jehovas, eine Organisation, zu der man gehören mußte, wenn man Gott gefallen wollte? Können wir in der Organisation der Zeugen

Jehovas gewissermaßen eine Wiederholung der Geschichte des Volkes Israel und seiner Struktur entdecken?

Mose war derjenige, dem die Übermittlung des Alten Bundes anvertraut war, er wurde sogar als Mittler bezeichnet (Gal. 3,19). In dieser Rolle war er ein Bild auf Jesus Christus. Sein Nachfolger Josua war der Anführer des Volkes Israel, aber kein Prophet oder Mittler, auch kein anderer hatte diese Rolle inne. Es gab auch keinen Grund für eine zentrale Leitung in Israel. Die Ältesten waren weder vom Volk gewählt worden, noch waren sie von Gott selbst bestimmt. Sie waren einfach Repräsentanten der jeweiligen Familien. Das mosaische Gesetz legte die Regeln fest, und unter der Aufsicht der jeweiligen Ältesten wurden die Strafen in den einzelnen Familien vollzogen. Jeder war vor Gott selbst verantwortlich. Es gab zu jener Zeit eine wirkliche theokratische Herrschaft (Gottesherrschaft). Gott selbst handelte anstelle eines irdischen Königs. Dies änderte sich, als das Volk Israel einen König haben wollte, damit es wie alle Nationen wäre (1. Sam. 8,20). Die Bibel zeigt, daß Gott kein Königtum über Israel wollte, daß er damit vielmehr nur den Wunsch seines Volkes erfüllte, nicht, ohne es auf die Folgen hinzuweisen:

„Der HERR aber sprach zu Samuel: Gehorche der Stimme es Volks in allem, was sie zu dir gesagt haben; denn sie haben nicht dich, sondern mich verworfen, daß ich nicht mehr König über sie sein soll ... Doch warne sie und verkünde ihnen das Recht des Königs, der über sie herrschen wird ... Wenn ihr dann schreien werdet zu der Zeit über euren König, den ihr euch erwählt habt, so wird euch der HERR zu derselben Zeit nicht erhören. Aber das Volk weigerte sich, auf die Stimme Samuels zu hören, und sie sprachen: Nein, sondern ein König soll über uns sein, daß wir auch seien wie alle Heiden“ (1. Sam. 8,7-20).

Später sagt Samuel: „Und ihr sollt erkennen und sehen, daß das Böse, das ihr darin begangen habt, euch einen König zu erbitten, groß ist in den Augen des HERRN“ (1. Sam. 12,17).

Gott wollte dieses Königtum nicht. Es war ein weiteres Zeichen des Abfalls. Ab diesem Königtum, das Gott nicht wollte, gab es also eine zentralisierte Regierungsgewalt über Israel. Diese scheiterte kläglich und gipfelte in der Teilung des Reiches.

Doch welcher Teil hiervon wäre Gottes Organisation gewesen? Es gab auf beiden Seiten gute und schlechte Könige, zu beiden sandte Gott seine Propheten, redete mit beiden. Die Geschichte des Volkes Israel macht deutlich, daß es keine zentrale Leitung gab und geben sollte, wie auch die Bibel im Zusammenhang zeigt, daß Gott später durchweg Einzelpersonen wie verschiedene Propheten und Könige auswählte, deren er sich bediente.

Aus der Fülle von Einzelpersonen, denen Gott seine Gnade erwies, versucht die Führung der Zeugen Jehovas, eine Organisation zu machen, um eine angeblich biblische Begründung vorweisen zu können. Gott wählte Abraham als *Einzelperson* aus, und in der Arche waren nur Noah, seine Söhne und deren Frauen! Und auch diese Söhne wurden von Gott nicht alle drei auserwählt. Selbstverständlich kann man eine Familie im weiteren Sinn auch als Organisation bezeichnen, doch es geht nicht um die Bezeichnung, sondern um die Tatsache, daß Jehovas Zeugen damit einen Alleinvertretungsanspruch erheben.

Gott leitet durch den Heiligen Geist, nicht durch eine Organisation

Die Leitung der Zeugen Jehovas versucht, ihre menschlichen Vorstellungen auf das Reich Gottes zu übertragen. So schreibt sie in ihrem Buch *„Unterredungen anhand der Schriften"* auf S. 323 unter Berufung auf Mt. 24,14 und Mt. 28,19 (Und dieses Evangelium des Reiches wird gepredigt werden auf dem ganzen Erdkreis, allen Nationen zum Zeugnis ... Geht nun hin und macht alle Nationen zu Jüngern ...): *„Wie sollte das ohne eine Organisation durchgeführt werden? Als Jesus seine Jünger für dieses Werk schulte, sagte er nicht einfach, jeder könne hingehen, wohin er wünsche, und seinen Glauben anderen auf irgendeine Art mitteilen, die ihm beliebe. Er schulte sie, gab ihnen Anweisungen und sandte sie auf organisierte Weise aus. Siehe Lukas 8,1; 9,1-6; 10,1-16."*

Doch handelt es sich wirklich um „Organisationsanweisungen" Jesu? Die Interpretation einer Schulung spiegelt zwar die Art und Weise wider, wie Zeugen Jehovas heutzutage vorgehen, doch Kenner der Evangelien und der Apostelgeschichte bemerken den Unterschied.

Die Apostel lebten in der Kraft des Heiligen Geistes, der sie lehrte und leitete und den Jesus verheißen hatte: „Wenn aber jener, der Geist der Wahrheit, gekommen ist, wird er euch in die ganze Wahrheit leiten; denn er wird nicht aus sich selbst reden, sondern, was er hören wird, wird er reden, und das Kommende wird er euch verkündigen. Er wird mich verherrlichen, denn von dem Meinen wird er nehmen und euch verkündigen" (Joh. 16,13.14).

Über den Geist heißt es auch: „Der Helfer (oder Anwalt, Beistand) aber, der heilige Geist, den der Vater in meinem Namen senden wird, der wird euch über alles belehren und euch an alles erinnern, was ich euch gesagt habe" (Joh. 14,26).

„Wenn aber der Helfer kommt, den ich euch vom Vater her senden werde, der Geist der Wahrheit, der vom Vater ausgeht, der wird Zeugnis über mich (oder „für mich") ablegen" (Joh. 15,26).

Dieser Geist ist uns verheißen, nicht aber eine Organisation, die verbindlich erklärt, wie die Bibel auszulegen ist. Warum wurde von Jesus nie irgend etwas über eine solche Organisation berichtet, wenn sie so wichtig für Gottes Plan war? In den Apostolischen Briefen wird nichts erwähnt, auch die Geschehnisse der Apostelgeschichte sprechen im Gegenteil völlig gegen den Plan einer allgewaltigen Organisation.

Nach ihrer Ansicht führen die Zeugen Jehovas das „Muster aus dem ersten Jahrhundert" in bezug auf eine sichtbare Organisation Gottes fort: *„Waren diese Christenversammlungen im 1. Jahrhundert unabhängig voneinander, und traf jede ihre eigenen Entscheidungen? Nein, die Bibel zeigt, daß sie in dem einen christlichen Glauben vereint waren. Alle Versammlungen wurden von der gleichen Stelle aus geführt und geleitet. Die heutige sichtbare Organisation Gottes wird ebenfalls auf theokratische Weise geführt und geleitet"* (Paradiesbuch, S. 194+195).

Im sogenannten Apostelkonzil ist die Rede davon, daß den Gemeinden die Beschlüsse der Apostel und Ältesten „zur Befolgung" mitgeteilt wurden. Könnte dies ein Hinweis sein, daß es doch so etwas gab wie eine „leitende Körperschaft", die von Jerusalem aus zentrale Beschlüsse faßte? Dies wäre möglich, wenn es durch die übrigen Geschehnisse bestätigt würde. Ansonsten wäre es als das zu werten, wie es allgemein angesehen wird: ein besonderer Beschluß in einer besonderen Situation!

Die Apostelgeschichte bestätigt die Auslegung der Wachtturmgesellschaft nicht. So gab es keine Organisation, die gemeinsam beschlossen hätte, daß Petrus das Evangelium zu den Heiden tragen sollte, sondern Petrus erhielt seinen Auftrag durch eine Vision, die ihm Gott gab. Als die Apostel beschlossen, nach Asien zu ziehen und dort das Wort zu verkündigen, wurden sie vom Heiligen Geist daran gehindert (Apg. 16,6). Über die erste Missionsreise heißt es in Apg. 13,2: „Während sie aber dem Herrn dienten und fasteten, sprach der heilige Geist: Sondert mir nun Barnabas und Saulus zu dem Werk aus, zu dem ich sie berufen habe." Zu Philippus sprach der Engel des Herrn und schickte ihn zu dem Kämmerer aus Äthiopien.

Aber auch sonst gab es keine Entscheidungen einer „leitenden Körperschaft", der die anderen sich zu fügen hatten. Über den Beginn der zweiten Missionsreise heißt es in Apg. 15,36-41: „Nach einigen Tagen aber sprach Paulus zu Barnabas: Laß uns nun zurückkehren und die Brüder besuchen in jeder Stadt, in der wir das Wort des Herrn verkündigt haben, und sehen, wie es ihnen geht. Barnabas aber wollte auch Johannes mit dem Beinamen Markus mitnehmen. Paulus aber hielt es für richtig, den nicht mitzunehmen, der aus Pamphylien von ihnen gewichen und nicht mit ihnen gegangen war zu dem Werk. Es entstand nun eine Erbitterung, so daß sie sich voneinander trennten und Barnabas den Markus mitnahm und nach Zypern segelte. Paulus aber wählte sich Silas und zog aus, von den Brüdern der Gnade Gottes befohlen. Er durchzog aber Syrien und Zilizien und befestigte die Gemeinden." Auch hier ist nichts von einer Organisation zu sehen, die etwas koordiniert hätte, sondern die Apostel und ihre Mitarbeiter trafen, geleitet vom Heiligen Geist, selbständig ihre Entscheidungen.

Paulus erhielt nach der Bekehrung keine Anweisungen einer „leitenden Körperschaft", im Gegenteil: In seinem Brief an die Galater schreibt er: „Ich ging auch nicht nach Jerusalem hinauf zu denen, die vor mir Apostel waren, sondern ich ging sogleich fort nach Arabien und kehrte wieder nach Damaskus zurück. Darauf, nach drei Jahren, ging ich nach Jerusalem hinauf, um Kephas kennenzulernen und blieb fünfzehn Tage bei ihm. Keinen anderen Apostel aber sah ich außer Jakobus, den Bruder des Herrn."

Die Apostelgeschichte läßt nichts von einer koordinierenden Körperschaft erkennen. Wenn es eine „leitende Körperschaft" geben sollte, warum setzten die Apostel wohl in allen Gemeinden Älteste, nirgends aber Männer ein, die nach ihrem Ableben darüber wachen sollten, daß eine zentrale Leitung stattfand? Es gibt ebenfalls keinen Anhaltspunkt dafür, daß sich eine sogenannte „leitende Körperschaft" aus den Ältesten hätte zusammensetzen sollen. Auch die Bezeichnung „Aufseher" kann dazu nicht herhalten, denn sie ist nur ein anderer Ausdruck für die Ältesten: „Aber von Milet aber sandte er nach Ephesus und rief die Ältesten der Gemeinde herüber. Als sie aber zu ihm gekommen waren, sprach er zu ihnen: Habt acht auf euch selbst und auf die ganze Herde, in welcher der heilige Geist euch als Aufseher gesetzt hat, die Gemeinde Gottes zu hüten, die er sich erworben hat durch das Blut seines eigenen Sohnes" (Apg. 20,17+28).

Die Kirchengeschichte zeigt, daß die Gemeinden durchweg selbständig waren. Eine stärkere Zentralisierung fand erst nach dem Tod der Apostel statt. Eine Trennung in Älteste und Bischöfe (Aufseher) gab es erst im 2. Jahrhundert, die dann immer mehr ausgebaut wurde und letztendlich in die Trennung von „Geistlichen" und „Laien" einmündete. Auch wenn die Katholische Kirche ein besonders beliebtes Angriffsziel für die Wachtturmgesellschaft ist, hier greift man u. a. auf deren Organisationsstrukturen zurück.

Wenn wir nicht annehmen wollen, die Apostel hätten gegen Gottes Willen verstoßen, indem sie zwar Älteste einsetzten, aber niemanden als ihre Nachfolger bestimmten, bleibt nur der Schluß, daß Gott eben nicht mit einer „leitenden Körperschaft" handelte, sondern auch hier, wie durchgängig in der Heiligen Schrift, einzelne Personen herausrief und erwählte. In der Didache, der sogenannten Apostellehre 14 heißt es: „*... Wählt euch Bischöfe und Diakone, die des Herrn würdig sind, mild, nicht geldgierig, wahrhaftig und erprobt, da sie euch auch als Propheten und Lehrer dienen.*" Wenn also Jehovas Zeugen das „Muster der Urchristenheit" hätten wiederherstellen wollen, müßte man sich für selbständige Versammlungen unter der Leitung von gewählten Ältesten einsetzen.

Es ist interessant zu lesen, was C. T. Russell über die Einsetzung der Ältesten in Band 6 der Schriftstudien schrieb, wobei er sich auf Apg. 14,26 bezog: *„Das griechische Wort, das mit ‚gewählt' übersetzt ist, gibt erschöpfenden Aufschluß; es heißt ‚cheirotoneo', d. h. die Hand aufheben. Die Gläubigen bezeichneten also ihre Ältesten durch das Aufheben der Hände in öffentlicher Abstimmung. Anders verhält es sich mit der Einsetzung der Apostel, von welcher in Johannes 15,16 die Rede ist: ‚Ich habe euch auserwählt und gesetzt.' Dort steht auch ein anderes griechisches Wort ... Das Wählen durch Handaufheben war damals allgemeiner Brauch. Der Apostel gebraucht dasselbe griechische Wort, wo er sagt, wie Titus sein Gehilfe wurde. Er schreibt: ‚Er ist auch von den Versammlungen gewählt [durch Handaufheben] worden zu unserem Reisegefährten. Das Wörtchen ‚auch' in diesem Text deutet an, daß der Apostel ebenso gewählt wurde. Nicht zum Apostel wurde er gewählt – der er schon war –, sondern zum Abgesandten der Versammlung in Antiochien, die ohne Zweifel für die Kosten dieser Missionsreise aufkam. ... In der Urkirche waren alle frei, ihre Fähigkeiten nach eigenem Ermessen in den Dienst der Sache zu stellen. Die Versammlungen konnten beschließen oder ablehnen, den Aposteln besondere Aufträge zu geben, und die Apostel ihrerseits konnten solche Aufträge ablehnen oder übernehmen; beide Teile erfreuten sich der gleichen Gewissensfreiheit ... Ohne Zweifel war den Brüdern der Rat des Apostels ... sehr erwünscht, und solche Ratschläge sind gewiß eingeholt und dann auch befolgt worden. Gleichwohl suchten die Apostel, und die ihrem Beispiele folgten, die Verantwortlichkeit da, wo Gott sie hin verlegt hat: nämlich bei der Versammlung (Nachdruck, S. 280-282).“* So, wie Russell es ausdrückt, daß man Rat bei den Aposteln holte, war es auch in der Frage der Beschneidung beim sogenannten „Apostelkonzil“.

Bis zum Jahre 1932 hatten die Versammlungen die Einrichtung von gewählten Ältesten und Diakonen, doch dann wurde dies durch einen von der Gesellschaft bestellten einzelnen Dienstleiter abgelöst. Im Jahre 1971 gab es dann wieder eine neue – teilweise alte – Lehre, man habe durch genauere Studien herausgefunden, daß eben kein einzelner mehr, sondern eine Ältestenschaft der Versammlung vorzustehen habe. Diese wurden allerdings nicht wie früher gewählt, sondern von oben eingesetzt.

Es gab in den frühen Gemeinden keine sichtbare, zentrale Leitung der Versammlungen, und daher ist der Anspruch der Gesellschaft, die Situation der Urchristenheit wiederhergestellt zu haben, nicht aufrechtzuerhalten. Die *„Organisation"* – *„Mama"* – hat sich an die Stelle Jesu gesetzt, sie ist angeblich die Verbindung zu Gott, der einzige Weg, Erkenntnis und ewiges Leben zu erlangen. Paulus schrieb in seinem 2. Brief an die Thessalonicher, daß jemand sich „in den Tempel Gottes setzt und sich ausweist, daß er Gott sei" (2,4). Und doch fordert ausgerechnet diese Organisation die Menschen auf, ihre eigene Religion zu verlassen.

„Ratschläge" der Organisation

Den Vorwurf, die Organisation bestimme ihr ganzes Leben und jeder Zeuge müsse dem gehorchen, was im *Wachtturm* veröffentlicht werde, wird von den Zeugen meist zurückgewiesen. Nach ihrer Aussage handelt es sich um liebevolle Ratschläge, und als Ratschläge sind viele Dinge auch formuliert. Doch einige Zitate aus der Literatur der Gesellschaft beweisen, welchen Stellenwert diese „Ratschläge" wirklich haben.

Wachtturm vom 01.12.90, S. 19
Wir haben die Gelegenheit, unseren Brüdern, die in der Versammlung oder in Verbindung mit Jehovas weltweiter sichtbarer Organisation die Führung übernehmen, Liebe zu erweisen. Dazu zählt, dem „treuen und verständigen Sklaven" gegenüber loyal zu sein (Matthäus 24,45-47). Seien wir uns dessen bewußt, daß wir von uns aus die Wahrheit nie erkannt hätten, ganz gleich, wie häufig wir in der Bibel gelesen hätten. Nie hätten wir die Wahrheit über Jehova, seine Vorsätze und Eigenschaften sowie über die Bedeutung und Wichtigkeit seines Namens, des Königreiches und des Lösegeldes Jesu herausgefunden noch den Unterschied zwischen Gottes Organisation und derjenigen Satans, noch den Grund, warum Gott das Böse zugelassen hat.

Wachtturm vom 15.11.92, S. 19+20

Die ernannten Ältesten sollten die nahrhafte geistige Speise besonders schätzen, für die Gott durch den treuen Sklaven sorgt. Vor Jahren mangelte es einigen Ältesten an dieser Wertschätzung. Wie eine Beobachterin erzählte, „kritisierten [sie] Artikel im *Wachtturm* und waren nicht bereit, ihn ... als Gottes Kanal der Wahrheit anzuerkennen, und sie versuchten immer, andere zu beeinflussen, so zu denken wie sie". Loyale Älteste versuchen dagegen niemals, andere dahin gehend zu beeinflussen, daß sie etwas von der geistigen Speise ablehnen, für die Gott durch den treuen Sklaven sorgt. Alle Jehova hingegebenen Zeugen müssen ihm und seiner Organisation gegenüber loyal sein. Wir sollten nicht einmal erwägen, uns von Gottes wunderbarem Licht abzuwenden und einen Lauf der Abtrünnigkeit einzuschlagen, der schon jetzt den geistigen Tod nach sich zieht und schließlich in die Vernichtung führt (Jeremia 17,13). Und was sollten wir tun, wenn es uns schwerfällt, bestimmte biblische Gedanken, die der treue Sklave darlegt, voll und ganz anzunehmen? In diesem Fall sollten wir uns demütig in den Sinn zurückrufen, wo wir die Wahrheit kennengelernt haben, sowie um Weisheit beten, diese Prüfung durchzustehen, bis die Angelegenheit klargestellt wird (Jakobus 1,5-8).

Wachtturm vom 01.10.94, S. 8
KANAL ZUM VERSTÄNDNIS DER BIBEL

JESUS sicherte zu, daß er nach seinem Tod und seiner Auferstehung einen „treuen und verständigen Sklaven" erwecken würde, der als sein Mitteilungskanal dienen sollte (Matthäus 24,45-47). Der Apostel Paulus machte diesen Kanal kenntlich, als er an die Christen in Ephesus schrieb, daß „die überaus mannigfaltige Weisheit Gottes durch die Versammlung bekanntgemacht werde ..." ... Es war die Versammlung gesalbter Christen, hervorgebracht zu Pfingsten 33 u. Z., der die „geoffenbarten Dinge" anvertraut wurden (5. Mose 29,29). Als Gruppe dienen gesalbte Christen als der treue und verständige Sklave (Lukas 12,42-44). Ihnen wurde von Gott die Aufgabe übertragen, für das geistige Verständnis der „geoffenbarten Dinge" zu sorgen. Geradeso wie die Prophezeiungen der Bibel auf den Messias hindeuteten, weisen sie uns auf die festgefügte Körperschaft gesalbter christlicher Zeugen hin, die heute als der treue und verständige Sklave dienen. Dank ihrer Hilfe können wir das Wort Gottes verstehen. Alle, die die Bibel verstehen möchten, sollten anerkennen, daß „die überaus mannigfaltige Weisheit Gottes“ nur durch den Mitteilungskanal Jehovas, den treuen und verständigen Sklaven, bekannt werden kann (Johannes 6,68).

Wachtturm vom 15.06.96, S. 21
Im ersten Jahrhundert erwiesen sich gottlose Menschen, die sich in die Christenversammlung eingeschlichen hatten, als falsche Lehrer und als Murrende ... Heute werden einige Personen zu Murrenden, weil sie zulassen, daß sich in ihrem Herzen eine geistig zersetzende Einstellung entwickelt ... Das Murren kann bei ihnen so weit gehen, daß sie Veröffentlichungen des treuen Sklaven kritisieren ... Es ist nichts dagegen einzuwenden, aufrichtige Fragen zu einem biblischen Thema zu stellen. Doch was wäre, wenn wir eine negative Einstellung entwickeln würden, die in kritischen Diskussionen im engsten Freundeskreis zum Ausdruck kämen? Wir wären gut beraten, uns zu fragen: „Wohin wird das wahrscheinlich führen? Wäre es nicht viel besser, demütig um Weisheit zu beten, statt weiter zu murren?“ (Jakobus 1,5-8; Judas 17-21). Korah und seine Unterstützer, die gegen die Autorität von Mose und Aaron rebellierten, mögen so sehr von der Richtigkeit ihrer Ansicht überzeugt gewesen sein, daß sie sich gar keine Gedanken über ihre Beweggründe machten. Trotzdem waren sie ganz und gar im Unrecht. Dasselbe traf auch auf die Israeliten zu, die wegen der Vernichtung Korahs und der anderen Rebellen murrten. Wie weise ist es doch, solche Beispiele zum Anlaß zu nehmen, unseren Beweggründe zu überprüfen, vom Murren und Klagen abzusehen und uns von Jehova läutern zu lassen.

Kapitel 3

Wie heißt Gott?

Nach der Lehre der Wachtturmgesellschaft ist sie durch die Bezeichnung *Jehovas Zeugen* als ein *Volk für Gottes Namen* gekennzeichnet. In allen Publikationen der Wachtturmgesellschaft wird immer wieder betont, wie wichtig es sei, diesen Namen zu gebrauchen; es sei eines der herausragenden Merkmale, an denen man das Volk Gottes erkennen könne. In der von der Wachtturmgesellschaft herausgegebene *Neue-Welt-Übersetzung der Heiligen Schrift* wird der Name Gottes nicht nur im Alten Testament mit *Jehova* wiedergegeben, sondern darüber hinaus 237mal im Neuen Testament.

Die Wachtturmgesellschaft gibt zu, daß es kein altes griechisches Manuskript gibt, das einen entsprechenden Gottesnamen enthält, hat aber trotzdem *Jehova* an die Stelle von *kyrios* (griechisch = Herr) gesetzt (Broschüre „Der göttliche Name, der für immer bleiben wird", S. 23). In ihrer „Studienbibel" weist die Wachtturmgesellschaft darauf hin, daß man für alle 237 Einfügungen eine entsprechende hebräische Übersetzung gefunden habe, „vergißt" jedoch zu erwähnen, daß es sich hierbei teilweise um Übersetzungen aus dem 14. Jahrhundert und neuzeitliche Schriften handelt. (Studienbibel, S. 1628/1629 i. V. m. S. 11; „Einsichten über die Heilige Schrift", Bd. I, S. 1284/1285). Man habe einen „guten Grund" für die Einsetzung, schreibt man, doch ersetzt das die entsprechenden Handschriften? Der Name Jehova spielt für die Wachtturmgesellschaft eine zentrale Rolle, doch gibt ihr das das Recht, die ältesten überlieferten Manuskripte zu ignorieren? Wie seriös die Übersetzung in diesem Fall ist, mag der Leser selbst beurteilen.

Heißt Gott Jehova?

In den alttestamentlichen Schriften finden wir die Namenszeichen JHWH. Die hebräische Sprache kennt keine Vokale, und die Juden sprachen den Gottesnamen aus Ehrfurcht und aus Angst, ihn zu mißbrauchen, nicht aus. Statt dessen lasen sie „adonai" (HERR). Dort, wo man heute im Alten Testament meist die Bezeichnung HERR oder Herr liest, findet sich im hebräischen Text der Gottesname JHWH; hier haben sich die christlichen Kirchen der Tradition der Juden angeschlossen. Die richtige Aussprache des Gottesnamens ist nicht hundertprozentig gesichert, im allgemeinen ist man sich einig, daß er wahrscheinlich *Jahwe* lautet.

Für Jehovas Zeugen ist der Gebrauch des Namens *Jehova* entscheidend und der Nichtgebrauch ein „Zeichen des Abfalls der Christenheit". „*... Bis dahin hatte jedoch der von Jesus vorausgesagte Abfall Formen angenommen, und der Name wurde, obwohl er in den Handschriften stand, immer weniger gebraucht*" (DER GÖTTLICHE NAME; der für immer bleiben wird, S. 26). In ihren Schriften heißt es, nur derjenige sei ein rechter Anbeter Gottes, der den Namen Jehova verwende: „*Wie denkt Jehova über Personen, die seinen Namen aus der Bibel entfernen? ... Der Psalmist schrieb: Wie lange, o Gott, wird der Widersacher weiterhin schmähen? Wird der Feind deinen Namen stets respektlos behandeln für immer?*" (a. a. O., S. 27).

Auch schreiben sie, daß man zwar an Jesus glauben müsse, die Rettung jedoch mit der richtigen Wertschätzung für den Namen Gottes zusammenhänge (a. a. O., S. 26). Dieser richtige Name jedoch sei *Jehova*.

Machte Jesus den Namen Jehova bekannt?

Im Vaterunser betet Jesus: „Vater unser im Himmel, dein *Name* werde geheiligt ..." Die Zeugen Jehovas schreiben hierzu, daß Jesus die Heiligung des Gottesnamens an die erste Stelle gesetzt habe. Wenn es Jesus darum ging, daß wir unser Gebet an *Jehova* oder *Jahwe* richten sollen, warum benutzte er dann diesen Namen in dem Gebet gar nicht? Jesus erschloß uns Christen *Jahwe* als den Vater, wie wir ihn auch anreden dürfen, wie es Kinder eben tun.

Jehovas Zeugen führen oftmals Joh. 17,6 als Beleg dafür an, daß man den Namen *Jehova* gebrauchen müsse: „Ich habe deinen Namen den Menschen offenbart, die du mir aus der Welt gegeben hast." Den Jüngern Jesu war natürlich bekannt, daß Gott einen Eigennamen hatte. Es geht daher darum, die Menschen mit Gott selbst und mit seinem Willen bekanntzumachen und sich unter seine Autorität zu stellen.

Welchen Namen bevorzugte Jesus im Gespräch mit seinem Vater? In den Evangelien ist die Bezeichnung *Gott* oder *Vater* weitaus häufiger, nämlich 3-4mal häufiger anzutreffen ist als *Herr* oder *Jehova*, wie die Neue-Welt-Übersetzung meist eingesetzt hat. Nicht nur Jesus bevorzugte diese Anrede, auch die Briefe der Apostel beweisen, daß mit der Bekanntmachung des Namens Gottes keineswegs der Name *Jehova* oder *Jahwe* gemeint war. Es gibt einige Briefe, in denen auch die Wachtturmgesellschaft kein einziges Mal *Jehova* einsetzten konnte, da hier nur von Gott oder dem Vater die Rede ist, nämlich der Brief an die Philipper, der 1. Timotheusbrief, Titus, Philemon und die drei Briefe des Johannes. Auch dies zeigt, daß mit der Heiligung und Bekanntmachung des Gottesnamens etwas völlig anderes gemeint ist, als Jehovas Zeugen lehren. Wir dürfen Gott als unseren *Vater* anreden, wir dürfen auch *Gott* sagen, wie Jesus es ebenfalls tat. Wir dürfen auch *Jahwe* oder, wenn wir lieber der Tradition folgen, *Jehova* sagen, aber die Bibel erlaubt uns nicht, aus dem einen oder anderen ein Gesetz zu machen. Wenn es tatsächlich so gewesen wäre, daß Jesus den Eigennamen *Jahwe* oder *Jehova* hätte „bekanntmachen" sollen, hätte er diesem Auftrag zuwider gehandelt, denn er sagte häufiger *Vater* oder *Gott.* Jesus und die Apostel maßen dem Gebrauch dieses Namens nicht die Bedeutung zu, wie es die Wachtturmgesellschaft uns glauben machen will. Wenn Jahwe der Gebrauch dieses Namens so wichtig war, warum ließ er dann zu, daß er bei der Lesung der heiligen Schriften nicht mehr ausgesprochen wurde? Warum sprach nie einer der Propheten, die Gott sandte, davon?

Die Wachtturmgesellschaft behauptet, Jesus habe, als er z. B. in der Synagoge aus dem Propheten Jesaja las, den Eigennamen *Jehova* oder *Jahwe* ausgesprochen (a.a.O., S. 15); in der Neue-Welt-Übersetzung ruft auch das Volk Jesus zu: „*Gesegnet ist, der im Namen Jehovas kommt*" (Mt. 21,9). Doch es war zu Jesu Zeiten völlig unüblich, den Gottesnamen auszusprechen, nicht nur unüblich, sondern durch die Tradition und die Lehre der Rabbiner unmöglich. Es war allein dem Hohenpriester einmal im Jahr vorbehalten, den Namen am Versöhnungstag auszusprechen; etwas anderes wäre nach allgemeiner Lehre einer Gotteslästerung gleichgekommen. Zweifellos hat daher das Volk Jesus mit Sicherheit nicht als demjenigen zugejubelt, der „*im Namen Jehovas kommt*". Und hätte Jesus diesen Namen tatsächlich ausgesprochen, so wäre sicherlich ein Aufruhr entstanden, der wie die Sabbatheilungen Jesu von den Evangelien überliefert worden wäre.

In den Schriften der Wachtturmgesellschaft wird es als Tatsache hingestellt, daß die frühen Christen den Eigennamen Gottes ausgesprochen hätten. „*Woran man die wahre Religion erkennt*" ... „*Ja, Jesus macht Gottes Namen, Jehova, anderen bekannt ... Tatsächlich ist es für unsere Rettung nötig, diesen Namen zu kennen, da die Bibel sagt: ‚Denn jeder, der den Namen Jehovas anruft, wird errettet werden' (Röm. 10,13.14). Wer hält heute Gottes Namen heilig und macht ihn auf der ganzen Erde bekannt? Die Kirchen im allgemeinen haben ihn sogar aus ihren Bibelübersetzungen entfernt. Was meinst du, mit welcher Organisation du in Verbindung gebracht würdest, wenn du im Gespräch mit deinen Nachbarn wiederholt etwas von Jehova sagen und dabei seinen Namen erwähnen würdest? Es gibt nur eine Religionsgemeinschaft, deren Glieder in dieser Hinsicht das Beispiel Jesu wirklich nachahmen*" (Paradiesbuch, S. 184-185).

Zu dem Zitat aus Röm. 10,13+14 soll später noch etwas gesagt werden, doch wird schon aus diesen Worten deutlich, daß ein Zeuge Jehovas niemanden als Christen anerkennen wird, der den Namen Jehova nicht gebraucht.

Unter der Überschrift „Warum ist es so wichtig, Gottes Eigennamen zu kennen und zu gebrauchen?" schreibt die Wachtturmgesellschaft: „*Kann man ein enges Verhältnis zu jemandem haben, dessen Namen man nicht kennt? In den Augen derer, die Gott für namenlos halten, ist er oft nichts weiter als eine unpersönliche Kraft, keine wirkliche Person, die sie kennen und lieben und der sie im Gebet ihre*

Herz ausschütten können. Wenn sie überhaupt beten, dann sind ihre Gebete nur ein Ritual, eine förmliche Wiederholung auswendig gelernter Wendungen" (Unterredungen anhand der Schriften, S. 226). Aus dem Nichtgebrauch des Namens *Jehova* darauf zu schließen, daß man keine persönliche Beziehung zu Gott habe, ist nicht stichhaltig. Gibt es eine persönlichere, intimere Anrede als *Vater?* Wie oft benutzen Jehovas Zeugen diese Anrede im Vergleich zu *Jehova?* Jedem Christen ist es ein Anliegen, Gottes Namen zu heiligen, doch es geht nicht um Lippenbekenntnisse, sondern um die praktischen Auswirkungen in unserem Leben.

Ist die Bibel gefälscht?

Die Wachtturmgesellschaft lehrt, auch im Neuen Testament habe ursprünglich das Tetragramm (JHWH) gestanden: *„Zu Beginn des zweiten Jahrhunderts, nachdem der letzte Apostel gestorben war, begann der von Jesus und seinen Nachfolgern vorausgesagte Abfall vom christlichen Glauben voll einzusetzen. Heidnische Philosophien und Lehren drangen in die Versammlung ein; es kam zu Sekten und Spaltungen, und der ursprünglich reine Glaube wurde verderbt. Allmählich wurde auch Gottes Name nicht mehr gebraucht ... Abtrünnige Christen des 2. und 3. Jahrhunderts entfernten ihn, als sie Abschriften griechischer Bibelmanuskripte anfertigten, und ließen ihn aus, als sie die Bibel in andere Sprachen übersetzten ... Während sich daher die Juden weigerten, den Namen Gottes auszusprechen, gelang es der abtrünnigen christlichen Kirche, ihn vollständig aus griechischsprachigen Handschriften beider Teile der Bibel auszumerzen ..."* (Der GÖTTLICHE NAME, der für immer bleiben wird).

Die Gemeinde der „reinen" Lehre hat es nie gegeben – denn warum hat Paulus einen Großteil seiner Briefe schreiben müssen –, und was für Folgen ergeben sich aus dem Vorwurf der Fälschung? Mit der Behauptung, einmal vorhandene Originale seien gefälscht worden, kann man jede beliebige These über Lehrinhalte des Neuen Testaments aufstellen. Gerade die Wachtturmgesellschaft weist sonst immer darauf hin, wie wunderbar Gott die Bibel über die Jahrhunderte erhalten habe. Wie logisch ist ein solcher Vorwurf?

Jehovas Zeugen haben die Botschaft verändert

Das Übersetzungskomitee der Wachtturmgesellschaft gibt zu, daß der Name *Jehova* von ihnen im Neuen Testament an 237 Stellen eingeführt wurde, wo das Tetragramm überhaupt nicht erscheint: *„Hat ein Übersetzer das Recht, den Namen wiedereinzuführen, wenn er doch in den vorhandenen Handschriften nicht steht? Jawohl. Die meisten griechischen Lexika erkennen an, daß sich das Wort ‚Herr' in der Bibel oft auf Jehova bezieht ... An den Stellen, an denen die Schreiber der christlichen griechischen Schriften aus den früheren Hebräischen Schriften zitieren, hat der Übersetzer somit das Recht, das Wort kyrios mit Jehova wiederzugeben, wo immer der göttliche Name im hebräischen Urtext vorkam"* (DER GÖTTLICHE NAME, der für immer bleiben wird, S. 26).

Auf den ersten Blick erscheint dies logisch, doch Bibelkenner werden merken, daß mit dieser Vorgehensweise die Bedeutung der Heiligen Schrift an einigen Stellen geändert wurde. Wie bereits erwähnt, lautet Röm. 10,13 in der „Neue-Welt-Übersetzung": *„Wer den Namen Jehovas anrufen wird, soll gerettet werden."* Diese Übersetzung ist jedoch falsch. Das wird klar, wenn man den Vers im Zusammenhang liest: „Das ist das Wort des Glaubens, das wir predigen, daß, wenn du mit deinem Mund Jesus als Herrn bekennen und in deinem Herzen glauben wirst, daß Gott ihn von den Toten auferweckt hat, du errettet werden wirst. Denn mit dem Herzen wird geglaubt zur Gerechtigkeit, und mit dem Mund wird bekannt zum Heil. Denn die Schrift sagt: Jeder, der an ihn glaubt, wird nicht zuschanden werden. Denn es ist kein Unterschied zwischen Jude und Grieche, denn er ist der Herr über alle, die ihn anrufen, denn jeder, der den Namen des Herrn anrufen wird, wird errettet werden." Paulus spricht davon, daß man *Jesus* als Herrn bekennen muß und der nicht zuschanden wird, der an *ihn* glaubt.

Auch an anderen Stellen wurde ohne Grund durch den Gebrauch des Namens *Jehova* die Bibel verfälscht, so in Röm. 14,8: „Leben wir, so leben wir dem Herrn; sterben wir, so sterben wir dem Herrn. Darum: Wir leben oder sterben, so sind wir des Herrn. Denn dazu ist Christus gestorben und wieder lebendig geworden, daß er über Tote und Lebende Herr sei." Die Neue-Welt-Übersetzung dagegen gibt diese Verse wie folgt wieder: *„... denn wenn wir leben, leben wir für Jehova. Denn dazu ist Christus gestorben und wieder zum Leben gekommen, damit er Herr sei sowohl über die Toten als auch die Lebenden."* Doch wenn Jesus Herr über Lebende und Tote ist, dann dienen wir notwendigerweise auch ihm.

Mit der Begründung, man müsse dort *Jehova* einsetzen, wo auf Zitate aus dem Alten Testament Bezug genommen wird, gerät die Wachtturmgesellschaft in eine Zwickmühle, da sie es dann auch in Phil. 2,9-11 tun müßte: „Darum hat Gott ihn auch hoch erhoben und ihm den Namen verliehen, der über jeden Namen ist, damit in dem Namen Jesu jedes Knie sich beuge, der Himmlischen und Irdischen, und jede Zunge bekenne, daß Jesus Christus Herr ist, zur Ehre Gottes, des Vaters." An dieser Stelle wird Bezug genommen auf die Aussage über den Vater in Jes. 45,23. Doch hier schreibt die Neue-Welt-Übersetzung, daß Jesus *Herr*, aber nicht, daß er *Jehova* sei. Die Übersetzung ist also lehrmäßig begründet.

Jesus ist unser Herr

Nach Aussage der Wachtturmgesellschaft war *„die Wiedereinführung des Namens eine große Hilfe, indem sie die Klarheit und Verständlichkeit des zweiten Teils der inspirierten Bibel vermehrt"* habe. In Wirklichkeit jedoch hat man mit dieser Änderung Jesus seiner Ehre beraubt, denn sein Name hat bei Jehovas Zeugen nicht mehr die Bedeutung, die er haben müßte. Gottes Wort selbst zeigt uns, daß der Titel *„kyrios"*, der in der griechischen Übersetzung des Alten Testaments, der Septuaginta, für Gott gebraucht wurde, auf Jesus übertragen wurde. Es gibt keine Konkurrenz zwischen dem Vater und dem Sohn. Wer die Schriften der Wachtturmgesellschaft liest, könnte den Eindruck bekommen, der Vater sei betrübt, wenn wir seinem Sohn soviel Aufmerksamkeit schenken. In Wirklichkeit ist es genau umgekehrt, es ist sein ausdrücklicher Wunsch! Gott möchte, daß alle „den Sohn ehren, wie sie den Vater ehren. Wer den Sohn nicht ehrt, ehrt den Vater nicht, der ihn gesandt hat" (Joh. 5,23). Das ganze Neue Testament ist davon durchzogen, daß das Evangelium von Jesus Christus gepredigt wird.

Über Jesus spreche man auch, er sei auch für sie wichtig, denn durch sein Loskaufs-Opfer könne man gerettet werden, wenden die Zeugen ein. Doch gerade durch Veränderungen wie die oben dargestellten hat Jesus für den einzelnen Zeugen Jehovas keine große Bedeutung mehr. Er braucht den Namen Jesus nicht mehr anzurufen, wie Gott, unser Vater, es uns in Röm. 10,13 gesagt hat und wie es auch die ersten Christen taten (1. Kor. 1,2). Zwar werden in seinem Namen Gebete an Jehova gerichtet; es stellt sich jedoch die Frage, ob dies nicht einfach eine Formel ist, ein Anhängsel an Gebete, in denen Jesus oft nicht einmal vorkommt. Wird Jesus damit so geehrt, wie der Vater es möchte?

Christen oder Jehovas Zeugen?

Im Wachtturm-Buch „JEHOVAS ZEUGEN – Verkündiger des Königreiches Gottes" wird die Ansicht vertreten, die Umbenennung in Jehovas Zeugen sei *„göttlicher Vorsehung zuzuschreiben"* (S. 152). In einem Bericht über die Rede Rutherfords, des damaligen Präsidenten der Wachtturmgesellschaft, heißt es: *„Dieses Thema griff Bruder Rutherford in einer ... Ansprache ... wieder auf, in der er die Notwendigkeit eines besonderen Namens besprach. Auf welchen Namen deutet die Bibel hin? Der Redner zitierte Apostelgeschichte 15,14, wo von Gottes Vorsatz die Rede ist, aus den Nationen ‚ein Volk für seinen Namen' herauszunehmen. ... Nach einigen Texten aus Jesaja ... kam er zum Höhepunkt seiner Ausführungen, und zwar mit Jesaja 43,8-12, wo unter anderem der göttliche Auftrag zu finden ist: ‚Ihr seid meine Zeugen' ist der Ausspruch Jehovas, ‚und ich bin Gott.' Zu welchem Schluß kamen sie also aufgrund des Wortes Jehovas? Welcher Name wäre im Einklang mit der Art und Weise, wie Gott mit ihnen handelte? ... Wie passend ist es doch, daß Jehovas Diener Gottes Eigennamen tragen ..."* (a. a. O., S. 155+156).

Hier wird deutlich, daß man sich von denjenigen abgrenzen möchte, die diesen Namen nicht tragen. Die Aussage Gottes in Jes. 43,10 bedeutete schon damals nicht, daß Gottes Volk ab diesem Zeitpunkt mit Jahwes Zeugen o. ä. bezeichnet wurden. Sie waren weiterhin als Volk Israel bekannt, mit dem Namen, den Gott selbst ihnen gegeben hatte. In Apg. 1,8 bezeichnet Jesus sie als seine Zeugen, und im weiteren erfolgt die Namengebung durch Gott selbst. Selbst in der Neue-Welt-Übersetzung der Wachtturmgesellschaft heißt es in Apg. 11,26: „... und es war zuerst in Antiochia, daß die Jünger durch göttliche Vorsehung Christen genannt wurden." Dieser Name war es also, der von Gott im Neuen Bund persönlich ausgesucht worden war: „CHRISTEN".

Mit der Benennung Jehovas Zeugen mißachtet man Gottes ausdrücklichen Wunsch, daß wir uns mit dem Ehrennamen „Christen" zu Christus bekennen sollen. Als einer der Gründe, warum die ehemaligen „Bibelforscher" sich den Namen Jehovas Zeugen gegeben haben, wird der Mißbrauch der Bezeichnung Christen genannt; sehr viele Menschen würden sich so nennen, ohne es wirklich zu sein. Doch es gab schon zur Zeit der ersten Christen Menschen, die diesem Namen kein Ehre machten. So wie im Alten Bund Gottes Volk der Name Israel nicht weggenommen wurde, weil es sich immer wieder als untreu erwies, so besteht für Menschen kein Grund, den Namen, der durch den Heiligen Geist festgesetzt worden ist, durch irgendeine andere Benennung zu ersetzen. Jehovas Zeugen mögen einwenden, auch andere Gemeinschaften würden sich nicht nur Christen nennen, sondern trügen spezielle Namen wie Protestanten, Katholiken o. ä. Doch der Grund hierfür ist meist rein organisatorischer Art, die Benennung mancher Kirchen wird nur von Außenstehenden gewählt, man nannte sich jedoch nicht so, um sich abzugrenzen, wie dies bei Jehovas Zeugen der Fall ist. Keine christliche Gemeinschaft behauptet, daß ihre Benennung eine „göttliche Vorsehung" sei.

Die Lehre, das Aussprechen des Namens *Jehova* sei ein Kennzeichen des wahren Christentums und notwendig, um gerettet zu werden, findet in der Bibel kein Stütze. Durch Jesu Blut und durch den Glauben an ihn werden wir errettet.

Wenn wir alle Beweise nachprüfen, die die Wachtturmgesellschaft für die Einsetzung des Namens Jehova in das Neue Testament anführt, so bleibt nur eine Behauptung, aber nichts, was durch die Bibel selbst gestützt wird.

1) Es gibt kein einziges altes Manuskript des Neuen Testaments, in der der Name JHWH – nicht *Jehova* – vorkommt.

2) Jesus und seine Apostel verwandten viel häufiger die Bezeichnung *Vater* oder *Gott* statt *Herr*, wo die Wachtturmgesellschaft *Jehova* eingesetzt hat.
3) Der Sinn biblischer Aussagen wird an einigen Stellen durch das Einsetzen der Anrede *Jehova* verändert.

Ist es nicht viel wunderbarer, daß wir Gott jetzt als Vater anreden dürfen, wie Jesus uns im Vaterunser zeigt? Auch diese Verheißung geht Jehovas Zeugen durch die Überbetonung des Namens *Jehova* verloren. Kann der Gebrauch oder Nichtgebrauch dieses Namens heilsentscheidend sein und die Benennung *Jehovas Zeugen* durch Gott selbst gewollt?

Es drängt sich der Verdacht auf, daß ein künstlicher Streitpunkt geschaffen wurde und nur um eine Abgrenzung zu denen geht, die von der Wachtturmgesellschaft als „Hure Babylon" gebrandmarkt werden. Der Name Gottes wurde mit Sicherheit nie *Jehova* ausgesprochen, und so kommt noch ein weiterer Aspekt hinzu. Während man in anderen Bereichen erklärt, man sei nicht dogmatisch und halte nicht an Lehren fest, die man als falsch erkannt habe, scheint es der Führung der Zeugen Jehovas etwas peinlich zu sein, zugeben zu müssen, daß die Bezeichnung Jehovas Zeugen so eigentlich nicht stimmen kann.

Man meint, das Christsein eines Menschen daran messen zu können, ob er den Namen *Jehova* ausspricht oder nicht. Sind das die Kriterien, an denen wir, wie Jesus uns sagte, seine Jünger erkennen können?

„Vergeblich aber dienen sie mir, indem sie als Lehren Menschengebote lehren" (Mt. 15,9).

Kapitel 4

Die Wiederkunft Jesu

Das Datum 1914 spielt in der Lehre der Zeugen Jehovas eine zentrale Rolle; danach bräuchten wir nicht mehr auf die Wiederkunft Jesu zu warten, sondern er hätte *„im Jahre 1914 begonnen, als König der himmlischen Regierung Gottes zu herrschen"*.

Die von Jesus vorausgesagten Zeichen wären nicht Zeichen seiner Ankunft, sondern seiner Gegenwart: *„Kurz vor dem Tod Jesu, während er auf dem Ölberg saß, kamen vier seiner Apostel zu ihm und baten ihn um ein Zeichen. Ihre Frage haben Millionen von Menschen im folgenden Wortlaut in der Luther-Bibel gelesen: ‚Sage uns, wann wird das geschehen? Und welches wird das Zeichen sein Deines Kommens und des Endes der Welt?' (Mt. 24,3). Doch was bedeuten die Begriffe ‚Dein Kommen' und das ‚Ende der Welt'? Das hier mit Kommen übersetzte griechische Wort lautet parousia, und es bedeutet Gegenwart. Wenn somit das Zeichen zu sehen ist, so bedeutet das, daß Christus, wenn auch unsichtbar, gegenwärtig ist."* (Paradiesbuch, S. 148).

Tatsächlich bedeutete *parousia* ursprünglich Gegenwart. Wie viele Worte machte es jedoch einen Bedeutungswandel durch und bekam zum zweiten Gebrauch die Bedeutung von *Ankunft, Kommen*, besonders auch der Ankunft eines hohen Herrschers. Dieser zweiten Bedeutung wird in theologischen Wörterbüchern breiter Raum eingeräumt. Es ist durchaus bemerkenswert, daß die Wachtturmgesellschaft die anderen Bedeutungen des Wortes verschweigt und Luther – sowie indirekt fast alle anderen namhaften Bibelübersetzungen, die ebenfalls *Ankunft* übersetzen – damit einer Falschübersetzung bezichtigt. Das griechische Wort *parousia* kann sowohl *Gegenwart* als auch *Ankunft* heißen. Tatsächlich sind die Ausführungen der Wachtturmgesellschaft hierzu also eine Halbwahrheit, auf der man dann eine ganze Lehre aufbaut.

Jesu Himmelfahrt und Wiederkunft – unsichtbar?

Wenn „parousia“ nicht *Ankunft*, sondern *Gegenwart* bedeutet, so folgert man, muß diese eben unsichtbar sein. Um die Aussage, daß Jesus in derselben Weise wiederkommen wird, wie die Jünger ihn haben gen Himmel fahren sehen, kommen auch die Zeugen nicht herum, schließlich steht dies wörtlich so in der Bibel. Daher wird sie uminterpretiert:

„Und auf welche Weise verließ Jesus die Erde? Er tat es in aller Stille, ohne öffentliches Aufsehen. Nur seine Apostel wußten davon. Die Welt sah es nicht“ (Paradiesbuch, S. 146). Seine Apostel wußten jedoch nicht nur davon, sie sahen es auch. Als Christus in den Himmel auffuhr, sahen seine Jünger, *„wie er zusehends aufgehoben wurde“* und ihn dann eine Wolke vor ihren Augen wegnahm. Jesus Jünger sahen ihn buchstäblich und nicht nur vor einem *geistigen Auge* zum Himmel fahren. Die Bibel verheißt, daß er in derselben Weise wiederkommen wird, die Menschen werden ihn also sehen.

Und wenn es in Offenbarung 1,7 heißt: „Siehe, er kommt mit den Wolken, und jedes Auge wird ihn sehen, auch die, die ihn durchstochen haben ...“, so schreibt man: *„Worauf deuten Wolken hin? Auf Unsichtbarkeit ... Jehova sagte zu Mose: ‚Ich komme in einer dunklen Wolke zu dir.‘ Mose sah Gott nicht, aber die Wolke deutete Gottes unsichtbare Gegenwart an (2. Mose 19,9; siehe auch 3. Mose 16,2; 4. Mose 11,25). Erschiene Christus sichtbar am Himmel, dann könnte er logischerweise nicht von ‚jedem Auge‘ gesehen werden. Könnte er, wenn er beispielsweise über Australien erscheinen würde, in Europa, Afrika und Amerika gesehen werden?“* (Unterredungen anhand der Schriften, S. 430/431). Wo bleibt das angebliche Vertrauen der Zeugen in die Allmacht Gottes und wo der eigentliche Beweis für die Behauptung der Wachtturmgesellschaft?

Sie zitiert auf S. 143 des *Paradiesbuches* den Apostel Paulus, der von Jesu Unsichtbarkeit gesprochen habe: *„Selbst wenn wir Christus gemäß dem Fleisch gekannt haben, so kennen wir ihn doch jetzt nicht mehr so“* (2. Kor. 5,16, N.W.-Übersetzung). Anscheinend muß man nicht damit rechnen, daß Jehovas Zeugen die angegebenen Bibelstellen überprüfen, denn der Halbsatz vorher hätte enthüllt, wie absurd diese Bibelstelle als Beweis ist. Dort heißt es nämlich: „Daher kennen wir von nun an niemand mehr nach dem Fleisch." Nach der gleichen Logik würde dies bedeuten, daß alle Menschen unsichtbar wären.

Außerdem, so sagt man, bestätige die Bibel klar und deutlich, daß Fleisch und Blut Gottes Königreich nicht erben könnten (1. Kor. 15,44ff) Doch auch diese Bibelstelle kann nicht überzeugen, denn das 15. Kapitel des Korintherbriefes spricht von der Verwandlung des menschlichen Leibes in einen himmlischen Leib, was für alle Christen bei der Auferstehung gelten wird und auch bei Jesus so geschah. Von Unsichtbarkeit wird hier nicht gesprochen.

Zu der Problematik des leeren Grabes heißt es lapidar: „... *Gott hatte den Leib Jesu entfernt. Warum hatte Gott das getan? Um das zu erfüllen, was in der Bibel geschrieben stand (Psalm 16,10; Apostelgeschichte 2,31). Jehova erachtete es somit für passend, den Leib Jesu zu entfernen, wie er es früher mit dem Leib Moses getan hatte*" (Paradiesbuch, S. 144). Hier steht wieder nur eine Behauptung, nicht mehr!

Man erklärt, Jesus habe einfach bei den Erscheinungen irgendeinen Fleischesleib angenommen, der seinem früheren ähnlich gewesen sei. Doch auch dies widerlegt die Bibel, denn es heißt über die Jünger ausdrücklich: „..aber ihre Augen wurden gehalten, so daß sie ihn nicht erkannten" (Lukas 24,16). Entspräche die Behauptung der Wachtturmgesellschaft den Tatsachen, wäre dies nicht nötig gewesen.

Mit biblischen Aussagen wie Offb. 1,7 konfrontiert, wo es heißt, daß Jesus von jedem Auge gesehen werden würde, schreibt man: *„Die Bibel gebraucht das Wort sehen hier nicht in buchstäblichem Sinne, sondern im Sinne von erkennen oder wahrnehmen ... Der Ausdruck ‚jedes Auge wird ihn sehen' bedeutet daher, daß jeder dann erkenne oder verstehen wird, daß Jesus gegenwärtig ist*" (Paradiesbuch, S. 146). Wieder nur eine Behauptung und kein Beweis, daß die Bibel etwas anderes meint, als sie sagt! Jesus soll angeblich seit 1914 unsichtbar herrschen, aber nach ihrer eigenen Aussage haben dies bisher nur Jehovas Zeugen verstanden. Selbst wenn man von einer unsichtbaren Wiederkunft ausginge, kann nicht die Rede davon sein, daß jedes Auge ihn gesehen hätte.

Was für eine Bedeutung soll überhaupt diese unsichtbare Wiederkunft haben? „... *bedeutet Christi Wiederkunft nicht, daß er buchstäblich auf die Erde zurückkehrt. Es bedeutet vielmehr, daß er seine Königreichsmacht über die Erde antritt und ihr seine Aufmerksamkeit zuwendet“* (Paradiesbuch, S. 147). Daraus müßten wir wohl schließen, daß die Erde die Aufmerksamkeit Jesu vom Jahre 33 n. Chr. bis 1914 noch nicht hatte.

Es gibt keinen biblischen Beweis, den die Wachtturmgesellschaft vorweisen kann. Die Wiederkunft hat noch nicht stattgefunden; Jesus wird nach der großen Drangsal wiederkommen: „Aber gleich nach der Drangsal jener Tage wird die Sonne verfinstert werden und der Mond seinen Schein nicht geben, und die Sterne werden vom Himmel fallen, und die Kräfte des Himmels werden erschüttert werden. Und dann wird das Zeichen des Sohnes des Menschen am Himmel erscheinen, und dann werden wehklagen alle Stämme des Landes, und sie werden den Sohn des Menschen kommen sehen auf den Wolken des Himmels mit großer Macht und Herrlichkeit“ (Mt. 24,29-30).

Selbst wenn wir davon ausgingen, Jesu Wiederkunft wäre unsichtbar, könnte diese nicht im Jahre 1914 gewesen sein, weil die große Drangsal noch bevorsteht, was die Wachtturmgesellschaft heute im übrigen – anders als früher – auch lehrt. Wenn wir jetzt annähmen, es handele sich in Mt. 24 um eine andere Wiederkunft, dann täte sich eine zweite Schwierigkeit auf: Jesus müßte nämlich zweimal wiederkommen – einmal unsichtbar und dann noch einmal, doch so etwas findet sich nicht in der Bibel.

Die Endzeitdaten der Wachtturmgesellschaft

Der Termin für die unsichtbare Wiederkunft Jesu hieß bei Jehovas Zeugen nicht immer 1914, sondern ursprünglich 1874. Später wurden auch Termine wie 1918 und 1925 sowie 1975 genannt. Charles Taze Russell kam in seiner Jugend mit Adventisten in Berührung, von denen er auch Teile der Berechnung übernahm. Diese hatten das Jahr 1844 als Datum der Wiederkunft Christi errechnet; als dieses Jahr verstrichen war, ohne daß sich die Erwartung erfüllte, erklärte man, Jesus sei 1844 *unsichtbar* wiedergekommen und werde 1874 *sichtbar* auf die Erde kommen. Doch auch dieses Jahr ging vorbei, ohne daß etwas geschah, worauf viele die Glaubensgemeinschaft verließen. Im Jahre 1876 bekam Russell Kontakt mit dem Adventisten N.H. Barbour, der aufgrund seiner eigenen Berechnungen zu dem Ergebnis gekommen war, daß Jesus Christus im Jahr 1874 *unsichtbar* wiedergekommen sein müsse. Dazu zählte er 40 Jahre, die sogenannte *„Erntezeit"*, und kam dadurch auf das Jahr 1914.

Hierzu schrieb Russell in Band II der Schriftstudien *„Der Göttliche Plan der Zeitalter"*: *„Jede dieser Heilszeitordnungen hat ihre bestimmte Zeit für den Anfang, und jede endet mit einer Ernte, welche ihre Früchte offenbar macht. Die Erntezeit am Schlusse des jüdischen Zeitalters war ein Zeitabschnitt von 40 Jahren, vom Tode Jesu, im Jahre 33, bis zur völligen Unterjochung des jüdischen Volkes im Jahre 73 n. Chr. In dieser Erntezeit endete das jüdische und begann das christliche oder Evangeliumzeitalter. Eine Erntezeit bildet ebenfalls die Schlußzeit des Evangeliumzeitalters"* (a. a. O., Nachdruck 1950, S. 246-247). Das Jahr 1914 wurde von Russell ab da – von Barbour trennte er sich später – als das Jahr der sichtbaren Wiederkunft Jesu, der Aufrichtung seiner Herrschaft auf Erden und der Vollendung der Gemeinde verkündet. Diese Berechnung werde auch durch andere Dinge, nämlich das *„große Jubeljahr der Erde"* gestützt, das angeblich zum gleichen Zeitpunkt endete.

Russells übrige Aussagen in seinen *„Schriftstudien"* lassen kaum noch eine Ähnlichkeit zur heutigen Lehre der Zeugen Jehovas erkennen, so legte er z. B. den Ablauf von 6000 Jahren Menschheitsgeschichte auf das Jahr 1873 fest, während man heute von 1975 spricht. Die sieben Posaunen, die in der Offenbarung des Johannes erwähnt werden, erklärt er als sieben Zeitperioden, während dies nach heutiger Lehre sieben Kongresse bzw. Resolutionen der Zeugen sind. Als *Zeit des Endes* nennt er die Zeit von 1799 bis 1914, die in der Bibel besonders gekennzeichnet sei, heute ist dies angeblich die Zeit seit 1914.

Liest man heutige Darstellungen der Wachtturmgesellschaft, so bekommt man den Eindruck, Russell habe nur seine Meinung geäußert und sich lediglich hinsichtlich der genauen Berechnung geirrt; das Datum, so heißt es, sei schließlich gleich geblieben. Russell selbst bezeichnete seine Chronologie als Offenbarung Gottes:

„Der Allwissende hat uns durch die Chronologie gelehrt, daß seit Adams Erschaffung bis zum Jahre 1873 n. Chr. sechstausend Jahre verflossen sind und daß das siebente Jahrtausend, das Millennium, da begann. Er hat uns durch die Jubeljahr Zyklen gelehrt, daß der Herr im Herbste 1874 gegenwärtig sein würde und die Zeiten der Wiederherstellung beginnen sollten. ER hat uns durch die Zeiten der Nationen gezeigt, daß diese Dinge nicht hastig, sondern auf natürlichem Wege, eine Periode von vierzig Jahren umspannend, vor sich gehen würden. Derselbe Allweise hat uns nun auch zweifellos Beweise gegeben, die nicht nur in sich selbst die Gegenwart des Herrn, die Ernte und die Wiederherstellung ... deutlich lehren, sondern die auch zu gleicher Zeit die Richtigkeit anderer prophetischer Beweise und die der Chronologie nachweisen" („Die Zeit ist herbeigekommen", S. 233, Ausg. 1926).

Die Lehre wird unverhohlen als Lehre Gottes selbst verkündet. Viele heutigen Zeugen Jehovas sind erstaunt, wenn sie von diesen Berechnungen hören. Manch einer hält sie sogar für eine Fälschung, um Jehovas Zeugen in Mißkredit zu bringen oder die Glaubwürdigkeit der Gesellschaft zu erschüttern. Doch selbst in der neueren Literatur der Wachtturmgesellschaft kommt man anscheinend nicht mehr umhin, zumindest kurz zu erwähnen, daß die heutige Lehre von 1914 nicht dem entspricht, was Russell lehrte: *„... Um falschen Ansichten über die Wiederkunft des Herrn entgegenzuwirken, schrieb Russell die Flugschrift ... ‚Der Zweck und die Art und Weise der Wiederkunft unseres Herrn.' ... Darin wurde die Auffassung dargelegt, daß Jesu Christi unsichtbare Gegenwart im Herbst 1874 begonnen habe"* („JEHOVAS ZEUGEN – Verkündiger des Königreiches Gottes", S. 47).

Russell ging davon aus, daß Jesus im Jahre 1914 seine sichtbare Herrschaft auf der Erde aufrichten würde. Dabei hatte er nicht von vagen Möglichkeiten, sondern von klaren biblischen Beweisen, die durch Gott selbst offenbart worden seien, gesprochen (siehe „Die Endzeitdaten der Wachtturmgesellschaft"). Bemerkenswert ist, was geschah, als er feststellte, daß die Voraussagen nicht eingetroffen waren. Im amerikanischen *Watchtower* vom 15.10.1914 schreibt er, man habe den Ausbruch des ersten Weltkrieges seit 40 Jahren angekündigt. Diese Lüge und noch nicht einmal seine falsche Prophezeiung ist das Schlimmste.

Auch seine Nachfolger gingen diesen Weg konsequent weiter: *„Einige jedoch, die die Tragödie von 1914 miterlebten, wurden von den damaligen Ereignissen nicht überrascht. Sie hatten tatsächlich vor dem Kriegsausbruch mit einer ‚schrecklichen Zeit der Trübsal' gerechnet. Wer waren sie? Und was wußten sie, wovon andere keine Kenntnis hatten?"* (*Wachtturm* vom 01.05.1992). In dem Buch *„Die Offenbarung – ihr großartiger Höhepunkt ist nahe"* heißt es auf Seite 105:

„... Sie verstanden zwar damals die volle Bedeutung dieses Jahres nicht, aber sie waren davon überzeugt, daß 1914 ein ausschlaggebendes Datum in der Weltgeschichte sein würde, und sie hatten recht. Von der Mitte der 1870er Jahre an hatte Jehovas Volk erwartet, daß im Jahre 1914 unheilvolle Ereignisse eintreten würden, die erkennen ließen, daß die Zeiten der Nationen abgelaufen wäre ... Der Umbruch, der im Jahre 1914 weltweit begann, war in der Tat von solcher Tragweite, daß viele alte Monarchien verschwanden ..."

Dies ist zwar im Gegensatz zu Russells Aussage keine direkte Lüge, aber dennoch wird durch derartige Zitate der falsche Eindruck erweckt, als ob Jehovas Zeugen den ersten Weltkrieg vorausgesagt hätten. Gerade in der Zeit nach 1914 verließen viele aus Enttäuschung die Wachtturmgesellschaft. Dies wäre wohl nicht der Fall gewesen, wenn Jehovas Zeugen tatsächlich auf den Kriegsausbruch hingewiesen hätten. Auf S. 311 des Buches *„Zum Predigtdienst befähigt"* wird dies indirekt auch zugegeben: *„In den Jahren 1915 und 1916 nahm die Publikationstätigkeit ab, da dies eine Zeit war, in der das Zeugniswerk unter zunehmendem Widerstand und Spott in einer im Zerfall befindlichen Welt getan wurde."* Warum hätte jemand spotten sollen, wenn das, was vorausgesagt worden war, eingetreten wäre? Es geht nicht darum, daß es Irrtümer in der Auslegung geben kann – wenngleich jeder Christ vorsichtig sein sollte mit der Behauptung, seine Auslegung sei biblisch bewiesen –, sondern darum, daß man im Nachhinein seine eigene Geschichte fälscht.

Auch für 1925 hegte man aufgrund der Wachtturmprophezeiungen große Erwartungen. *„1925 kann ebensowenig bezweifelt werden wie das Jahr 1914"* (*Wachtturm* vom August 1922). Im Jahre 1925 hat sich zweifellos nichts ereignet. Ein Schelm, wer nun weiterdenkt? Diese *„Tradition“* führt auch die heutige Wachtturmgesellschaft fort: *„Was die neuere Zeit angeht, so mutmaßten viele Zeugen, daß die mit dem Anfang der Millenniumsherrschaft verbundenen Ereignisse eventuell von 1975 an eintreten würden. Sie dachten, daß in jenem Jahr das siebte Jahrtausend der Menschheitsgeschichte anbreche“* (*Erwachet* vom 22.05.95, S. 9). Ältere Zeugen werden sich sehr wohl erinnern, was für 1975 angekündigt worden war. Es waren nicht einfach *viele Zeugen* gewesen, die *dies gedacht hatten*, sondern die Wachtturmgesellschaft hatte in ihren Veröffentlichungen auf diesen Zeitpunkt hingewiesen, mit Erfolg, denn die Rate der Täuflinge stieg in den Jahren von 1967 bis 1975 sprunghaft in die Höhe.

Kombinierte Bibelzitate ergeben eine neue Lehre

Der einzelne Zeuge Jehovas geht davon aus, daß man zwar, wie die Organisation hervorhebt, „noch nicht alles verstanden habe“, das Jahr 1914 jedoch im wesentlichen die gleiche Bedeutung gespielt habe wie heute. Doch dies entspricht nicht den Tatsachen, denn die ursprünglichen Berechnungen Russells und Barbours haben außer dem Datum nicht viel gemein. Vergleicht man die Begebenheiten, die angeblich an diesem Datum geschehen sollten, mit denen, die heute angegeben werden, ist es eben wirklich nur das Datum und nichts anderes, was die Berechnungen verbindet.

Bei der neuen Berechnung stützt man sich auf Aussagen in Hesekiel, Daniel, 4. Mose und der Offenbarung des Johannes, die kombiniert werden. In kurzer Form wird dies im Paradiesbuch wie folgt ausgeführt:

„Wo sagt nun die Bibel das Jahr voraus, in dem Christus beginnt, als König der Regierung Gottes zu herrschen? Im ... Buch Daniel. Dort wird ein riesiger, in den Himmel ragender Baum als Sinnbild für den König Nebukadnezar verwendet ... König Nebukadnezar wurde jedoch gezwungen anzuerkennen, daß ein Höherer als er herrschte ... Jehova Gott. Somit stellt dieser in den Himmel ragende Baum noch etwas Wichtigeres dar – die Oberherrschaft Gottes, besonders über die Erde. Jehovas Herrschaft kam eine Zeitlang durch das Königtum zum Aus-

druck, das er der Nation Israel gab. Von den Königen aus dem Stamme Juda hieß es daher, sie säßen auf dem Thron Jehovas (1. Chr. 29,23) ... Mit der Zeit wurde das Königreich, Juda, das Jehova gegründet hatte, so korrupt, daß er es von König Nebukadnezar vernichten oder ‚fällen' ließ. Das war im Jahr 607 v. u. Z. Damals wurde zu Zedekia gesagt ... ‚Hebe ab die Krone' ... Gottes Herrschaft ... wurde somit im Jahre 607 v. u. Z. ‚gefällt'. Nun gab es keine Regierung mehr, die Gottes Herrschaft auf der Erde vertrat. Im Jahre 607 v. u. Z. begann somit eine Zeitspanne, die Jesus Christus später als die bestimmten Zeiten der Nationen bezeichnete. ... Jehova wollte dann die Herrschaftsgewalt dem geben, der das gesetzliche Recht hat. Das ist Jesus Christus. Wenn wir also herausfinden können, wann die bestimmten Zeiten der Nationen enden, werden wir auch wissen, wann Christus als König zu regieren beginnt. Gemäß Daniel, Kap. 4 sollte es sich bei diesen bestimmten Zeiten um sieben Zeiten handeln ... Aus Offenbarung, Kap. 12, Verse 6 und 14 erfahren wir, daß eine Zeit ... 1260 Tagen entsprechen. Eine Zeit entspricht demnach 360 Tagen. Daher sind 7 Zeiten ... 2520 Tage. Wenn wir jetzt nach der biblischen Regel einen Tag für ein Jahr rechnen, belaufen sich die sieben Zeiten auf 2520 Jahre (4. Mose 14,34; Hes. 4,6). Wir haben bereits gelernt, daß die bestimmten Zeiten der Nationen im Jahr 607 begannen. Rechnen wir von diesem Datum 2520 Jahre weiter, so kommen wir zum Jahre 1914 ... Nachdem Jesus auf die vielen Dinge aufmerksam gemacht hat, die die Zeit nach 1914 gekennzeichnet haben, sagte er: ‚Diese Generation wird auf keinen Fall vergehen, bis alle diese Dinge [einschließlich des Endes dieses Systems] geschehen.' Welche Generation meinte Jesus? Er meinte die Generation, die im Jahre 1914 am Leben war. Diejenigen, die von dieser Generation noch am Leben sind, sind bereits sehr alt. Doch einige von ihnen werden noch am Leben sein, wenn dieses böse System zu Ende geht ..." (Paradiesbuch, S. 138-141).

(Die Lehre von der *Generation von 1914* gilt seit dem 01.04.95 nicht mehr, wenn auch die Berechnung und das Jahr 1914 nach wie vor aufrechterhalten werden.)

Nach der Behauptung der Zeugen Jehovas stellt der in den Himmel ragende Baum sowohl König Nebukadnezar als auch Gottes Oberherrschaft über die Erde, das Königtum Juda, dar. Als Bibelstellen werden Dan. 4,34 und 37 angeführt (Dies entspricht

Dan. 4,31-34 in der Elberfelder Übersetzung): „*Und am Ende der Tage erhob ich, Nebukadnezar, meine Augen zum Himmel, und mein Verstand kehrte zu mir zurück. Und ich pries den Höchsten, und ich rühmte und verherrlichte den ewig Lebenden, dessen Herrschaft eine ewige Herrschaft ist und dessen Reich von Geschlecht zu Geschlecht währt ... Nun rühme ich, Nebukadnezar, und erhebe und verherrliche ihn den König des Himmels, dessen Werke allesamt Wahrheit und dessen Wege Gerechtigkeit sind und der die erniedrigen kann, die in Stolz einhergehen.*"

Wo aus diesen Bibelstellen ist abzulesen, daß sowohl Gottes Oberherrschaft als auch Nebukadnezar beide durch den Baum symbolisiert werden? Es ist auch befremdlich, daß ausgerechnet die Herrschaft dieses grausamen Königs gleichzeitig die Oberherrschaft Gottes darstellen soll, während die Zeit, in der er machtlos war – die sieben Zeiten seines Wahnsinns – die Zeiten der Heiden bedeuten würden. Nebukadnezar war außerdem nicht der erste und nicht der letzte König, der erkennen mußte, daß Gott der höchste Herrscher des Universums ist.

Das Gesamtzeugnis der Heiligen Schrift läßt nichts davon erkennen, daß Gottes Oberherrschaft über die Erde überhaupt durch das Königtum Juda zum Ausdruck kam. In 1. Chr. 29,23 heißt es: „So setzte sich Salomo auf den Thron des HERRN als König an seines Vaters Statt." Durch 1. Chr. 28,5 wird näher erklärt, was dies heißen soll: „Und von allen meinen Söhnen ... hat er meinen Sohn Salomo erwählt, daß er sitzen soll auf dem Thron des Königtums des HERRN *über Israel.*" Dies Königtum ist dem Herrn zu eigen, mehr zeigt diese Bibelstelle nicht; und dieses Königtum war von Gott nicht gewollt (siehe Kap. 2). Es war ein weiteres Zeichen des Abfalls; und doch soll es angeblich die Herrschaft Gottes über die Erde symbolisieren. Wieso sollte außerdem Gottes Oberherrschaft während der Zeit von der Zerstörung Jerusalems bis zum Jahre 1914 ruhen?

Es gibt keinen biblischen Beleg, der die Deutung der Wachtturmgesellschaft stützen würde, und weitere Bibelstellen zu dieser Behauptung werden nicht angeführt. Die Bibel enthält viele Prophetien mit detaillierten Zahlen (z. B. Daniel 12,11+12), viele Zahlen, die offensichtlich eine tiefere Bedeutung haben (z. B. die

Zahl „vierzig")! Mit der Kombination einiger dieser Bibelstellen könnte man fast jedes beliebige Jahr als Wiederkunftstermin Jesu berechnen.

Die sogenannte biblische Regel

Die Wachtturmgesellschaft behauptet, in der biblischen Prophetie werde ein Tag als ein Jahr gerechnet, dies sei eine sogenannte „biblische Regel". Es gibt tatsächlich einige Stellen, worauf dies zutrifft, doch dann wurde es ausdrücklich angekündigt. Kann man daraus eine „biblische Regel" machen?

Als Jesus z. B. voraussagte, er werde nach drei Tagen auferstehen, war dies zweifellos ein biblische Prophetie, die sich aber nach drei buchstäblichen Tagen und nicht nach drei Jahren erfüllte. Interessant ist auch eine Betrachtung der Offenbarung des Johannes, aus der die Zeugen viele ihrer Theorien beziehen. In Kapitel 2,10 wird dort zu der Gemeinde in Smyrna gesagt: „... ihr werdet in Bedrängnis sein zehn Tage." Zweifellos ist dies ein Prophetie, doch diese Zahl wir von den Zeugen weder wörtlich noch nach ihrer sogenannten biblischen Regel ausgelegt, sondern vielmehr als *„Symbol der irdischen Vollständigkeit"* (Die Offenbarung – ihr großartiger Höhepunkt ist nahe, S. 40-41). In Kap. 11,11 der Offenbarung heißt es: „Und nach drei Tagen und einem halben fuhr in sie [die beiden Zeugen] der Geist des Lebens von Gott ..." Doch hierzu schreibt man: *„Bei der Betrachtung der Erfahrung des Volkes Gottes der damaligen Zeit ist zu beachten, daß ... die dreieinhalb Tage keine buchstäbliche Zeitspanne von 84 Stunden versinnbildlichen. Wahrscheinlich wird der besondere Zeitabschnitt von dreieinhalb Tagen zweimal erwähnt (in den Versen 9 und 11), um hervorzuheben, daß es sich ... nur um einen kurzen Zeitabschnitt handelt."* Zu Offb. 11,3 erklärt man: *„Und ich werde meinen zwei Zeugen (Vollmacht) geben, und sie werden tausendzweihundertsechzig Tage weissagen, mit Sacktuch bekleidet."* Diese 1260 Tage werden wieder wörtlich verstanden, ebenso die 1260 Tage in Offb. 12,6: *„... Und die Frau floh in die Wildnis, wo sie eine von Gott bereitete Stätte hat, damit man sie dort tausendzweihundertsechzig Tage ernähre."*

Offensichtlich nehmen Jehovas Zeugen ihre eigene „biblische Regel“ nicht so ernst.

Die Auslegung ist auch im übrigen unlogisch. Die „sieben Zeiten“ sollen 2520 Jahren entsprechen, weil in Offb. 12,6.14 dreieinhalb Zeiten mit 1260 Tagen gleichgesetzt werden. Während man aber die 2520 Tage als 2520 Jahre deutet, sollen die 1260 Tage buchstäbliche Tage bedeuten.

Wenn man es, wie in der Offenbarung, für geboten hält, weil man dem Text eine bestimmte Deutung geben will – denn auch die zwei Zeugen stellen angeblich die Mitglieder ihrer Organisation dar – wird diese „prophetische Regel“ außer Kraft gesetzt. In diesem letzten prophetischen Buch der Bibel wird die sogenannte „biblische Regel“ überhaupt nicht beachtet; viermal wird eine Prophetie ausgesprochen, viermal wird unterschiedlich, aber nie nach der „biblischen Regel“ verfahren.

Wurde Jerusalem im Jahre 607 zerstört?

Doch dies ist nicht der einzige Fehler in der Berechnung der Zeugen Jehovas. Die Chronologie der Wachtturmgesellschaft ist nur dann wenigstens teilweise logisch, wenn Jerusalem im Jahre 607 v. Chr. zerstört wurde. Sämtliche Lexika nennen hierfür aber das Jahr 587/586 v. Chr. Einzig und allein die Schriften der Wachtturmgesellschaft gehen von 607 v. Chr. aus. Die babylonischen Chroniken des Berossus und aus dem sogenannten Ptolemäischen Kanon bezeichnet man als unzuverlässig; Ptolemäus habe etliche astronomische Aussagen gefälscht und sich im übrigen auf Berossus gestützt. Man selber könne sich jedoch auf eine klare Aussage der Bibel berufen: *„Vom weltlichen Standpunkt aus gesehen, scheinen die Beweisführungen eindeutig zu ergeben, daß die neubabylonische Chronologie richtig ist ... und die Zerstörung Jerusalems in das Jahr 587/586 v. u. Z. fiel. Doch kein Historiker kann leugnen, daß das Bild, das wir gegenwärtig von der Geschichte haben, irreführend und falsch sein kann ... Wenn die Babylonische Gefangenschaft im Jahre 537 endete, dann muß sie logischerweise im Jahre 607 begonnen haben“* (Dein Königreich komme, S. 187).

Selbst wenn man das Datum 607 akzeptierte, könnte man nicht von einer siebzigjährigen Gefangenschaft sprechen, da Babylon bereits im Jahre 539 v. Chr. von den Medern und Persern besiegt wurde. Damit hätte die Gefangenschaft nur 68 Jahre gedauert. Die fehlende Zeit, bis die Juden endgültig in ihre Heimat zurückkehrten, kann nicht zur Babylonischen *Gefangenschaft* gerechnet werden.

Nicht die Gefangenschaft in Babylon selbst dauerte 70 Jahre, sondern die Herrschaft des Neubabylonischen Reiches sollte 70 Jahre dauern. Nach der Lehre der Zeugen Jehovas hat Gott selbst von 70 Jahren *in* Babylon gesprochen: *„Dies ist, was Jehova gesprochen hat: In Übereinstimmung mit der Erfüllung von siebzig Jahren in Babylon ...“* (N.-W.-Übersetzung von Jeremia 29,10). Die hebräische Präposition „le“, die in der Übersetzung von Jehovas Zeugen mit „in“ wiedergegeben wird, bedeutet im allgemeinen „für, mit Bezug auf“, und so lautet sie auch in anderen Bibelübersetzungen :

„Denn so spricht der Herr: Erst, wenn siebzig Jahre *für* Babel voll sind ...“ (Zürcher),

„Denn so spricht der HERR: Wenn *für* Babel siebzig Jahre voll sind ...“ (Luther),

„Erst wenn volle siebzig Jahre *für* Babylon vergangen sind ...“ (Menge),

„Erst wenn siebzig Jahre *für* Babel voll sind ...“ (Elberfelder),

„Wenn siebzig Jahre für Babel um sind ...“ (Bruns),

„Erst, wenn volle siebzig Jahre für Babel abgelaufen sind ...“ (Jerusalemer Bibel).

Die Auslegung der Wachtturmgesellschaft steht auf schwankenden Beinen. Es finden sich außerdem, wie an so vielen Stellen, Übersetzungsunterschiede, die auf den ersten Blick geringfügig zu sein scheinen, sich dann aber als folgenschwer erweisen und sehr oft einfach falsch übersetzt sind. Sollte auch hier die Bibelübersetzung der Lehre angepaßt sein?

Was berichtet die Geschichte?

Stimmen die Auslegungen der Wachtturmgesellschaft mit der Bibel und den historischen Unterlagen überein? In dem Buch *„Dein Königreich komme"* wird auf Seite 189 beschrieben, daß Nebukadnezar Jerusalem und den Tempel in seinem 18. Regierungsjahr zerstört habe. Nach Jer. 52,12 war es das 19. Jahr. Jehovas Zeugen setzen hierfür das Jahr 607 v. Chr. ein; das würde bedeuten, daß sein erstes Regierungsjahr das Jahr 625 gewesen wäre. Nach Jer. 25,1 und 46,2 ist aber das erste Regierungsjahr Nebukadnezars zugleich das vierte Jahr Jojakims. Beide Ereignisse fallen in das Jahr 605 v. Chr., der Schlacht bei Karkemisch. Dies deckt sich dann auch mit dem historisch anerkannten Datum der Zerstörung Jerusalems (1. Jahr = 605 v. Chr. bedeutet 19. Jahr = 587 v. Chr.). Doch auch für die Schlacht bei Karkemisch taucht in der Literatur der Zeugen also ein anderes Datum auf, nämlich 625. In der Schlacht von Karkemisch schlug Nebukadnezar den Pharao Necho von Ägypten vernichtend (Jer. 46,2). Nach der ägyptischen Chronologie – einer Chronologie, die von der babylonischen völlig unabhängig ist – begann die Herrschaft Nechos aber erst im Jahre 610 v. Chr. Auch mit dem Zeitpunkt des Todes von König Josia läßt sich das wiederum nicht in Einklang bringen. Dieser starb nach 2. Könige 23,29 während der Herrschaft von Pharao Necho bei Meggido; nach Angaben der Wachtturmgesellschaft war dies im Jahre 629. Aber da hatte Necho, wie oben gezeigt, noch gar nicht zu regieren begonnen.

Über die Zeit der neubabylonischen Könige liegen neben den Chronologien von Berossus und dem sogenannten Ptolemäischen Kanon unzählige archäologische Funde und astronomische Berechnungen vor. Historiker sind inzwischen ziemlich übereinstimmend zu dem Ergebnis gelangt, daß der Ptolemäische Kanon gar nicht von Ptolemäus zusammengestellt wurde, sondern höchstens eine Fortführung weit älterer Chronologien darstellt, was eine Fälschung über einen so langen Zeitraum mehr als unwahrscheinlich macht. Auch ist man sich einig, daß Berossus und Ptolemäus unabhängige Schriften erarbeiteten, was u. a. aus der Reihenfolge und der Namensform der Könige ersichtlich sei. Es sind unzählige Urkunden aus Handel und Verwaltung vorhanden, wie die

Wachtturmgesellschaft selbst zugibt, für jedes Jahr der neubabylonischen Könige. Alles ist stimmig, wenn wir von dem historisch anerkannten Datum der Zerstörung Jerusalems ausgehen.

Auch astronomisch gesehen ist die Zerstörung Jerusalems im Jahre 586/587 eindeutig belegt. Es gibt sogenannte „astronomische Tagebücher", aus der die Stellungen des Mondes und verschiedener Planeten in einem bestimmten Zeitraum hervorgehen. Hieraus lassen sich die dazugehörigen Jahre eindeutig bestimmen. Auch für das historisch anerkannte Datum der Zerstörung Jerusalems existieren solche Beobachtungen in Form von Keilschrifttafeln. Durch die Änderung des anerkannten Datums der Zerstörung Jerusalems mußte man von seiten der Wachtturmgesellschaft die Regierungsjahre einer Reihe von früheren Königen ebenfalls ändern, in Abweichung von entsprechenden Keilschrifttafeln. Ist es nicht ein wenig seltsam, wenn man entweder ein gigantisches Komplott der damaligen Geschichtsschreiber oder eine nicht minder große Schlamperei annehmen muß, um auf das Datum 607 v. Chr. zu kommen?

Bei der Verteidigung des Wachtturm-Datums 607 ist man auch nicht wählerisch, wenn es um angebliche Zitate von Historikern des Altertums geht. So schreibt man in dem bereits erwähnten Buch *„Dein Königreich komme": „... Selbst wenn das entdeckte Zahlenmaterial korrekt ist, ist es möglich, daß es von den heutigen Gelehrten falsch gedeutet wird oder so unvollständig ist, daß bisher unentdecktes Material die Chronologie dieser Zeit drastisch ändern könnte. Offenbar im Bewußtsein dieser Tatsachen leitete Professor Edward F. Campbell jr. eine Tabelle, in der die neubabylonische Chronik enthalten ist, mit der Warnung ein: ‚Es versteht sich von selbst, daß diese Listen nur provisorisch sind. Je mehr man die komplizierten Einzelheiten der chronologischen Probleme im Nahen Osten des Altertums studiert, desto weniger hält man irgendeine Darstellung für endgültig. Aus diesem Grund könnte von dem Wort circa noch viel freizügiger Gebrauch gemacht werden, als es je geschehen ist.'"*

Die Wachtturmgesellschaft verschweigt aber, daß es sich bei der erwähnten Tabelle um die Chronologie Ägyptens, Palästinas, Syriens, Kleinasiens, Assyriens und Babylons von ca. 3800 v. Chr. bis zum Todes Alexanders des Großen im Jahr 323 v. Chr. handelt und der Begriff „circa" zwar bei vielen Regierungsjahren steht, nicht jedoch bei einem König der neubabylonischen Zeit. Dieses Zitat Campells wurde also bewußt aus dem Zusammenhang gerissen, um den Eindruck zu erwecken, das Datum 607 für die Zerstörung Jerusalems sei historisch gesehen möglich. Es existiert auch ein Schriftwechsel mit Professor Campell, in dem er seine Bestürzung darüber äußert, wie mit seinen Äußerungen umgegangen wurde. Diese Vorgehensweise ist also eine bewußte Fälschung und Lüge – und dies im Interesse Jehovas und der Wahrheit?

Doch nun berufen sich Jehovas Zeugen, die soeben noch „weltliche Quellen" ablehnten, auf den jüdischen Geschichtsschreiber Josephus Flavius: *„... Außerdem beschreibt Josephus an anderer Stelle die Zerstörung Jerusalems durch die Babylonier und sagt dann, daß ganz Judäa mit Jerusalem und dem Tempel siebzig Jahre lang verödet bliebe (Jüdische Altertümer X, ix, 7). Er sagt ausdrücklich, daß „unsere Hauptstadt 70 Jahre lang bis auf den Perserkönig Kyros wüste gelegen sei" (Gegen Apion, I, 19).* (S. 188). Josephus hat sich jedoch später korrigiert. Warum hat die Wachtturmgesellschaft dies nicht ebenfalls angegeben? Das ist eine wissentliche Falschdarstellung. Nur wenige Seiten weiter schreibt Josephus in „Gegen Apion", I, 21 lautet: *„Im 19. Jahr seiner Regierung verödete Nebukadnezar unseren Tempel, und so lag er 50 Jahre lang."* Als Beweisquelle für die Behauptungen der Zeugen Jehovas ist Josephus Flavius jedenfalls nicht zu gebrauchen, erst recht nicht, wenn man weiß, daß er mit Jahreszahlen und -angaben in seinen Werken mehr als großzügig umgegangen ist und sie teilweise immer wieder abgeändert hat. Während die Bibel z. B. in 1. Kön. 6,1 davon spricht, daß Salomos Tempel im 480. Jahr nach dem Auszug aus Ägypten gebaut wurde, schreibt Josephus von 592 Jahren (Jüdische Altertümer, VIII, 3).

Das 19. Jahr Nebukadnezars war das Jahr der Tempelzerstörung um 587. Hier beginnen die von Josephus erwähnten 50 Jahre des Tempelzustandes, die im Jahr 537 mit dem Beginn des Wiederaufbaus endeten.

Das Datum 607 hat in den historischen Quellen keine Grundlagen. Und auch die Bibel liefert gegenteilige Beweise für die Behauptung der Wachtturmgesellschaft. Es geht also nicht, wie die Wachtturmgesellschaft immer wieder behauptet, um die Alternative: Glauben wir der Bibel oder der *„weltlichen"* Geschichtsschreibung?

War 1914 ein besonderes Jahr?

Doch es sind nicht nur angebliche biblische Aussagen, die es der Wachtturmgesellschaft so schwer machen, das Datum 1914 fallenzulassen, sondern auch die Tatsache, daß dies ein Jahr war, in dem ja tatsächlich etwas geschah: Der erste Weltkrieg brach aus. Doch erinnern wir uns, der Ausbruch des ersten Weltkrieges im Juli 1914 war eben nicht von den Bibelforschern vorhergesagt worden, sondern die sichtbare Wiederkehr Jesu auf die Erde im Oktober 1914. Wenn wir uns dies vor Augen halten, zeigt sich deutlich, daß es nicht mehr als ein zufälliges Zusammentreffen mit einem historisch wichtigen Datum ist. Die Geschichte der christlichen Kirchen ist durchzogen von einer Unmenge von Endzeitberechnungen; sicherlich mag eines dieser Daten, wie es auch schon zu früheren Zeiten geschehen ist, auf ein historisch wichtiges Datum fallen. (So erregte zu früheren Zeiten eine Zeitprophezeiung Aufmerksamkeit, die die Zeit der Französischen Revolution vorhersagte, und manche Menschen wundern sich noch heute über die berühmten Voraussagen des Nostradamus.) Eine genaue Betrachtung der angeblichen Endzeitzeichen fördert zudem ganz andere Tatsachen zutage.

Die Zeichen des Endes – seit 1914?

Jesus selbst hat in der Bibel bestimmte Zeiten angeführt, die in der Zeit des Endes auftreten werden: „... Denn viele werden unter meinem Namen kommen und sagen: Ich bin der Christus. Und sie werden viele verführen. Ihr werdet aber von Kriegen und Kriegsgerüchten hören. Seht zu, erschreckt nicht; denn dies alles muß geschehen, aber es ist noch nicht das Ende. Denn es wird sich Nation gegen Nation erheben und Königreich gegen Königreich. Und es werden Hungersnöte und Seuchen sein und Erdbeben da und dort. Alles dies aber ist der Anfang der Wehen" (Mt. 24, 3-14).

Alle diese Zeichen, so die Wachtturmgesellschaft, erfüllten sich seit 1914. Auf S. 150 des Paradiesbuches heißt es: *„Nach dem ersten Weltkrieg herrschte die größte Hungersnot der Geschichte."* Die Wachtturmgesellschaft gilt bei Jehovas Zeugen als Jehovas Kanal, wer käme also auf den Gedanken, diese Aussage anzuzweifeln? Doch sie entspricht nicht den Tatsachen. Die bis heute als größte der Geschichte geltende Hungersnot fand im 19. Jahrhundert in China statt und kostete bis zu 19 Millionen Todesopfer.

Auch andere als Zeichen des nahen Endes bezeichnete Ereignisse sprechen bei näherer Betrachtung eine andere Sprache. So zeigen Erdbebenstatistiken keineswegs ein verstärktes Auftreten von Erdbeben seit 1914. Manch einem mag dies vielleicht so erscheinen; dies ist aber lediglich auf unsere heutigen Medien zurückzuführen, die uns durch die weltweite Vernetzung über Geschehnisse informieren, die uns vor 100 bis 200 Jahren noch nicht erreichten. Bis heute gilt ein Erdbeben in China im 1. Jahrtausend, das ca. 1 000 000 Opfer forderte, als größte Katastrophe dieser Art in der Geschichte. Allein das 19. Jahrhundert weist mehr große Beben auf als die Zeit seit 1914, die im übrigen auch eine wesentlich geringere Anzahl von Todesopfern forderten. (Einzige Ausnahme ist ein Erdbeben in China 1976, bei dem – die Angaben sind allerdings teilweise widersprüchlich – bis zu 750 000 Opfer angenommen werden.)

Ähnliches gilt, wenn man die Aussagen des *„treuen und verständigen Sklaven"* zu dem angeblichen Ansteigen von Seuchen untersucht. Im Paradiesbuch heißt es, daß *gleich nach dem ersten Weltkrieg mehr Menschen an der Spanischen Grippe gestorben seien als jemals zuvor in der Geschichte der Menschen an einer Seuche* (S. 151). Auch dies entspricht nicht den Tatsachen. Die Pest, der sogenannte Schwarze Tod, die schlimmste Seuche, die die Menschheit je heimgesucht hat, kostete bei ihrem ersten Auftreten zwischen 25 und 40 Millionen Menschenleben allein in Europa.

Irreführend sind ebenfalls die Aussagen im Paradiesbuch, daß jährlich Millionen an Herzkrankheiten und Krebs stürben. Dies entspricht zwar den Tatsachen, doch die Wachtturmgesellschaft führt diese unter dem Oberbegriff „Seuchen" (Lk. 21,11), also *ansteckende* Krankheiten. In Gesprächen weisen Zeugen manchmal darauf hin, daß heutzutage manche ansteckenden Krankheiten, die man bereits ausgerottet glaubte, wieder aufträten, wie z. B. die Pocken. Doch selbst hier kann man nicht von einer Erfüllung der angeblichen Endzeitzeichen sprechen, denn 1914 soll ja angeblich einen Wendepunkt in der Geschichte darstellen.

Jehovas Zeugen weisen selbst darauf hin, daß es nicht nur einzelne Zeichen seien, die darauf hinwiesen, daß wir in diesen letzten Tagen lebten, sondern die Gesamtheit der Zeichen. Wenn man nun feststellen muß, daß einige dieser Zeichen auf falschen Angaben der Wachtturmgesellschaft beruhen, so wird dies nicht unbedingt das Vertrauen in diesen *„treuen und verständigen Sklaven"* stärken.

Die „Lehre von 1914" beinhaltet mehr als nur ein Datum, denn Jehovas Zeugen verweisen auf die Aussage Jesu: „Wahrlich, ich sage euch: Dieses Geschlecht wird nicht vergehen, bis dies alles [die Endzeitgeschehnisse] geschehen ist" (Mt. 24,34). Doch was ist denn nun *„diese Generation"*? Bis zum 1. November 1995 war dies die *Generation von 1914*, deren Definition die Wachtturmgesellschaft im Laufe ihrer Geschichte allerdings schon des öfteren hatte ändern müssen (siehe „Die Endzeitdaten der Wachtturmgesellschaft").

Nur ein Irrtum oder falsche Prophetie?

Die heutige Lehre kam erst zustande, als man feststellen mußte, daß die ursprüngliche Voraussage – die sichtbare Wiederkunft Jesu – nicht eingetroffen war. Daraufhin änderte man die Jahreszahlen und die Begründungen, warum die Zeichen der letzten Tage angeblich heute aufträten, während Russell die Geschehnisse der Zeit seit 1874 noch als Beweis ansah. Es ist nicht die Bibel, die von Christi Wiederkunft im Jahre 1914 spricht, sondern eine Auslegung von Menschen. Viele gutgläubige Menschen werden durch diese Lehre irregeführt und glauben an ein 1914 aufgerichtetes Königreich. Das Schlimme ist nicht nur, daß man sich durch Daten verwirren läßt. Der „Glaube" an ein „1914 aufgerichtetes Königreich" wird von Jehovas Zeugen als ein entscheidendes Merkmal eines echten Christen ausgegeben: *„Auch am Tage des Herrn treten falsche*

Apostel auf, die ‚verdrehte Dinge reden, um die Jünger hinter sich her wegzuziehen' ... Sie ... leugnen, daß Jesus im Jahre 1914 Königreichsmacht erlangt hat" (Die Offenbarung – ihr großartiger Höhepunkt ist nahe, S. 33).

Das Datum 1914 wird wahrscheinlich weiterhin als das Datum der unsichtbaren Wiederkunft gelten, ohne daß jedoch irgendwelche Folgen damit verknüpft wären. Jeder Zeuge, der aufmerksam die Publikationen seiner Organisation gelesen hat, müßte eigentlich merken, daß die Lehre von 1914 in ihren Grundfesten erschüttert worden ist. Sie wird im Grund nur deshalb beibehalten, weil man sonst den Anspruch aufgeben müßte, als sogenannter *„treuer und verständiger Sklave"* von Gott auserwählt worden zu sein. Dann fiele das ganze Lehrgebäude der Wachtturmgesellschaft wie ein Kartenhaus zusammen, und sie würde als Glaubensgemeinschaft aufhören zu existieren, denn es geht bei dieser Frage nicht nur um einen Lehrpunkt von vielen; zu viele weitere Punkte hängen damit zusammen. Nach der Lehre der Wachtturmgesellschaft begann Jesus, nachdem er 1914 unsichtbar wiedergekommen war, mit einer *„Besichtigung der Christenheit"*. Allein die Wachtturmgesellschaft habe sich als ein *„treuer und verständiger Sklave"* erwiesen und sei von Jesus als Vertreter des Herrn auf Erden eingesetzt worden (JEHOVAS ZEUGEN – Verkündiger des Königreiches Gottes, S. 219).

Wenn Jesus 1914 jedoch nicht wiedergekommen ist, kann er auch nicht einige Jahre später einen sogenannten *„treuen und verständigen Sklaven"* bevollmächtigt haben, *„Speise zu rechten Zeit"* auszuteilen und *„Jehovas Mitteilungskanal"* zu sein. Was ist dann mit den Lehren, die mit dem Anspruch herausgegeben werden, vom Geist Gottes geleitet zu sein und die jeder Zeuge Jehovas befolgen muß? Es war eben keine Speise zur rechten Zeit, sondern für sie gilt, was Jesaja im Auftrag Gottes sagte: „Warum wiegt ihr Geld ab für das, was kein Brot ist, und euren Verdienst für das, was nicht sättigt?" (Jes. 55,2).

Jesus warnt uns, daß wir mit dem gleichen Maß gemessen werden, mit dem wir messen (Mt. 7,2). Die Wachtturmgesellschaft bezeichnet Menschen, die die Lehre von 1914 für unbiblisch halten, als *„falsche Apostel"*. Was trifft auf sie zu, wenn sich herausstellt, daß ihre eigenen Auslegungen und Ansprüche falsch sind? Die Wachtturmgesellschaft hat in der Vergangenheit viele Vorhersagen für die Zukunft gemacht und bezeichnet sich als alleinigen Kanal zum Verständnis der Bibel. Wenn sie mit dem Vorwurf konfrontiert wird, ein falscher Prophet zu sein, heißt es recht schnell, man habe ja nie behauptet, inspiriert zu sein: *„Es gibt zwar manche, die spektakuläre Voraussagen über das Ende der Welt machen, um Aufmerksamkeit zu erregen und Anhänger zu gewinnen, andere jedoch sind ernsthaft von der Wahrheit ihrer Ankündigungen überzeugt. Sie verleihen Erwartungen Ausdruck, die auf ihrer eigenen Auslegung bestimmten Schrifttexte oder gewisser Ereignisse beruhen. Sie behaupten nicht, daß ihre Voraussagen direkte Offenbarungen Jehovas seien, noch, daß sie in diesem Sinne im Namen Jehovas prophezeien würden"* (*Erwachet* vom 22.03.93).

Fast alle Menschen und Gruppen, die Voraussagen über das Ende der Welt machten, waren davon überzeugt, daß diese in Erfüllung gehen würden; außerdem hat, wie wir gesehen haben, schon Russell seine Auslegungen als „Lehre des Allwissenden" bezeichnet, und auch heute bezeichnet sich die Wachtturmorganisation eben doch als Prophet Jehovas (siehe Kapitel 2). Es gibt keine Aussagen in der Bibel, die nach einer genauen Überprüfung irgendeinen Beleg für das Datum 1914 zeigen. Alle Vorhersagen der Wachtturmgesellschaft haben sich bisher als falsch erwiesen. Nicht Gott hat etwas über 1914 gesagt, sondern ein falscher Prophet.

Die Endzeitdaten der Wachtturmgesellschaft

1874

„Unbestreitbare Tatsachen beweisen deshalb, daß die Zeit des Endes im Jahre 1799 begann, daß des Herrn zweite Gegenwart 1874 begann, und daß die Ernte darauf folgte und helleres Licht auf das Wort Gottes fiel" (Der Wachtturm ..., 1923, Nr. 6, S. 88).

„... Um falschen Ansichten über die Wiederkunft des Herrn entgegenzuwirken, schrieb Russell die Flugschrift ... ‚Der Zweck und die Art und Weise der Wiederkunft unseres Herrn.' ... Darin wurde die Auffassung dargelegt, daß Jesu Christi unsichtbare Gegenwart im Herbst 1874 begonnen habe" (JEHOVAS ZEUGEN – Verkündiger des Königreiches Gottes, S. 47, herausgegeben 1993).

„Eine Anzahl Bibelstellen, die, sobald sie im Zusammenhang und Sinn verstanden werden, beweisen, daß das zweite Kommen unseres Herrn im Herbst 1874 stattfand" (Das vollendete Geheimnis, Kommentar zu Offb. 3,20: „Siehe, ich stehe vor der Tür").

„Von diesem Zeitpunkt an hat es eine wunderbare Zuname an Licht und Kenntnis gegeben, und die seitdem gemachten Erfindungen und Entdeckungen sind zu zahlreich, um sie hier alle aufzählen zu können, doch seien einige derer, die seit 1874 ans Licht gekommen sind, als weiterer Beweis der Gegenwart des Herrn seit jener Zeit genannt ..." (Die Harfe Gottes, 1922).

1914

„In diesem Kapitel liefern wir den biblischen Nachweis, daß das völlige Ende der Zeiten der Heiden (Nationen), d. i. das volle Ende ihrer Herrschaft, mit dem Jahre 1914 errichtet sein wird ... Erstens, daß dann das Königreich Gottes, für welche unser Herr uns beten lehrte: ‚Dein Reich komme', volle und universelle, weltenweite, Herrschaft erreicht haben und ‚aufgerichtet' oder auf Erden festgegründet sein wird. ... Sechstens beweist es, daß die große ‚Zeit der Trübsal, dergleichen nicht gewesen, seitdem ein Volk ist' ihren schließlichen Höhepunkt erreichen und an jenem Zeitpunkt enden wird ... Im Hinblick auf diesen starken biblischen Beweis in betreff auf die Zeiten der Nationen betrachten wir es als feststehende Wahrheit, daß das schließliche Ende der Reiche dieser Welt und die volle Herstellung des Königreiches Gottes um 1914 vollzogen sein wird. Dann wird das seit dem Fortgang ihres Herrn bis jetzt fortwährende Gebet der Kirche (Herauswahl), ‚Dein Reich komme', erhört sein; und unter seiner weisen und gerechten Verwaltung wird die Erde mit der Herrlichkeit des Herrn, mit Erkenntnis, Gerechtigkeit und Frieden erfüllt sein ... und der Wille Gottes wird dann geschehen ‚auf Erden wie im Himmel'" (Bd. II der *Schriftstudien*).

1915

„Wir halten dafür, daß die Erfüllung von Mt. 21,21 im Jahre 1915 stattfinden und dann unter großer Drangsal die neue Weltordnung geboren werden wird" (Die Neue Schöpfung, Ausg. 1926, S. 578).

1918

„Daraus ergibt sich, daß die Stunde der Wehen für das nominelle Zion, die Namenchristenheit voraussichtlich auf das Jahr 1918 fällt ... nämlich sieben Jahre vor 1925" („Das vollendete Geheimnis", S. 152, 1917).

1925

„1925 kann ebensowenig bezweifelt werden wie das Jahr 1914" (Wachtturm vom August 1922).

„Das Jahr 1925 ist sogar noch schärfer von der Schrift gekennzeichnet, weil es festgelegt ist durch das Gesetz, welches Gott dem Volke Israel gab" (*Wachtturm* vom Januar 1923, S. 15).

„Wir erwarten mit voller Gewißheit, daß die jetzige große Drangsal ... im Jahre 1925, etwa im Herbst, ihren furchtbaren Höhepunkt erreicht und alsdann zum endgültigen Abschluß kommen wird ... Wir erwarten mit absoluter Zuverlässigkeit die nach der Drangsal beginnende Auferstehung der gesamten Menschheit ... und zwar so, daß die zuletzt Gestorbenen zuerst und die vor Jahrtausenden Gestorbenen wie z. B. Adam, zuletzt auferstehen werden ... Ferner dürfen wir verkündigen, daß vielen Menschen, die jetzt leben, die Möglichkeit werden kann, überhaupt nicht sterben zu brauchen ..." („Das Goldene Zeitalter", 15.03.24).

1975

„... im Höchstfall dauert es nur noch wenige Jahre, bis Gott das verderbte System der Dinge, das jetzt die Erde beherrscht, vernichten wird. Wieso können wir dessen so sicher sein?" (Erwachet vom 08.04.69, S. 13).

„In diesem zwanzigsten Jahrhundert wurde ein unabhängiges Studium durchgeführt, das nicht blindlings den traditionellen chronologischen Berechnungen der Christenheit folgte, und die veröffentlichte Zeittafel, die von diesem unabhängigen Studium herrührt, gibt das Datum der Erschaffung des Menschen mit 4026 v. u. Z. an. Gemäß dieser zuverlässigen Bibelchronologie werden 6000 Jahre, von der Zeit der Erschaffung des Menschen an, mit dem Jahre 1975 enden, und die siebente Periode von eintausend Jahren Menschheitsgeschichte beginnt im Herbst des Jahres 1975 u. Z. ... Wie passend es für Jehova Gott sein würde, diese kommende siebente Periode von tausend Jahren zu einer Sabbatperiode der Ruhe und Befreiung zu machen.“ (Ewiges Leben in der Freiheit der Söhne Gottes, S. 29+30).

Im Nachhinein liest sich das dann so: „*Was die* neuere Zeit angeht, so *mutmaßten viele Zeugen*, daß die mit dem Anfang der Millenniumsherrschaft verbundenen Ereignisse eventuell von 1975 an eintreten würden. *Sie dachten*, daß in jenem Jahr das siebte Jahrtausend der Menschheitsgeschichte anbreche“ (Erwachet vom 22.05.95, S. 9).

„Diese Generation wird nicht vergehen ...“

Das für die heutige Zeit maßgebliche Datum lautet 1914 und gilt als Zeitpunkt der unsichtbaren Wiederkunft Jesu; doch auch die Aussagen hierzu sind ständigen Schwankungen unterworfen. Bis zum 01.11.95 hieß es, die *Generation von 1914* werde Hamargedon noch erleben; was bedeutet denn nun diese Generation?

„Jesus gebrauchte den Ausdruck ‚diese Generation‘ aber, um eine sehr begrenzte Zeit zu bezeichnen, nämlich die Lebensspanne einer Generation von Menschen, die zu einer Zeit leben würden, in der gewisse weltbewegende Dinge geschehen sollten. Gemäß Psalm 90,10 kann diese Lebensspanne siebzig oder auch achtzig Jahre betragen“ (*Wachtturm* 1968, S. 143).

„... Jesus sprach offensichtlich von Personen, die alt genug waren, um das, was sich beim Beginn der ‚letzten Tage‘ ereignete, mit Verständnis zu verfolgen ... Wenn wir annehmen, daß fünfzehnjährige Jugendliche genügend Verständnis hatten, um die Bedeutung dessen zu begreifen, was 1914 geschah, wären die Jüngsten dieser Generation heute ungefähr siebzig Jahre alt“ („Erwachet“ vom 08.04.69).

„Was daher die Erfüllung in der heutigen Zeit betrifft, so bezieht sich das Wort ‚Generation‘ logischerweise nicht auf Kleinkinder, die während des ersten Weltkrieges geboren wurden. Es bezieht sich auf Christi Nachfolger und andere, die diesen Krieg und die anderen Ereignisse beobachten konnten, durch die sich das von Jesus erwähnte kombinierte „Zeichen" erfüllte. Einige dieser Personen werden auf keinen Fall vergehen ..., bis alles, was Christus vorhergesagt hat, eintritt, auch das Ende des gegenwärtigen bösen Systems" (*Wachtturm* vom 01.01.79, Leserfrage).

„Diese Worte beziehen sich nicht auf eine Zeitperiode, von der einige sagen, sie dauere 30, 40, 70 oder sogar 120 Jahre, sondern sie beziehen sich vielmehr auf Menschen, – auf Menschen, die am ‚Anfang der Bedrängniswehen' dieses verurteilten Weltsystems leben würden. Das ist die Generation der Menschen, die die schrecklichen Ereignisse gesehen haben, die in Verbindung mit dem ersten Weltkrieg seit 1914 eingetreten sind" (*Wachtturm*, 15.01.81, Leserfrage).

„Nachdem Jesus auf die vielen Dinge aufmerksam gemacht hatte, die die Zeit nach 1914 gekennzeichnet haben, sagte er: ‚Diese Generation wird auf keinen Fall vergehen, bis alle diese Dinge geschehen. Welche Generation meinte Jesus? Er meinte die Generation, die 1914 am Leben war" (Paradiesbuch, S. 154, 1982).

„... Hat man daher irgendeinen Nutzen davon, daß man in Bezug auf Daten Erwartungen hegt oder daß man Spekulationen über die buchstäbliche Lebenszeit einer Generation anstellt? ... Heute, wo sich die Prophezeiung Jesu endgültig erfüllt, bezieht sich der Begriff ‚diese Generation' daher offensichtlich auf jene Erdbewohner, die zwar das Zeichen der Gegenwart Christi erkennen, aber nicht von ihren schlechten Wegen umkehren. Im Gegensatz dazu wollen wir uns als Jünger Jesu Christi auf keinen Fall nach dem Lebensstil ‚dieser Generation' formen lassen ... Ja, eine gerechte ‚Generation' von Menschen wird gegenwärtig bereits eingesammelt" (*Wachtturm* vom 01.11.95).

Mit diesen „genaueren Erklärungen" konnte man die Schlacht von Hamargedon immer wieder um etliche Jahre hinausschieben, ohne daß der einzelne Zeuge Jehovas merkte, daß er immer wieder getäuscht wurde.

Kapitel 5

Wer kommt in den Himmel?

In ihrem Predigtdienst und in ihrer Literatur warnen Jehovas Zeugen vor der Schlacht von Harmagedon, die sich in Kürze ereignen werde. In ihr würden all diejenigen umkommen, die achtlos an der Lehre der Wachtturmgesellschaft vorbeigingen oder sie ablehnten. Überleben würden in der Regel nur Jehovas Zeugen, die dann nach dem Tausendjährigen Reich und einer abschließenden Prüfung mit ewigem Leben belohnt würden, ebenso wie die Gläubigen des Alten Testaments und früher Lebende, die im 1000jährigen Reich eine zweite Chance erhielten.

Dieses ewige Leben findet gemäß Wachtturm-Lehre für die meisten Zeugen nicht im Himmel statt, sondern auf einer *paradiesischen Erde.* Von den heute lebenden Zeugen Jehovas hätte nur ein kleiner *Überrest* von zur Zeit (Stand 1996) etwa 8700 Menschen ewiges Leben im Himmel zu erwarten. Man behauptet, es seien von Gott insgesamt nur 144 000 *Geistgesalbte* für den Himmel bestimmt gewesen, diese begrenzte Zahl sei seit dem Tod Christi bis etwa zum Jahre 1935 eingesammelt worden und nun im wesentlichen vollständig. In der heutigen Zeit gebe es in der Regel nur noch Menschen mit *irdischer Berufung*, die sogenannten *anderen Schafe* oder *große Volksmenge.*

Die Lehre der christlichen Kirchen, jeder gläubige Christ habe die Aussicht darauf, zu Gott in den Himmel zu kommen, wird oftmals lächerlich gemacht. So schreibt man im *Erwachet* vom 08.01.1995 auf S. 26: *„Ein bekannter Musiker stirbt, und es heißt, er spiele nun mit den Engeln im Himmel Trompete. Kinder werden ... aus dem Leben gerissen, und die Geistlichkeit sagt, sie seien in die himmlische Glückseligkeit eingegangen, vielleicht sogar als Engelchen."*

Gläubige Christen, die die Ansicht äußern, ein Musiker würde im Himmel weiter Trompete spielen oder Kinder würden zu Engelchen, gibt es nicht, aber mit dieser Art der Argumentation wird erreicht, daß sich ein Zeuge Jehovas gar nicht bewußt wird, was ihm vorenthalten wird.

Auch wird die Lehre der christlichen Kirchen bewußt falsch wiedergegeben, wenn man suggeriert, sie glaubten daran, daß alle *guten und achtbaren Menschen* in den Himmel kämen, oder daß dieses Königreich aus einer unbegrenzten Anzahl von Teilhabern bestehe (*Erwachet* vom 08.01.95).

Es gibt keine *guten und achtbaren Menschen*, denn „alle sind abgewichen, sie sind allesamt untauglich geworden, da ist keiner, der Gutes tut, da ist auch nicht einer" (Röm. 3,12). Gläubige Christen haben zu allen Zeiten erklärt, daß es der Buße und Bekehrung bedarf. Petrus sagte: „So tut nun Buße und bekehrt euch, daß eure Sünden ausgetilgt werden" (Apg. 3,19).

Es geht um weit mehr als nur um den zukünftigen „Wohnort" des Christen, es gibt nach der Lehre von Jehovas Zeugen ganz gravierende Unterschiede zwischen den *144 000 Geistgesalbten* und der *großen Volksmenge.*

Es ist ein Christentum in zweierlei Klasse und zweierlei Hoffnung. Wer zu spät oder zu früh geboren wurde, hätte demnach kein Anrecht auf die Verheißung Gottes, im Himmel mit ihm Gemeinschaft zu haben. Nur in der Zeit von ca. 33 n. Chr. bis ca. 1935 wären Menschen ausgewählt worden, um mit Jesus im Himmel zu regieren. (Wie die Wachtturmgesellschaft auf 1935 kommt, bleibt ihr Geheimnis; eine genaue Begründung hierzu hat man bisher nicht gegeben.)

Für jemanden, der sich zu den anderen Schafen zählt, gelten viele Verheißungen Jesu nicht.
Er wäre nach dieser Lehre kein Kind Gottes (Joh. 1,12),
Christus wäre nicht sein Mittler (1. Tim. 2,5; Hebr. 8,6),
er wäre nicht gerechtgesprochen durch das Blut Jesu (Röm. 5,1),
er gehörte nicht zur „Braut Christi" (Joh. 3,29),
nicht zu seinem „Leib" (Eph. 5,30; Kol. 3,15),
dürfte nicht vom Abendmahl nehmen (1. Kor. 10,16).
Er würde nicht wiedergeboren (Joh. 3,7),
ist nicht mit Heiligem Geist gesalbt (1. Kor. 3,16),
sondern er muß sich damit begnügen, *„Nutzen zu ziehen"* aus der

Gemeinschaft mit den *„Gesalbten"* und der Organisation als Garant für seine Rettung.

Vielen Zeugen sind diese Unterschiede noch nicht einmal bewußt. Sie erklären in Gesprächen, daß Jesus selbstverständlich auch ihr Mittler sei; ein Blick in die eigene Literatur würde ihnen zeigen, daß ihre Organisation etwas anderes lehrt (z. B. *Wachtturm* vom 01.08.79, Leserfrage). So wird die Bedeutung dieser Unterschiede meist heruntergespielt, oftmals gar nicht erwähnt. Vielfach erklärt man auch, gar nicht in den Himmel zu wollen, auf der Erde sei es doch viel schöner. Man spricht von der gerechten Regierung, die von Jesus und den *„144 000"* gebildet werden soll, bietet heute lebenden Menschen das Paradies auf der Erde an und die *„Segnungen, die das Königreich Jehovas denen, die ihm loyal dienen"*, bringen soll.

Während die *„Geistgesalbten"* bereits durch den Opfertod Jesu gerechtgesprochen seien, müsse die große Volksmenge *„beweisen, daß sie es verdient, zur Zeit des Höhepunktes der „großen Drangsal"* von Gott beschützt zu werden. Im Wachtturm-Buch „Ewiges Leben in der Freiheit der Söhne Gottes" heißt es hierzu: *„So brachte Jesus Christus den Wert seines menschlichen Lebensblutes zuerst für seine Versammlung der 144 000 Nachfolger dar, die mit ihm im Himmel königliche Priester werden. Auf dieser Grundlage kann Jehova Gott diese 144 000 Nachfolger rechtfertigen oder für gerecht erklären, ihre vergangenen Sünden erlassen und ihre weiteren Sünden, die sie im Fleisch begehen, vergeben, so wie sie sie bekennen und ihn um Vergebung bitten ... Ebenso wird Jesus Christus, wenn er seine Tausendjahrherrschaft als König und Hoherpriester gleich Melchisedek angetreten hat, sein menschliches Lebensblut weiter anwenden. Dieses Mal wird es zugunsten der Menschenwelt sein, aus der seine Versammlung der 144 000 Unterpriester erkauft worden sind. ... Dies wird alle in der Vergangenheit begangenen Sünden der Menschheit auslöschen"* (a. a. O., S. 385+386).

Auch im *Wachtturm* vom 15.06.92, S. 6, wird dies bestätigt: *„Bestimmt erwarten wir nicht, daß Jesus im gegenwärtigen System das volle Verdienst seines Opfers auf uns anwendet. Selbst wenn er es täte, würden wir dennoch nicht ewig leben.* [Auch die Apostel mußten sterben, dieses Argument ist daher nicht logisch.] ... *alle Christen, die die irdische Hoffnung haben, können sich auf noch größere Seg-*

nungen in der bevorstehenden neuen Welt freuen. Dann wird unser Hoherpriester das Verdienst seines Opfers uneingeschränkt anwenden, was die vollständige Sündenvergebung zur Folge haben wird.“

Die Menschen sind noch nicht gerechtgesprochen: *„Sie können auch daran denken, daß sie fortfahren müssen, ‚Jehova sowie Gerechtigkeit und Sanftmut zu suchen‘ in der Hoffnung, am ‚Tag des Zornes Jehovas‘ verschont zu werden und danach die Freude zu erleben, menschliche Vollkommenheit zu erlangen. Schließlich können sie, nachdem Jesus das Königreich seinem Vater übergeben haben wird, von Jehova wirklich gerechtgesprochen werden ...“* (*Wachtturm* vom 15.02.85, S. 19).

Wenn Jesu Opfertod also nach diesen Aussagen erst zu Beginn der Tausendjahrherrschaft für die große Volksmenge gültig wird, so haben sie jetzt noch keine Vergebung ihrer Sünden durch das Blut Jesu! Für sie gilt nicht, was der Apostel Johannes in seinem 1. Brief, Kap. 1,7 schreibt:

„Wenn wir aber im Licht wandeln, wie er im Licht ist, haben wir Gemeinschaft miteinander, und das Blut Jesu, seines Sohnes, reinigt uns von jeder Sünde.“

Über diese große Volksmenge heißt es weiter: *„Sie werden nicht, weder jetzt noch zukünftig, gerechtfertigt oder gerechtgesprochen wie die 144 000 himmlischen Miterben, die gerechtgesprochen worden sind, während sie noch im Fleische sind. Die große Volksmenge wird keine Veränderung ihrer Natur, von der menschlichen zu einer geistigen durchmachen und benötigt daher keine Rechtfertigung durch den Glauben ... Nicht zugerechnete menschliche Vollkommenheit durch Glauben an Christi Blut, sondern wirkliche menschliche Vollkommenheit durch die emporhebende, reinigende Hilfe des messianischen Königreiches Gottes – das ist es, was die große Volksmenge benötigt und was sie durch Christi Königreich von tausend Jahren erlangen wird“* (Ewiges Leben in der Freiheit der Söhne Gottes, S. 387).

Mitglieder der großen Volksmenge erlangen nach Wachtturmlehre eine andere Art von Gerechtsprechung: Sie und die Gläubigen des Alten Bundes werden als *„Freunde Jehovas“* gerechtgesprochen. Es wird *„ihnen ein Maß an Gerechtigkeit gutgeschrieben, und sie haben heute schon einen verhältnismäßig gerechten Stand vor ihm. ... Obwohl Jehova die Betreffenden bereits vorher als gerecht bezeichnete* *im Vergleich zur Menschheit im allgemeinen ..., brauchen sie zusätzliche Hilfe, damit sie zum Leben gerechtgesprochen werden können. Während der 1000 Jahre wird ... Christus Jesus, zusammen mit seinen 144 000 Mitkönigen und -priestern ein Programm geistiger und physischer Heilung der Nationen durchführen"* (Wachtturm, 01.12.85, S. 17).

Für die Angehörigen der großen Volksmenge gibt es also gar keine vollkommene Rechtfertigung durch den Glauben.

Die gute Botschaft der Zeugen Jehovas

Die Botschaft von dieser „gerechten Königreichsregierung", die die Bösen vernichten und Frieden und Gerechtigkeit bringen soll, ist die heutige Botschaft der Zeugen Jehovas. Die Lehre von der Sündenvergebung durch Jesu Blut wird in manchen Broschüren noch nicht einmal erwähnt. (Z. B. *„Gibt es einen Gott, der sich um uns kümmert?"*, 30 Seiten; auch das Traktat *„Warum ist das Leben voller Probleme?"*, das 1995 mit großen Vorbereitungen in einem Massenfeldzug verbreitet wurde, erwähnt Jesu Tod für uns mit keinem Wort.) Den weitaus größeren Teil nehmen die Beschreibungen der Segnungen in Jehovas Königreich ein. Jehovas Zeugen mögen einwenden, es gebe eine ganze Anzahl von Büchern, Broschüren oder Artikeln in den Zeitschriften *Wachtturm* oder *Erwachet*, wo über den Sühnetod Jesu berichtet werde. Doch sagt uns nicht die Bibel, daß dieser Tod Jesu von den Aposteln gepredigt wurde (1. Kor. 1,18-24), daß er für uns das Geheimnis Gottes ist (1. Kor. 2,1.2), die Grundlage unseres Glaubens (1. Kor. 3,11) und wir durch ihn selig werden (Apg. 4,12)? Darum müßte dies Grundlage aller Verkündigung sein.

Im Paradiesbuch wird erklärt: *„Tatsächlich ist diese von Gott verheißene Regierung die Hauptbotschaft der Bibel"* (a. a. O., S. 112). Diese sogenannte Friedensregierung soll aus eben jenen 144 000 Menschen bestehen, die als Könige vom Himmel aus über die Erde regieren sollen.

So wird im *Erwachet* vom 08.01.1995 auf S. 27 als Belegstelle hierzu Offb. 5,9.10 angegeben. Die Neue-Welt-Übersetzung gibt diesen Vers dann auch wie folgt wieder: *„... Sie werden als Könige über die Erde regieren."* Interessant ist hier ein Blick in die Interlinearübersetzung der Wachtturmgesellschaft – bisher nur in Englisch erschienen, sie übersetzt die griechischen Worte kai basileuosin epi tez gez wörtlich mit *„they are reigning upon the earth"* (= sie regieren **auf** der Erde), während es im fortlaufenden Text plötzlich heißt: *„... they are to rule as kings over the earth"* (sie regieren **über** die Erde). Dies ist um so bemerkenswerter, als in der Umschlagseite der Kingdom Interlinear ein Diagramm abgebildet ist, das sich mit der Bedeutung der griechischen Präpositionen auseinandersetzt: hier wird die Präposition *epi* mit *upon* = *auf* wiedergegeben.

Die Wachtturmgesellschaft hebt immer wieder die Genauigkeit der von ihr herausgegebenen Bibel hervor, doch diese Lehre, daß es eine Regierung vom Himmel aus geben wird, steht in offensichtlichem Widerspruch zur eigenen wörtlichen Bibelübersetzung.

Doch welche biblischen Belege für ihre Behauptungen kann die Wachtturmgesellschaft nennen? Im Paradiesbuch wird ewiges Leben erst einmal mit dem Leben in einem irdischen Paradies gleichgesetzt: *„Wieso können wir daher so sicher sein, daß du für immer im Paradies auf Erden leben kannst? Wieso können wir glauben, daß ewiges Leben nicht nur ein Traum ist? ... Und er erschuf die Menschen so, daß sie sich des Lebens in ihrer irdischen Wohnstätte in vollstem Maß hätten erfreuen können, für immer"* (a. a. O., S. 7). Als Beweisstelle wird Psalm 115,16 angegeben. Dort heißt es: „Die Himmel sind die Himmel des HERRN; die Erde aber hat er den Menschenkindern gegeben." Weiter beruft man sich auf Psalm 37,29: „Die Gerechten werden das Land besitzen und für immer darin wohnen." Nach der Lehre der Zeugen Jehovas ist die ursprüngliche Bestimmung des Menschen ein Leben auf der Erde, ein Leben im Himmel, wie es die meisten Christen erwarten, sei eigentlich gar nicht vorgesehen. Sie fragen: *„Was wäre geschehen, wenn Adam und Eva nicht gesündigt hätten, dann wäre doch niemand in den Himmel gekommen? Adam und Eva hätten vollkommene Kinder bekommen, und alle Menschen hätten ewig auf der paradiesischen Erde weitergelebt."*

Die Bibel zeigt uns jedoch, daß der Mensch vor dem Sündenfall noch kein ewiges Leben besaß. Dort sagt Gott in 1. Mose 3,22:

„Und Gott der HERR, sprach: Siehe, der Mensch ist geworden wie einer von uns, zu erkennen Gutes und Böses. Und nun, daß er nicht etwa seine Hand ausstrecke und auch noch von dem Baum des Lebens nehme und esse und lebe ewig."

In 1. Mose 1,26 sagt Gott: „Laßt uns Menschen machen in unserem Bild, uns ähnlich. Sie sollen herrschen über die Fische des Meeres und über die Vögel des Himmels und über das Vieh und über die ganze Erde." Hieraus schließt man: *„Gott hatte somit vor, daß sich Adam und Eva um die Erde und die Tiere darauf kümmern sollte. Es wird nichts davon gesagt, daß er in den Himmel kommen sollte"* („Unterredungen anhand der Schriften", S. 207). Es wird auch nichts gesagt, daß sie immer auf der Erde bleiben sollten. Was Gott gemacht hätte, wenn Adam und Eva nicht gesündigt hätten, ist reine Spekulation. Hierüber steht nichts in der Bibel. Nur um die Qualität dieses Arguments aufzuzeigen: Man könnte auch argumentieren, daß ein Geschöpf, das nach dem Bilde Gottes gemacht sei, als endgültige Bestimmung nur den Himmel haben könne.

Gerade in diesem Bereich ergehen sich Jehovas Zeugen in recht vielen Spekulationen. Die Frage, ob denn Gott nicht von vornherein gewußt hätte, daß die Menschen sündigen würden, verneinen sie, Gott hätte in diesem Fall von der Fähigkeit des Vorauswissens keinen Gebrauch gemacht.

Angeblich sollen 144 000 Personen mit Jesus im Himmel regieren, warum kämen dann diese Menschen in den Himmel und regieren nicht auf der Erde? Diese Antwort bleiben Jehovas Zeugen schuldig. Hier wäre Gott nämlich auch von seinem ursprünglichen Vorsatz abgewichen. Es wäre nicht unbedingt notwendig gewesen, Menschen in den Himmel zu berufen, eine Regierung hätte sich auch aus Engeln unter Leitung von Gottes Sohn Jesus Christus bilden lassen oder aus auserwählten Menschen hier auf der Erde.

Außerdem verheißt Gott einen neuen Himmel und eine neue Erde. Wie das Leben dort aussehen wird, entzieht sich allerdings unserer Kenntnis. Der Wunsch, Gott hier „in die Karten zu gukken", führt zu Spekulationen und Theorien, die biblisch nicht zu belegen sind. Wir werden von Gott ausdrücklich gewarnt, nicht über das hinauszugehen, was geschrieben steht (1. Kor. 4,6).

Jehovas Zeugen jedoch glauben Gottes Vorsatz zu kennen. Die Bibel selbst verheiße ewiges Leben auf der Erde, da ja sonst Gottes ursprünglicher Vorsatz nicht verwirklicht werde. Dieser Vorsatz bestehe darin, *„ein erdenweites, mit glücklichen, gesunden Menschen gefülltes Paradies zu haben“* (a. a. O., S. 128). Der Sinn des Lebens sei, *„daß wir ein ausgefülltes glückliches Leben führen, indem wir in Übereinstimmung mit dem Willen Gottes leben“* (a. a. O., S. 73). Die Erde wäre danach für Gott sehr wichtig. Im *Erwachet* vom 08.01.97 heißt es in einer Überschrift: *„Kümmert sich Gott um die Erde?“*, so als wäre ein Haus wichtiger als seine Bewohner.

Gott hatte dem Menschen vor dem Sündenfall noch kein ewiges Leben gegeben. Die Bibel spricht davon, daß Gott uns aus Liebe schuf (5. Mose 7,8; 1. Joh. 4,8+16). Jesus selbst bezeichnet die Liebe zu Gott neben der Nächstenliebe als das größte Gebot (Mt. 22,27+28). Wir sind nach dem Bild Gottes geschaffen und sollen seine geliebten Kinder sein, während die Engel nur als Diener bezeichnet werden (Hebr. 1,13+14). Kann also Gottes Vorsatz einfach darin bestehen, die Erde mit Menschen zu füllen?

Gehorsame Untertanen hatte Gott schon in den Engeln, und die Herrlichkeit des Himmels wird mehr als einmal in der Bibel beschrieben. Gottes Absicht besteht darin, Gemeinschaft mit dem Menschen zu haben, weil er ihn liebt. Die Bibel sagt uns, daß Gott Liebe ist! Er ist die Liebe schlechthin, nicht etwa ein Gott, der auch eine Eigenschaft hätte, die man Liebe nennt. Er schuf den Menschen nach seinem Bilde, schuf ihn mit der Fähigkeit, ihn anzubeten und zu lieben.

Auch im weiteren müssen mangels biblischer Belege nur Spekulationen herhalten: *„Muß man in den Himmel kommen, um eine wirklich glückliche Zukunft zu haben?“* (Unterredungen anhand der Schriften, S. 207). – Darum geht es überhaupt nicht! Mit welch abstrusen Argumenten den Menschen das irdische Paradies schmackhaft gemacht werden soll, kann man z. B. im *Erwachet* vom 22.07.94 lesen. Dort wird eine Zeugin mit den Worten zitiert: *„Außerdem war ich begeistert, als ich erfuhr, daß ich nicht in den Himmel muß und mich dort nicht von Milch und Honig ernähren oder gar verhungern muß.“* (Oh, die armen Apostel, was für ein Schicksal blüht ihnen!)

Was wünscht sich der Mensch?

Im Paradiesbuch wird ein Menschheitstraum aufgegriffen. So schreibt man: *„Wo möchte der Mensch normalerweise für immer leben? Dort, wo er es gewohnt ist zu leben, auf der Erde. Der Mensch wurde für die Erde erschaffen und die Erde für den Menschen (1. Mose 2,8.9.15). Die Bibel sagt: ‚Er (Gott) hat die Erde auf ihre festen Stätten gegründet; sie wird auf unabsehbare Zeit oder für immer nicht zum Wanken gebracht werden' (Psalm 104.5). Da die Erde für immer bestehen soll, sollte auch der Mensch für immer leben. Ein liebevoller Gott würde Menschen bestimmt nicht mit dem Wunsch erschaffen, ewig zu leben, und dann diesen Wunsch nicht in Erfüllung gehen lassen."*

Die Frage ist, läßt sich aus diesen Versen ableiten, daß die Erde nie zerstört werden wird? (Auffällig ist jedenfalls, daß „ewiges Leben" und „ewiges Leben auf der Erde" in einem Atemzug genannt werden, als ob es das gleiche sei.) Ein Blick in den Grundtext gibt uns Aufschluß, dort sind in Psalm 104,5 die hebräischen Worte *olam wa ad* gebraucht, die sich gegenseitig verstärken und beide entweder *Ewigkeit* oder nur *unabsehbare Zeitdauer* bedeuten können. Wie z. B. aus der wörtlichen Übersetzung einer anderen Bibelstelle, wo diese Ausdrücke (nur in einer anderen Kombination) gebraucht werden (Jes. 30,8), hervorgeht, bedeutet *olam wa ad* nicht unbedingt *Ewigkeit,* sondern kann genausogut für eine unabsehbare Zeitdauer stehen. Ein unserem *„Ewigkeit"* genau entsprechendes Wort kennt das Hebräische nicht. Eindeutigen Aufschluß bieten diese Verse also nicht.

Das Schicksal der Erde

Auf der einen Seite haben wir also Bibelverse, die davon zu reden scheinen, daß die Erde für immer Bestand haben werde, die in vielen Bibelübersetzungen auch mit *immer und ewig* übersetzt sind. Auf der anderen Seite gibt es Texte, die davon sprechen, daß Himmel und Erde einmal zerstört werden!

„Erhebt zum Himmel eure Augen und blickt auf die Erde unten! Denn die Himmel werden wie Rauch zerfetzt werden, und die Erde wird zerfallen wie ein Kleid und ihre Bewohner werden dahinsterben wie Mücken" (Jes. 51,6).

„Es wird aber der Tag des Herrn kommen wie ein Dieb; an ihm werden die Himmel mit gewaltigem Geräusch vergehen; die Elemente aber werden im Brand aufgelöst und die Erde und die Werke auf ihr (im Gericht) erfunden werden" (2. Petr. 3,10).

„Du hast einst die Erde gegründet, und die Himmel sind deiner Hände Werk. Sie werden umkommen, du aber bleibst. Sie alle werden veralten wie ein Kleid, wie ein Gewand wechselst du sie, und sie werden verwandelt" (Psalm 102,26-28; Hebr. 1,10-12).

Wie ist dieser Widerspruch zu lösen? Sind diese Bibelstellen nur bildlich gemeint, wie die Wachtturmgesellschaft behauptet?: *„Was ist mit den neuen Himmeln gemeint? Es sind keine buchstäblichen Himmel. ... Die neuen Himmel beziehen sich auf eine neue Herrschaft über die Erde. Die jetzigen Himmel setzen sich aus menschlichen Regierungen zusammen. Diese werden in Harmagedon vergehen (2. Petrus 3,7). Die neuen Himmel, durch die sie ersetzt werden, sind Gottes himmlische Regierung. Ihr König ist Jesus Christus. Doch als Bestandteil der neuen Himmel werden mit ihm 144 000 seiner treuen Nachfolger regieren (Offb. 5,9.10; 14,1.3). Was ist denn mit der neuen Erde gemeint? Sie ist kein neuer Planet. Gott machte den Planeten als Wohnstätte des Menschen gerade richtig, und er wird es für immer bleiben (Psalm 104,5). Mit der neuen Erde ist eine neue Gruppe oder Gesellschaft von Menschen gemeint"* (Paradiesbuch, S. 160).

Diese Aussagen müssen sich jedoch mit dem Gesamtzusammenhang der Bibel decken. In 2. Petr. 3,7 heißt es: „Die jetzigen Himmel und die jetzige Erde aber sind durch dasselbe Wort aufbewahrt und für das Feuer aufgehoben zum Tag des Gerichts und des Verderbens der gottlosen Menschen." Jehovas Zeugen weisen darauf hin, daß es ja um das Gericht an *gottlosen Menschen* ginge und nicht um die Vernichtung der Erde. Man sollte jedoch beachten, daß es von Himmel und Erde heißt, sie seien „für das Feuer aufgehoben". Geht aus diesem Vers hervor, daß mit Himmel menschliche Regierungen und mit der Erde eine menschliche Gesellschaft gemeint sind?

Hier ist nun der Zusammenhang entscheidend. Einige Verse vorher ist noch davon die Rede, daß „von alters her Himmel waren und eine Erde, die aus Wasser und durch Wasser Bestand hatte, und zwar durch das Wort Gottes, durch welche die damalige *Welt*, vom Wasser überschwemmt, unterging."

Eindeutig ist hier mit Erde die buchstäbliche Erde gemeint; mit Himmel eindeutig der buchstäbliche Himmel. Welche Anhaltspunkte gibt es, daß Himmel und Erde zwei Verse später eine völlig andere Bedeutung haben sollen?

Oftmals wird darauf verwiesen, es werde ja im gleichen Kapitel Bezug genommen auf den Untergang der Welt bei der Sintflut. Aber ist hier wirklich das gleiche gemeint? Ein Blick in den obigen Text zeigt, daß im Gegenteil ganz klar unterschieden wird zwischen der Erde, die „aus ... Wasser Bestand hatte", und der Welt, die unterging und mit denen die Menschen gemeint sind, die bei der Sintflut umkamen. Hier stehen auch im griechischen Urtext *zwei* verschiedene Worte, g h für *Erde* und kosmos für *Welt.*

Man erklärt nun, das Wort *Erde* sei in der Bibel nicht immer wörtlich gemeint – tatsächlich steht dieser Ausdruck an einigen Stellen für alle Bewohner der Erde –, außerdem werde Himmel laut verschiedenen Kommentatoren – die allerdings nicht genannt werden – mit „Herrschermacht" in Verbindung gebracht. Einen *biblischen* Beleg für die Auslegung als „Herrschermacht" bleibt man allerdings schuldig.

Für eine Auslegung müssen andere eindeutige Bibelstellen zu Rate gezogen werden. Wenn menschliche Regierungen bzw. deren Untertanen die *alten Himmel* und die *alte Erde* bedeuten sollen, müßte es in der Bibel eindeutige Stellen hierzu geben; man kann feststellen, daß es verschiedene Bedeutungen des Wortes „Himmel" gibt:

1. Lufthimmel
2. Wohnort Gottes und der Engel
3. Gott selbst
4. Thron Gottes.

Es gibt jedoch in der ganzen Bibel keine eindeutige Stelle, wo Himmel mit Regierung gleichgesetzt würde. Die Bibelstellen, die nach Ansicht von Jehovas Zeugen zeigen, daß die Erde ewig bestehen wird, erweisen sich nach einer Betrachtung des Urtextes als nicht eindeutig, die gegenteiligen Texte sind dagegen nicht zu widerlegen. Die Auslegung, Himmel und Erde, die vergehen sollen, seien nur im übertragenen Sinn gebraucht, spielt eine bedeutende Rolle bei Jehovas Zeugen, und doch ist sie auf einer mehr als schwankenden Basis aufgebaut, da es keine einzige wirklich eindeutige Bibelstelle hierzu gibt.

Allgemein stimmen Bibelausleger darin überein, daß Verse nur dann als sinnbildlich gewertet werden dürfen, wenn eine wörtliche Auslegung entweder unsinnig wäre oder einer klaren Lehre der Bibel widerspräche. Hier wird das Wort Gottes jedoch anscheinend als „Sinnbild" umgedeutet, weil es nicht zu einer bestimmten Theorie paßt.

Wenn Himmel und Erde, die vergehen sollen, menschliche Regierungen bzw. Untertanen darstellen sollen, würden einige Aussagen in diesem Zusammenhang völlig sinnlos. Petrus spricht davon, daß die *„Elemente vor Hitze schmelzen"* werden; dies macht wohl nur einen Sinn, wenn die buchstäblichen Elemente schmelzen werden. Im Erwachet vom 08.01.97 schreibt man hierzu: *„Wäre die Äußerung des Petrus [2. Petrus 3,7] wörtlich zu verstehen und sollte der Planet Erde wirklich durch Feuer verzehrt werden, dann müßten auch die buchstäblichen Himmelskörper – die Sterne und andere Himmelskörper – durch Feuer vernichtet werden. Dieser Erklärung widerspricht jedoch der Zusicherung, die in Texten wie Matthäus 6,10 und Psalm 37,29 zu finden ist. In Matthäus 6,10 heißt es: ‚Dein Wille geschehe im Himmel so auch auf der Erde.' Und in Psalm 37,29 ist zu lesen: ‚Die Gerechten selbst werden die Erde besitzen und sie werden immerdar darauf wohnen.' Was könnte Feuer außerdem der sowieso schon sehr heißen Sonne und den heißen Sternen anhaben, wo fortgesetzt atomare Explosionen stattfinden?"*

Selbstverständlich hätte ein normales „Feuer" keinerlei Auswirkung auf die Sonne, aber das ist ja auch gar nicht damit gemeint. Aber wir kennen die selbst von der Wachtturmgesellschaft angedeuteten atomaren Explosionen; durch die Astronomie werden uns unvorstellbare Katastrophen im Weltraum bekanntgemacht, in denen ganze Sonnensysteme zugrunde gehen.

Als weitere Begründung, warum nicht der buchstäbliche Himmel vergehen könne, heißt es in dem Buch „Einsichten über die Heilige Schrift" auf S. 666: *„Der Apostel Petrus vergleicht die buch-*

stäblichen Himmel und die Erde (2. Petr. 3,5) mit den symbolischen Himmel und der symbolischen Erde (2. Petr. 3,7). Mit den in Vers 7 erwähnten Himmeln ist nicht Jehovas Wohnung, die Stätte seines Thrones in den Himmeln, gemeint. Die Himmel Jehovas können nicht erschüttert werden. Auch ist mit der in diesem Vers erwähnten Erde nicht der Planet Erde gemeint, denn es heißt, Jehova habe die Erde fest gegründet ... Die hier erwähnten Himmel sind offensichtlich ein Sinnbild, und die Erde steht symbolisch für eine auf der Erde lebende menschliche Gesellschaft."

Doch es geht hier nicht um den Himmel als Wohnstätte Gottes, sondern es ist der „Lufthimmel", das Weltall, gemeint (1. Mose 1,1); auch die Tatsache, daß Jahwe die Erde fest gegründet hat, beweist nicht, daß er sie niemals zerstören wird. Wenn es bei Jesaja heißt, die *Erde* werde wie ein Kleid zerfallen, und seine *Bewohner* wie Mücken dahinsterben, wird diese Aussage völlig sinnlos, wenn man sie im Sinne der Zeugen Jehovas zu deuten versucht.

Darf man Gottes Wort im Hebräerbrief und in den Psalmen umdeuten, wo es doch ganz deutlich heißt, daß Himmel und Erde, *die Gott am Anfang geschaffen hat,* vergehen werden (Hebr. 1,10; Ps. 102,26-28)? Hier wird ausdrücklich die Ewigkeit Gottes in Gegensatz gesetzt zur Vergänglichkeit der Erde. Doch auch hier wird Gottes Wort einfach anders interpretiert: *„... diese Schöpfung könnte Gott, wenn er wollte, zusammenrollen wie einen Mantel und beiseite legen"* („Einsichten über die Heilige Schrift", S. 1160). In diesen Textstellen steht aber nichts davon, daß Gott dies tun könnte, sondern daß er es tun wird. Gott selbst hat uns in seinem Wort gesagt, daß die ganze Schöpfung der Vergänglichkeit unterworfen ist (Röm. 8,20a). Natürlich machte Gott das, was er erschuf, gut (1. Mose 1). Aber mit dem Sündenfall des Menschen kam der Tod in die Welt, und damit fing auch für die übrige Schöpfung die Vergänglichkeit an. Daher ist auch der Himmel nicht mehr vollkommen.

Auch an anderen Stellen weist Jesus selbst darauf hin, daß Himmel und Erde nicht ewig Bestand haben werden.

„Bis der Himmel und die Erde vergehen, soll auch nicht ein Jota oder ein Strichlein von dem Gesetz vergehen, bis alles geschehen ist" (Mt. 5,18).

Doch dieser Bibelvers lautet in der Neue-Welt-Übersetzung im Gegensatz zu anderen allgemein bekannten Übersetzungen: (Menge, Zürcher, Konkordante, Luther, Elberfelder, Interlineare nach Dietzfelbinger): *„Eher würden Himmel und Erde vergehen ...“* Dies sollte stutzig machen, denn der gleiche griechische Ausdruck *ewz an parelJh* wird an anderer Stelle, nämlich in Mt. 24,34 übersetzt: „... *wird nicht vergehen*“. Auch hier müßte ein Blick in die Interlinearübersetzung denkende Zeugen nachdenklich machen, denn bei der wörtlichen Übersetzung heißt es hier: until = bis !

Auch eine andere Bibelstelle scheint eigentlich eindeutig zu sein. In Mt. 24,35 heißt es:

„Der Himmel und die Erde werden vergehen, meine Worte aber sollen nicht vergehen.“ Doch auch hier erklärt man, dieser Ausspruch Jesu beziehe sich auf die *„symbolische Erde und den symbolischen Himmel“* („Dies bedeutet ewiges Leben“, S. 260). Wie schon vorher beim 2. Petrusbrief gibt es jedoch keinerlei Anhaltspunkt, daß Himmel und Erde als Regierung bzw. menschliche Gesellschaft zu deuten wären.

Einiges in der Bibel ist sicherlich bildlich gemeint, wenn z. B. vom Arm Gottes die Rede ist oder den Säulen der Erde; auch wenn Jesus z. B. in Gleichnissen redet, benutzt er Bilder. Doch wird jedem durch den Kontext klar, daß Symbole und Bilder benutzt werden, meistens wird auch ausdrücklich von Gleichnissen gesprochen.

Welche Konsequenzen hat es jedoch, wenn Bibelverse umgedeutet werden, wo der Sinn oder Zusammenhang dies nicht deutlich fordert? Wenn man verschiedene gleichlautende Begriffe einmal wörtlich und einmal im übertragenen Sinne auslegt, ohne daß der Zusammenhang dies zwingend vorschreibt, kann man sich jede beliebige Theorie „zusammenzimmern.“ Einmal begonnen, ergibt diese Art der Auslegung eine Kette ohne Ende.

Belege in der Offenbarung des Johannes

Nur die 144 000 an sollen angeblich in den Himmel kommen, während die große Volksmenge für die Erde bestimmt sei. Womit wird diese Auslegung begründet? Woher stammt überhaupt die Zahl 144 000?

Sie ist in der Offenbarung des Johannes zu finden, in Offb. 7,4ff + Offb. 14,1-6?:

„Und ich hörte die Zahl der Versiegelten: 144 000 Versiegelte, aus jedem Stamm der Söhne Israels: aus dem Stamm Juda 12 000 Versiegelte, aus dem Stamm Ruben 12 000, aus dem Stamm Gad 12 000, aus dem Stamm Asser 12 000, aus dem Stamm Naphtali 12 000, aus dem Stamm Manasse 12 000, aus dem Stamm Simeon 12 000, aus dem Stamm Levi 12 000, aus dem Stamm Issachar 12 000, aus dem Stamm Sebulon 12 000, aus dem Stamm Josef 12 000, aus dem Stamm Benjamin 12 000 Versiegelte ... Und ich sah, und siehe, das Lamm stand auf dem Berg Zion und mit ihm 144 000, die seinen Namen und den Namen seines Vaters an ihren Stirnen geschrieben trugen. ... Und sie singen ein neues Lied ... und niemand konnte das Lied lernen als nur die 144 000, die von der Erde erkauft sind."

Diese Verse aus der Offenbarung gelten als Hauptstützen der Auslegung. Eine wesentliche Aussage der Zeugen Jehovas zum Begriff des Volkes Israel lautet, daß Jehova das buchstäbliche Volk Israel verworfen habe und an seine Stelle ein geistiges Israel, nämlich die Versammlung der Zeugen Jehovas, getreten sei. Demnach könne in den Versen der Offenbarung auch nicht vom buchstäblichen Volk Israel die Rede sein.

Doch wie die Bibel zeigt, hat Gott das Volk Israel nicht verstoßen. In Röm. 11, 1-30 heißt es u. a.:

„Ich sage nun: Hat Gott etwa sein Volk verstoßen? Das sei ferne. Denn auch ich bin ein Israelit aus der Nachkommenschaft Abrahams vom Stamm Benjamin. Gott hat sein Volk nicht verstoßen, das er vorher erkannt hat. ... Sondern durch ihren Fall ist den Nationen das Heil geworden, um sie zur Eifersucht zu reizen. Wenn aber ihr Fall der Reichtum der Welt ist und ihr Verlust der Reichtum der Nationen, wieviel mehr ihre Vollzahl ... Denn wenn ihre Verwerfung die Versöhnung der Welt ist, was wird die Annahme anders sein als Leben aus den Toten? ... Denn ich will nicht, Brüder, daß euch dieses Geheimnis unbekannt sei, damit ihr nicht euch selbst für klug haltet. Verstockung ist Israel zum Teil widerfahren, bis die Vollzahl der Nationen eingegangen sein wird, und so wird ganz Israel errettet werden ... Hinsichtlich des Evangeliums sind sie zwar Feinde um euretwillen, hinsichtlich der Auswahl aber Geliebte um der Väter willen. Denn die Gnadengaben und die Berufung Gottes sind unbereubar."

Diese Worte des Paulus sind eindeutig und zeigen, daß Jahwe mit dem Volk Israel nach wie vor handelt. Doch Jehovas Zeugen führen weitere Argumente ins Feld. Danach können die in Offb. 7 genannten Stämme *„nicht die Stämme des natürlichen Israels sein, weil es nie einen Stamm Josef gab, die Stämme Ephraim und Dan hier nicht aufgezählt werden und die Leviten für den Dienst im Tempel abgesondert waren, aber nicht als einer der 12 Stämme galten. Siehe 4. Mose 1,4-16"* („Unterredungen anhand der Schriften", S. 211).

Auch dies entspricht nicht den Tatsachen. Es gab einen Stamm Josef, denn die Stämme Israels – das ist der Name, den Gott dem Jakob gab – sind nach seinen Söhnen benannt, nur bekamen eben die Söhne Josefs das Erbteil des Landes, ebenfalls gibt es natürlich auch einen Stamm Levi. Nur aus diesem Stamm durften die Priester genommen werden. Er erhielt jedoch keinen Anteil an dem Land. Hier hat man sich also offensichtlich nur bestimmte Verse des Alten Testaments „herausgepickt". Man beruft sich auf die Stammesaufzählung in 4. Mose 1 und verschweigt, daß z. B. 1. Mose 49 eine ganz andere Aufzählung kennt (Stammesaufzählungen siehe: 1. Mose 49,3-28 + 50,23; 4. Mose 1,32; Hes. 47,13). Dort ist von einem Stamm Josef die Rede! Warum Dan und Ephraim bei der Aufzählung fehlen, kann nur vermutet werden; so erwarteten manche z. B. aus Dan den Antichristen (1. Mose 49,17).

Wenn es sich bei den 144 000 um „geistige Israeliten" handeln sollte, so müßten sich Jehovas Zeugen fragen lassen, welche Bedeutung die Aufzählung der Stämme haben sollte. Hierzu schreibt man: *„Offensichtlich dient die Aufzählung in der Offenbarung nicht dazu, natürliche Juden nach ihren Stämmen zu kennzeichnen, sondern zeigt, daß das geistige Israel ein ähnlich organisatorisches Gefüge aufweist wie das natürliche Israel ..."* (Die Offenbarung ...). Wo an der Stammesaufzählung ist es „offensichtlich", daß nicht das buchstäbliche Volk Israel gemeint ist? Nach der Lehre der Zeugen Jehovas bilden die 144 000 Auserwählten das geistige Israel; gibt es da ein Stammesgefüge?

Wenn mit dem Volk Israel in Kapitel 7 nur ein geistiges Israel gemeint sein soll, wieso ist man plötzlich felsenfest davon überzeugt, die 144 000 Personen in Kapitel 14 seien wörtlich gemeint? Und wenn man diese Zahl wörtlich nimmt, müßte man nicht auch wörtlich nehmen, was weiter darüber zu lesen ist, daß es sich nämlich ausschließlich um ledige Männer handelt (Offb. 14,4)? Doch dies und die Aussage darüber, daß diese Menschen aus Israel stammen, will man symbolisch verstanden wissen. Ist dies logisch? Entweder sind alle Aussagen über die 144 000 wörtlich zu nehmen oder alle sind symbolisch gemeint.

Es gibt im wesentlichen zwei Auslegungen zu den Visionen des Johannes über die 144 000. Die erste besagt, daß es sich um natürliche Juden handele und der Ausdruck *„die große Volksmenge"* sich auf die Christen beziehe, die Jesus aus allen Nationen nachgefolgt seien. Gott sagt ausdrücklich, daß *„seine Gnadengaben und Berufungen unbereubar sind"* und daß *„Verstockung Israel zum Teil widerfahren ist, bis die Vollzahl der Nationen eingegangen sein wird"*. Er hat nach wie vor Außergewöhnliches mit dem Volk Israel vor; die Lehre, Israel sei von Gott verworfen und die Kirche sei an seine Stelle getreten, wurde erst Jahrhunderte nach Jesu Tod eingeführt. Es spricht also eine Menge für diese Auslegung.

Doch was würde eine symbolische Auslegung bedeuten? Außer in der Offenbarung des Johannes kommt die Zahl 144 000 nirgendwo vor. Gerade die Offenbarung ist reich an Bildern. Niemand würde wohl behaupten, das „Tier" werde wortwörtlich so auftreten, wie die Offenbarung dies beschreibt, sondern jedem ist klar, daß die Beschreibung Symbole enthält. Zahlensymbolik ist uns aus der Bibel nicht unbekannt. Diese symbolische Zahl würde für die Vollzahl des Gottesvolkes = 12 x 1000 stehen, die identisch mit der großen Volksmenge wäre. Doch wie ist dies möglich? Sind dies denn nicht zwei verschiedene Gruppen? Auf den ersten Blick scheint es so, doch wenn man den Text der Offenbarung näher betrachtet, stellt man fest, daß Johannes in Offenbarung 7,4 die Zahl der Versiegelten *hört*, während er die große Volksmenge *sieht*, das bedeutet doch, daß die erste Zahl auf einer Offenbarung Gottes beruht, die „unzählbare Schar" aber auf seiner eigenen Beobachtung. Es ist daher durchaus möglich, daß es sich um die gleiche Gruppe von Menschen handelt.

Die Offenbarung des Johannes ist nicht leicht zu verstehen. Wir wissen daher nicht mit Bestimmtheit, ob die „144 000 aus allen Stämmen Israels" wörtlich oder symbolisch zu verstehen sind, aber nicht biblisch ist die Deutung der Zeugen Jehovas, die die 144 000 wörtlich nimmt, das Volk Israel aber geistig verstanden wissen will. Man wendet ein: *„Auch wie der Apostel Johannes seine Vision von der großen Volksmenge einführt, läßt deutlich erkennen, daß es sich bei dieser Personengruppe nicht um dieselbe handelt wie bei den 144 000 Versiegelten"* (Einsichten über die Heilige Schrift, Bd. I, S. 1022). Warum eigentlich nicht? Gerade in ihrem Buch *Die Offenbarung – ihr großartiger Höhepunkt ist nahe* wird für die Art und Weise, die gleiche Personengruppe auf zwei verschiedene Arten darzustellen, ein Beispiel genannt, nämlich die Auslegung von den „24 Ältesten".

Diese wären danach identisch mit den 144 000, und zu dem Problem, daß sich ergibt, wenn die „144 000" vor den 24 Ältesten singen, schreibt man: *„Weshalb werden die gesalbten Überwinder sowohl als die symbolischen Ältesten als auch als die 144 000 beschrieben? Der Grund ist, weil diese Gruppe in der Offenbarung von zwei verschiedenen Gesichtspunkten aus betrachtet wird"* (a. a. O., S. 201).

Die große Volksmenge und die große Drangsal

Die Bibel zeigt, daß sich die große Volksmenge im Himmel befindet, doch weil dies der Theorie der Wachtturmgesellschaft widersprechen würde, werden diese eindeutigen Aussagen umgedeutet: *„Wenn gesagt wird, die große Volksmenge stehe vor dem Thron, bedeutet das nicht, daß sie sich im Himmel befindet. Wieso wissen wir das? ... Als sich die Israeliten in der Wildnis aufhielten, sagte Mose bei einer Gelegenheit zu Aaron: Sprich zu der ganzen Gemeinde Israels: Naht herzu vor Jehova, denn er hat euer Murren gehört. Die Israeliten mußten nicht erst in den Himmel gebracht werden, um bei dieser Gelegenheit vor Jehova zu stehen ... In ähnlicher Weise steht die große Volksmenge vor dem Thron und vor dem Lamm, sie steht nämlich vor* *den Augen Jehovas und seines Königs ...*" („Die Offenbarung – ihr großartiger Höhepunkt ist nahe", S. 123).

Wenn allerdings die große Volksmenge nicht im Himmel sein soll, wie ist dann Offb. 19,1 zu deuten?

„Nach diesem hörte ich etwas wie eine laute Stimme einer großen Volksmenge *im Himmel,* die sprachen: Halleluja! Das Heil und die Herrlichkeit und die Macht sind unseres Gottes!"

In der Neue-Welt-Übersetzung wird diese Stelle mit *„großer Menge"* statt mit *„großer Volksmenge"* wiedergegeben.

Man schreibt: *„Die in Offenbarung 19,1.6 erwähnte ‚große Menge im Himmel' ist nicht dasselbe wie die ‚große Volksmenge' aus Offenbarung 7,9. Von denen im Himmel wird nicht gesagt, daß sie aus allen Nationen sind oder dem Lamm ihre Rettung zuschreiben; es sind Engel. Der Ausdruck „große Menge" wird in der Bibel in unterschiedlichem Zusammenhang gebraucht" (Mk. 5,24; 6,34; 12,37)* (Unterredungen anhand der Schriften, S. 212).

In diesen Bibelstellen ist jedoch immer ein und dasselbe gemeint, nämlich eine normale Menschenmenge; überall steht dasselbe griechische Wort. Es ist falsch, was die Wachtturmgesellschaft schreibt, daß dieses Wort in unterschiedlichem Zusammenhang gebraucht wird. Auch das Argument, über die große Volksmenge heiße es in Offb. 19,1 nicht, daß es seine Rettung dem Lamm verdanke, kann nicht überzeugen, denn mit der gleichen Begründung könnte man auch erklären, es gebe 2 x 144 000 Personen, da nur in Offb. 14,4 von ihnen gesagt wird, daß sie von der Erde für Gott und das Lamm erkauft würden, nicht dagegen in Offb. 7,4ff.

Gerade Jehovas Zeugen heben außerdem sonst immer wieder hervor, es sei ein Vorteil ihrer Bibelübersetzung, daß sie gleiche griechische und hebräische Worte auch gleich wiedergebe. Warum hier nicht? – Weil sonst jemand auf den Gedanken kommen könnte, die große Volksmenge sei doch nicht auf der Erde, sondern im Himmel, wie die Bibel auch sonst bestätigt!

Auch weitere Tatsachen widerlegen die Auslegung der Wachtturmgesellschaft bezüglich der großen Volksmenge: Über diese heißt es in Offb. 7,14: „Diese sind es, die aus der großen Drangsal kommen, und sie haben ihre Gewänder gewaschen und sie weiß gemacht im Blut des Lammes."

Die *große Volksmenge* kommt also aus der großen Drangsal, die aber auch nach der heutigen Lehre von Jehovas Zeugen noch bevorsteht (*Wachtturm* vom 15.02.94, S. 16-21)! Nach früherer Lehre hatten die Anfänge dieser Drangsal im Jahre 1914 begonnen. (Ewiges Leben in der Freiheit der Söhne Gottes, S. 355). Im *Wachtturm* vom 15.02.94, S. 17 heißt es hierzu: *„Jahrelang dachte man, die große Drangsal in der Neuzeit würde aus einem einleitenden Teil bestehen, der der Zeit des ersten Weltkrieges entspräche, gefolgt von einer Unterbrechung, an die sich der Schlußteil, der Krieg des großen Tages Gottes, des Allmächtigen, anschließen würde."* (Auch dies war allerdings nicht die ursprüngliche Lehre gewesen.)

Weil sich hier die Lehre der Zeugen Jehovas geändert hat, ist man auch gezwungen, die Ausdrücke *„andere Schafe"* und *„große Volksmenge"* neu zu definieren. Bis vor kurzem war dies für Jehovas Zeugen das gleiche. *„Die anderen Schafe", die gegenwärtig auf der Erde leben und sich als solche erweisen, bilden die „große Volksmenge" aus Offenbarung 7,9; 10,14, die die Aussicht hat, die bevorstehende große Drangsal zu überleben"* („Überleben – und dann eine neue Erde, S. 73). Man hatte offensichtlich nicht erkannt, daß die *große Volksmenge* nicht identisch mit den *anderen Schafen* sein konnte. Aus diesem Grund ist auch die Antwort auf eine Leserfrage im *Wachtturm* vom 15.04.95 verständlich: *„... wir sollten nicht ungebührlich streng sein, was den Gebrauch dieser Begriffe betrifft, oder darüber bestürzt sein, wenn jemand sie als Synonyme verwendet ..."* Man erklärt, daß genaugenommen ein Unterschied bestehe, darauf zu bestehen aber fast wortklauberisch sei. Natürlich sollte man nicht zu streng sein, denn die Organisation selbst hatte es doch selbst einige Jahre vorher anders gelehrt!

Dieser Unterschied ist von Wichtigkeit und nicht nur einfach Wortklauberei, sondern zeigt wieder einmal, daß Änderungen in der Lehre oftmals keine Kleinigkeit betreffen, sondern ganze Lehrgebäude umstürzen können. Denn wie könnte eine Gruppe von Menschen, die es seit dem Jahre 1935 gibt, zur *großen Volksmenge* gehören, wenn diese erst in der großen Drangsal auftritt? Wieder einmal wird auf vorsichtige Art und Weise „helleres Licht" vermittelt.

Die kleine Herde und die anderen Schafe

Jehovas Zeugen weisen auf Lukas 12,32 hin, wo gezeigt werde, daß nur eine begrenzte Anzahl von Menschen das Himmelreich erben würden: „Fürchte dich nicht, du kleine Herde, denn es hat eurem Vater wohlgefallen, euch das Reich zu geben."

Hier spricht Jesus jedoch zu seinen Jüngern (Lk. 12,22). Auch an anderer Stelle spricht er davon, daß er den Jüngern das Reich zueignen will, daß sie auf 12 Thronen sitzen und die 12 Stämme Israels richten werden (Lk. 22,29+30; Mt.19,28). Einen anderen Inhalt gibt der Text erst einmal nicht her. Nachdem Jehovas Zeugen jedoch *einen* Text – nämlich Offenbarung 14 – im Sinne einer begrenzten Anzahl von Menschen, die in den Himmel kommen werden, interpretiert haben, nehmen sie ihn als Grundlage für die Interpretation eines anderen Textes (Lk.12,32). Das nennt man einen klassischen Zirkelschluß!

Als weitere Belegstelle wird Joh.10,16 genannt:

„Und ich habe andere Schafe, die nicht aus diesem Hof sind; auch diese muß ich bringen, und sie werden meine Stimme hören, und es wird *eine* Herde, *ein* Hirte sein."

Das Volk, zu dem Jesus gesandt war und aus dem er selbst stammte, war das Volk Israel. Sie waren das „Volk seiner Weide" (Ps. 74,1; 79,13; 100,3; Micha 2,12). Erst in dieser Zeit eröffnete er ihnen Gottes Ratschluß, daß auch die Heiden Miterben des ewigen Lebens sein sollten (Eph. 3,5+6). Paulus spricht von einem Geheimnis, das *„in anderen Geschlechtern den Söhnen der Menschen nicht kundgetan, wie es jetzt seinen heiligen Aposteln und Propheten durch den Geist geoffenbart worden ist"*. Dies war also schon immer Gottes Plan. Von nun an würde es nichts mehr ausmachen, wer ein Jude von Geburt war oder nicht, sondern jeder, der an Jesus glaubte und ihm nachfolgte, gehörte seiner Gemeinde an (Joh. 11,52; Apg. 10,34.35).

Wenn man nun behauptet, es gebe 144 000 Auserwählte, die die *„kleine Herde"* seien und eine *„große Volksmenge"*, so sind dies nun eben nicht *eine* Herde, sondern zwei, es sei denn, man nimmt das eine wieder nicht wörtlich, sondern symbolisch im Sinne von einmütig.

Gläubige des Alten Bundes im Himmel

Nach Aussage der Wachtturmgesellschaft haben die Gläubigen des Alten Bundes keine Aussicht, in den Himmel zu kommen, sondern sie würden in einem irdischen Paradies leben. Doch das neutestamentliche Zeugnis zeigt etwas anderes. So geht beispielsweise aus dem Brief an die Hebräer hervor, daß den Gläubigen des alten Bundes eine Hoffnung auf ein irdisches Paradies nicht bekannt war: „Diese alle sind im Glauben gestorben und haben die Verheißungen nicht erlangt, sondern sahen sie von fern und begrüßten und bekannten, daß sie Fremde und ohne Bürgerrecht *auf der Erde seien*. Denn die solches sagen, die sagen deutlich, daß sie ein Vaterland suchen ... Jetzt aber trachten sie nach einem besseren, das ist nach einem himmlischen" (Hebr. 11,13-16).

Das bedeutet doch, daß alle, die Gott geglaubt haben, teilhaben werden an der einen Verheißung.

Die entsprechende Bibelstelle lautet in der Neue-Welt-Übersetzung: *„Jetzt aber streben sie nach einem besseren, nämlich einem, der zum Himmel gehört."* Damit soll dann suggeriert werden, das Vaterland selbst sei nicht der Himmel. Ist auch dieser Unterschied in der Übersetzung durch die Lehre verursacht? Dieser Bibeltext wird in der wörtlichen Interlinearübersetzung nämlich wie folgt wiedergegeben: „... now but better (one) they are reaching out for, this is of heavenly (one)".

Die Gläubigen des Alten Bundes werden mit uns vollendet. „Diese alle, die durch den Glauben ein Zeugnis erhielten, haben die Verheißung nicht erlangt, da Gott für uns etwas Besseres vorgesehen hat, damit sie nicht ohne uns vollendet werden sollten" (Hebr. 11,39.40).

Der 1. Brief des Paulus an die Korinther beweist, daß es rein willkürlich und unbiblisch ist, eine „Verheißungsgrenze" ab dem Tod Jesu ziehen zu wollen: „Denn ich will nicht, daß ihr in Unkenntnis darüber seid, Brüder, daß unsere Väter alle unter der Wolke waren und alle durch das Meer hindurchgegangen sind und alle in der Wolke und im Meer auf Mose getauft wurden und alle dieselbe geistliche Speise aßen und alle denselben geistlichen Trank tranken, denn sie tranken aus einem geistlichen Felsen, der sie begleitete. Dieser geistliche Felsen aber war der Christus" (1. Kor. 10,1-4). Schon zur Zeit des Mose hatte Gott seinem Volk gesagt, sie sollten ihm ein Königreich von Priestern und ein heiliges Volk sein (2. Mose 19,6).

Es gibt eine einzige Bibelstelle, die die Theorie der Wachtturmgesellschaft zu stützen scheint: „Wahrlich, ich sage euch, unter den von Frauen Geborenen ist kein Größerer aufgestanden als Johannes der Täufer; der Kleinste aber im Reich der Himmel ist größer als er" (Mt. 11,11).

Dies scheint ein Widerspruch zu dem vorher Gesagten zu sein. Doch auch hierfür wie für alle Auslegungen gilt, daß man ihn im Gesamtzusammenhang der Bibel untersuchen muß. Wenn man liest, was Jesus über das Königreich mehr als einmal gesagt hat, wird verständlich, daß es ihm um etwas anderes geht. Im Königreich geht es nicht um Macht und Herrschaftsgelüste. Die Rangfolgen, die nach menschlichen Maßstäben gelten, haben im Königreich Gottes keine Gültigkeit, sondern wer groß sein will, der soll aller Diener sein (Mt. 20,26). Außerdem macht Jesus hiermit klar, daß ein neues Verhältnis zu Gott kommt. Der Alte Bund wird verschwinden, ein Neuer kommt, der eine grundlegend andere Qualität hat (Hebr. 8,13). Es gibt nur diese eine etwas schwierige Bibelstelle, die man bei näherer Betrachtung jedoch erklären kann. Wählt man den umgekehrten Weg wie die Wachtturmgesellschaft, so gerät man in große Erklärungsnotstände, denn es gibt eine große Anzahl von Bibelstellen, die zeigen, daß es mehr als 144 000 Kinder Gottes gibt.

Sehen wir uns einmal an, mit welchen Argumenten man den Christen die Verheißung auf ein himmlisches Vaterland wegnehmen will. Wenn es in Joh. 14,1ff heißt: „Im Hause meines Vaters sind viele Wohnungen. Wenn es nicht so wäre, würde ich euch gesagt haben: Ich gehe hin, euch eine Stätte zu bereiten?", so schreibt die Wachtturmgesellschaft hierzu: *„Jesus zeigt hier, daß seine treuen Apostel, zu denen er sprach, schließlich mit ihm im Hause seines Vater, d.h. im Himmel, sein würden. Er sagt hier aber nicht, wie viele weitere ebenfalls in den Himmel kommen würden"* („Unterredungen anhand der Schriften", S. 209). Wenn Jesus nur die Apostel gemeint hätte, hätte er wohl kaum von vielen Wohnungen gesprochen, denn dies waren ja schließlich nur 12 Männer. Auch wenn er insgesamt von 144 000 Menschen gesprochen hätte, wäre dies ein Widerspruch zu dem, was die Wachtturmgesellschaft über die 144 000 lehrt, daß diese nämlich die „kleine Herde“ sei.

Nach der Aussage der Leitung der Zeugen Jehovas hat Gott selbst die Zahl derer, die in den Himmel kommen sollten, beschränkt. Kein Mensch, der vor Christi Geburt gelebt hat, soll in den Himmel kommen, sondern diese sollten als Untertanen auf der Erde leben. *„Ja, alle treuen Männer und Frauen, die vor Jesus starben, hatten die Hoffnung, wieder auf der Erde zu leben und nicht im Himmel. Sie werden auferweckt werden, um irdische Untertanen des Königreiches Gottes zu sein“* (Paradiesbuch, S. 122). Dies würde also bedeuten, daß Mose, der mit Gott selbst sprach wie nach ihm nie wieder ein anderer Mensch, von einem heutigen Zeugen Jehovas regiert würde. Auch David, den Gott seinen Sohn nannte, würde nicht für würdig befunden, im Himmel mit Christus zu leben, er würde zur großen Volksmenge gehören, die *„erst beweisen muß, daß sie es verdient, beschützt zu werden“*. Von dieser großen Volksmenge heißt es – wir rufen uns dies noch einmal ins Gedächtnis –, daß sie *„nicht, weder jetzt noch zukünftig, gerechtfertigt oder gerechtgesprochen wird wie die 144 000 himmlischen Miterben“* (Ewiges Leben in der Freiheit der Söhne Gottes, S. 387).

Im Paradiesbuch heißt es auf S. 120: *„Kurz nach Jesu Auferstehung von den Toten sagte der Apostel Petrus zu einer jüdischen Volksmenge: David, das Familienoberhaupt, starb und wurde auch begraben, und seine Gruft ist bis auf diesen Tag unter uns. Tatsächlich ist David nicht in den Himmel aufgefahren (Apg. 2,29). Somit kam David, obwohl er ein guter Mensch war, nicht in den Himmel.“* Doch sagt der Text aus, daß David nicht in den Himmel kommen wird? Gen Himmel gefahren wie Jesus ist er nicht. *Alle* Menschen werden sterben und begraben werden. Auch die Apostel, die, wie auch Jehovas Zeugen lehren, mit Jesus herrschen werden, sind den leiblichen Tod gestorben und begraben worden; ihre Leichname zerfielen in den Gräbern. Eine Ausnahme gilt nur für die in 1. Thessalonicher 4,16+17 erwähnte Gemeinde, wenn Jesus wiederkommt. Ähnliches gilt von dem Text in Joh. 3,13, wo es heißt: „Und niemand ist hinaufgestiegen in den Himmel als nur, der aus dem Himmel herabgestiegen ist.“ Auch hier spricht Jesus über ein

Hinaufsteigen zum Himmel, das ihm – und der Entrückungsgemeinde – vorbehalten bleibt. Doch was schließt die Leitung der Zeugen Jehovas aus dieser Bibelstelle? *„Nach Jesu eigenen Worten war somit in all den 4000 Jahren der Menschheitsgeschichte bis zu seiner Zeit kein Mensch in den Himmel gekommen."* Dies hatte Jesus nicht gesagt!

Wir können jedoch an einer anderen Stelle der Bibel nachlesen, daß Jesus sehr wohl den Treuen des Alten Bundes den Himmel verheißen hat. In Mt. 8,11 heißt es „Ich sage euch aber, daß viele von Osten und vom Westen kommen und mit Abraham und Isaak und Jakob zu Tische liegen werden in dem Reich der Himmel." Dies sollte deutlich genug sein. Doch hier behaupten Jehovas Zeugen: *„Abraham, Isaak und Jakob stellen Gottes Königreichsvorkehrung dar. Jesus gibt so zu verstehen, daß Menschen von den Nationen willkommen geheißen würden, um „im Königreich der Himmel" sozusagen zu Tische zu liegen"* („Der größte Mensch, der je lebte", Kap. 36).

Wenn die Bibel dies so meinen würde, wer könnte sie dann jemals verstehen? Wie bekannt ist Jesus für seine einfachen Gleichnisse, und noch nicht einmal die haben seine Jünger immer verstanden!

Wie viele Christen gab es seit Jesu Tod?

Folgt man der Lehre von Jehovas Zeugen, es kämen insgesamt nur 144 000 Menschen in den Himmel, so ergeben sich noch Probleme ganz anderer Art. Die „anderen Schafe" mit der Hoffnung, in einem irdischen Paradies zu leben, traten danach *„am Abschluß des Systems der Dinge"* in Erscheinung (Buch „Dein Königreich komme, S. 151-153) Vor 1923, im wesentlichen aber vor 1935 wurden nur „Gesalbte" eingesammelt (Buch „In der Anbetung des allein wahren Gottes vereint", S. 103), die also allesamt wiedergeboren und Kinder Gottes sein sollten. Noch 1928 zählte die Wachtturmgesellschaft in ihren eigenen Reihen 44 080 „Gesalbte", das bedeutet, für die ca. 1800 Jahre von Pfingsten bis zu dieser Zeit hatte es nur etwa 100 000 Christen, pro Jahr also weniger als 60, auf der ganzen Erde gegeben.

Allein, wenn wir die ersten Bekehrungen der Apostelgeschichte verfolgen, sehen wir, daß sich schon damals Tausende bekehrten. In Apg. 4,4 heißt es, daß sich „die Zahl der Männer auf etwa 5000 belief". Wie viele Menschen ließen für ihren Glauben an Jesus bei den Christenverfolgungen der römischen Kaiser ihr Leben!

Die Wachtturmgesellschaft veröffentlichte selbst im Wachtturm vom 15. Oktober 1952 einen Beitrag, worin sie die Christenverfolgungen unter den römischen Kaisern aufführt. Sie rechnet selbst da allein schon unter den Kaisern Domitian und Diokletian 884 000 christliche Märtyrer zusammen! Waren diese Menschen, die wegen ihres Glaubens verfolgt und unter grausamsten Umständen, Folter und dergleichen getötet wurden, dann zum großen Teil etwa gar keine echten Christen?

In der Antwort auf eine Leserfrage im *Wachtturm* von 1952 (am. *Watchtower*, January 15th, p. 62) wird genau dies suggeriert! Sie starben für den Glauben Gott und seinen Sohn Jesus Christus, aber in den Himmel kommen sie nach den Aussagen der Wachtturmgesellschaft nicht, weil diese sonst die Lehre von den „144 000" aufgeben müßten !

Das Gleichnis vom verlorenen Sohn

Auf welche Weise man krampfhaft „Beweise" für die Existenz von „zwei Herden" sucht, wird auch an der Auslegung des Gleichnisses vom verlorenen Sohn deutlich. Im Buch „Überleben – und dann eine neue Erde", S. 162, heißt es: *„In diesem Gleichnis entspricht der älteste Sohn, der Erstgeborene, passenderweise der Versammlung der Erstgeborenen, die in den Himmeln eingetragen worden sind (Hebr. 12,23). Und wie ist es mit dem jüngeren Sohn? Er muß eine andere Gruppe darstellen als die ‚kleine Herde', die himmlische Hoffnung hat. Die Beschreibung des jüngeren Sohnes paßt auch nicht auf alle ‚anderen Schafe' des Herrn, wohl aber auf einige ... Statt sich dem Dienst für Jehova zu widmen, gingen sie in weltlichen Bestrebungen auf. Sie gebrauchten die Mittel zum Lebensunterhalt, die Gott ihnen gewährt ... zur Befriedigung ihrer selbstsüchtigen Wünsche. Doch als Jehovas Diener im Jahre 1935 zum ersten Mal deutlich verstanden, wer die große*

Volksmenge ist, stellten sich viele, die dem jüngeren Sohn entsprachen, ganzherzig für den Dienst im Hause des Vaters zur Verfügung. ... Es stimmt, daß sich damals nicht alle freuten, als die durch den jüngeren Sohn dargestellte Klasse in Erscheinung trat. Jesus deutet dies in seinem Gleichnis an. Doch nicht alle Übriggebliebenen der ‚kleinen Herde' bekundeten einen solchen Geist, und Jesus ließ in seinem Gleichnis sogar für diejenigen, die zunächst unwillig waren, den Weg offen, an der Freude teilzunehmen, die Jehova selbst empfindet, wenn solche Sünder bereuen."

Der ursprüngliche und auch von der Wachtturmgesellschaft so vertretene Hintergrund des Gleichnisses waren die Pharisäer als der ältere Bruder und die Zöllner und Sünder als der verlorene Sohn. In einem Gleichnis werden im Gegensatz zu einem Erlebnisbericht Typen und Arten von Menschen vorgestellt. Es ist daher nicht möglich, den Typ des jüngeren Bruder so, wie es Jehovas Zeugen tun, nur als einen *„kleinen Teil der anderen Schafe"* auszulegen, ebenso wie den Neid des älteren Bruders nur auf *einige wenige* anzuwenden. Auch kennen Gleichnisse kein offenes Ende. Der Rest des Gleichnisses macht ebenfalls deutlich, daß die Auslegung der Zeugen Jehovas keine Grundlage im Text hat. In Lukas 15,11+12 heißt es, daß ein Mann zwei Söhne hatte und der Vater das Erbgut teilte, während Jehovas Zeugen immer betonen, nur die „kleine Herde" seien Söhne und Erben Gottes. Aus Lk. 15,29 geht hervor, daß der neidische ältere Bruder nie die Gaben seines Vaters in Anspruch genommen hatte, obwohl sie ihm dieser gern gegeben hätte. Könnte das auf eine sogenannte „geistgesalbte kleine Herde, die 144 000" zutreffen?

Dieses Gleichnis zeigt in Wirklichkeit im Bild des älteren Bruders damals wie heute selbstgerechte Menschen, die meinen, nur sie seien die wahren Gottesfürchtigen, die aber eigentlich nie in Gottes Nähe waren; mit dem „verlorenen Sohn" sind dagegen alle gemeint, die ihre Sünden bekennen und von Gott in Liebe angenommen werden.

Was für eine Ansicht über die Sünde muß jemand haben, der nur im Hinblick auf die „anderen Schafe" von *„solchen Sündern, die bereuen"* spricht?

Man hat nicht begriffen, daß Sünder nicht etwa irgendwelche besonders schlimmen Menschen sind, sondern wir ohne den Tod Jesu alle verlorene Sünder wären!

Diese Auslegung über die „anderen Schafe“ ist bezeichnend. Früher wurde gelehrt, die große Volksmenge sei ebenfalls eine himmlische Klasse, wenn auch mit geringerem Glauben. In dem Buch „Das vollendete Geheimnis“, das als sogenannter 7. Band der Schriftstudien bekannt ist, heißt es auf S. 102 mit Blick auf die „große Volksmenge“: *„Sie ermangeln jene Liebe und jenen Eifer zu entfalten, die der Herr als Grundbedingung für die Teilhaberschaft an dem königlichen Priestertum aufgestellt hat. Ihr Hauptfehler liegt in ihrer stückweisen Aufopferung, wann und wie es ihnen und ihren Freunden gerade gelegen ist. Während die noch lebenden Glieder der Braut durch die Wahrheit von andern geschieden werden, sind die Ohren dieser Klasse träge zum Hören; sie sind langsam zum Glauben und langsam zum Handeln. Der Herr nennt diese Klasse in einem Gleichnis einen bösen und faulen Knecht. Er versagt ihr nicht die Ehre, Diener (Knecht) zu sein, er sieht sie auch nicht als Feinde an. Sie wird aber als böse und faul bezeichnet, weil sie als Knechte gewisse Verantwortungen übernommen, aber des rechten Geistes unbedingter Treue und Hingebung im Dienste ermangelt haben.“*

Während manche Zeugen diese Aussage für ein Fälschung halten mögen, die die Wachtturmgesellschaft in Mißkredit bringen soll, gibt die Organisation selbst langsam zu, daß es wohl einige seltsame Auslegungen gab („Jehovas Zeugen – Verkündiger des Königreiches Gottes“). Doch das volle Ausmaß dieser Lehren ist für Jehovas Zeugen unklar, denn man beschäftigt sich zwar ausgiebig mit der Geschichte der christlichen Kirchen, jedoch weitaus weniger ausgiebig mit den eigenen Anfängen. Hier verschleiern viele Bemerkungen das Bild eher, als daß sie es erhellen.

Gilt das Neue Testament noch für heutige Zeugen Jehovas?

In Gesprächen verweisen Zeugen Jehovas manchmal auch auf die Bergpredigt, um zu belegen, daß schon Jesus von einer himmlischen und einer irdischen Hoffnung gesprochen habe. Dort heißt es in

Mt. 5,3: „Glückselig die Armen im Geist, denn ihrer ist das Reich der Himmel." In Vers 5 heißt es dann: „Glückselig die Sanftmütigen, denn sie werden das Land erben." Doch kann man daraus eine Theorie von zweierlei Hoffnung ableiten? Was ist dann mit den Barmherzigen, die Barmherzigkeit schauen werden, und den nach Gerechtigkeit Hungernden, die gesättigt werden (Verse 6+7)? Welche Hoffnung haben sie? Außerdem beweist gerade auch die Bergpredigt, daß Jesus selbst nur eine Hoffnung kannte. Er hat seine Verheißungen nicht eingeschränkt. Nirgends sagt er, daß es eine Zeit geben werde, in der die geistlich Armen keine Aussicht mehr auf das Himmelreich hätten. Genau dies erzählt die Wachtturmgesellschaft den Menschen aber heute! Jesu Versprechen dagegen gilt für alle. Auch heute noch gibt es Menschen, die um der „Gerechtigkeit willen verfolgt werden", die um Jesu willen geschmäht und verfolgt werden (Mt. 5,11+12). Ihrer wird das Himmelreich sein. Wer will dieses Versprechen Jesu einschränken? Auch viele andere Verheißungen der Evangelien gelten nach ihrer eigenen Lehre nicht mehr für die heutigen Zeugen Jehovas. Was ist mit Jesu Verheißungen, daß

– die, die den Willen des Vaters im Himmel tun, in den Himmel kommen werden (Mt. 7,21)?
– Was ist mit den Himmelreichsgleichnissen und anderen Verheißungen Gottes? (Mt. 5,1-12; Mt. 7,21; Mt. 20,1-16; Mt. 22,1-14; Mt. 25,1-30; Joh. 1,12; Eph. 2,19; Röm. 6,5; Phil. 3,20 etc.)

In den Briefen finden wir Ähnliches; so ist der 1. Brief an die Korinther gerichtet an „die berufenen Heiligen samt allen, die an jedem Ort den Namen unseres Herrn Jesus anrufen". Paulus schreibt an alle „Heiligen in Christus Jesus, die in Philippi sind", an die Kolosser als solche, deren „Hoffnung in den Himmeln aufbewahrt ist", im Titusbrief an die „Auserwählten Gottes". Im Brief an die Epheser preist er Gott, daß die Christen zur Sohnschaft durch Jesus Christus vorherbestimmt sind.

Wenn es im 1. Joh. 5,1 heißt:
„Jeder, der glaubt, daß Jesus der Christus ist, der ist aus Gott geboren",

so sagen heutige Zeugen Jehovas: *„Nein, das gilt für uns heute nicht mehr, nur für die 144 000!"*

Wenn Gott in Joh. 1,12+13 verheißt:
„So viele ihn aber aufnehmen, denen gab er das Recht, Kinder Gottes zu werden, denen, die an seinen Namen glauben, die nicht aus Geblüt, noch aus dem Willen des Fleisches, noch aus dem Willen des Mannes, sondern aus Gott geboren sind",
so sagen Jehovas Zeugen: *„Nein, auch das galt nur damals für die, die ihn direkt angenommen haben."* (Wenn man dieser Argumentation folgt, dann würde das auch nicht für die übrigen der „144 000" gelten, die sich erst nach Jesu Tod bekehrten!)

Wenn der Epheserbrief in Kapitel 4,4 sagt:
„... wie auch ihr berufen seid in *einer* Hoffnung eurer Berufung",
so sagen Jehovas Zeugen: *„Nein, das galt nur damals; heute gibt es zwei Berufungen!"*

Wenn es in Röm. 5,1 heißt:
„Da wir nun gerechtfertigt worden sind aus Glauben, so haben wir Frieden mit Gott durch unseren Herrn Jesus Christus",
so sagen heutige Zeugen: *„Nein, gerechtgesprochen worden sind wir noch nicht, das kommt erst nach der Prüfung im Tausendjährigen Reich"* (obwohl sie nach ihrem eigenen Buch „Ewiges Leben in der Freiheit der Söhne Gottes" auch nach dieser Prüfung nicht aus Glauben gerechtgesprochen werden).

Wo Jesus Nikodemus warnte:
„Wenn jemand nicht von neuem geboren wird, kann er das Reich Gottes nicht sehen" (Joh. 3,3),
so dürfen heutige Zeugen auch dies nicht auf sich beziehen. Wer als Zeuge Jehovas mit angeblich „irdischer Hoffnung" das Neue Testament durchliest, kann fast keine Verheißung auf sich beziehen, sondern nach Lehre der Gesellschaft nur „Nutzen daraus ziehen". Wenn das stimmte, gälten fast alle Verheißungen des Neuen Testaments nicht mehr für die heutigen Zeugen Jehovas. Das ist ein anderes Evangelium. Die Aussagen über die himmlische Berufung

der Christen in der Bibel werden ignoriert oder umgedeutet. Was bleibt, sind Behauptungen, die biblisch nicht untermauert werden können. Jeder, der seine Sünde aufrichtig bereut und Jesus Christus als seinen Herrn annimmt, wird ein wiedergeborenes Kind Gottes und sein Erbteil ist der Himmel.

Jesus warnte: „Weh aber euch, Schriftgelehrte und Pharisäer, Heuchler! Denn ihr verschließt das Reich der Himmel vor den Menschen; denn ihr geht nicht hinein, noch laßt ihr die, die hineingehen wollen, nicht hineingehen" (Mt. 23,13).

Kapitel 6

Bluttransfusionen – von Gott verboten?

Eines der Dinge, die Jehovas Zeugen am bekanntesten gemacht haben, ist ihre Ablehnung von Bluttransfusionen. Dies ist nach Ansicht der Wachtturmgesellschaft eines der Kennzeichen eines wahren Christen.

In ihren Zeitschriften wird in den letzten Jahren verstärkt auf gesundheitliche Gefahren, die es bei Bluttransfusionen geben kann, z. B. Aids und Hepatitis B, hingewiesen und jeder Blutskandal aufgegriffen. Zweifellos gibt es heute viele Menschen, die sich unter diesen Aspekten fragen, ob für sie eine Bluttransfusion in Frage kommen könne. Doch tritt dabei in den Hintergrund, daß dies nicht der Grund ist, warum die Wachtturmgesellschaft sie ablehnt. Auch wenn in Broschüren und Zeitschriften hiervon berichtet wird, so beruht die Ablehnung nicht auf medizinischen Gründen.

Selbst wenn es diese Risiken nicht gäbe, bliebe die Transfusion für Jehovas Zeugen verboten.

Die Wachtturmgesellschaft lehnt eine Bluttransfusion vielmehr als angeblich von Gott verboten ab: Im *Erwachet* vom 22.03.95 heißt es: *„GOTTES Gesetz verbietet Christen, Blut in irgendeiner Form zu sich zu nehmen (Apostelgeschichte 15,28.29). Durch den Gehorsam gegenüber diesem Gesetz ist es mitunter zu Mißverständnissen gekommen; als Folge davon hat man Christen eine verfügbare und wirkungsvolle medizinische Behandlung ohne Blut verwehrt ... Die Zeugen machen nicht von einem ‚Recht auf den Tod' Gebrauch, und sie wollen auch keine Märtyrer sein. Die Entscheidung bezüglich der Blutfrage wird nicht von einer Organisation diktiert, sondern ist vielmehr eine aufrichtige, persönliche Glaubenssache.* ... Die vielleicht herausragendste Botschaft, die vermittelt werden soll, lautet: Jehovas Zeugen sind vernünftige Leute und keine Fanatiker; sie bitten lediglich um annehmbare Alternativen zur Bluttransfusion."

Von einer Entscheidung als ganz *persönliche Glaubenssache* kann jedoch keine Rede sein.

Ein Verstoß gegen das Verbot der Bluttransfusion hat nämlich den Ausschluß des betreffenden Zeugen zur Folge. Er wird, so die Wachtturmlehre, in Harmagedon vernichtet werden und hat keinerlei Aussicht auf eine Auferstehung. Man sagt den Menschen, sie verlören ihr ewiges Leben, wenn sie einer Transfusion zustimmten.

Vor diesem Hintergrund ist die vehemente Weigerung der Zeugen verständlich, sich Blut übertragen zu lassen. Jeder Zeuge muß ständig einen Ausweis für den Notfall bei sich tragen, aus dem ersichtlich ist, daß er keine Bluttransfusion wünscht. Auch seinen Kindern soll man zum Spielen entsprechende Papiere mitgeben. Auch die sogenannten *Krankenhausverbindungskomitees* sind nicht etwa dafür zuständig, kranke Zeugen zu betreuen, sondern ausschließlich dafür, Sorge zu tragen, daß es zu keiner Transfusion kommt.

Es gibt fast keine Ausgabe der Zeitschriften, wo nicht wenigstens kurz über einen Aspekt der sogenannten „Blutfrage" berichtet wird.

Eine ganze Ausgabe wurde diesem Thema auch im *Erwachet* vom 22.05.94 gewidmet: *„Jugendliche, die Gott den Vorrang geben"*. Im Hauptartikel wurden die Geschichten mehrerer Kinder und Jugendlicher erzählt, die meist an Krebs litten und sich weigerten, einer Bluttransfusion zuzustimmen; einige dieser Kinder starben. Es sollen hier auch keine medizinischen Aspekte behandelt werden; denn dazu wird die Frage eines Nutzens auch unter Ärzten zu kontrovers diskutiert. Es herrscht jedoch allgemeine Übereinstimmung unter Ärzten, daß es bei Unfällen oft keine Alternative zur Transfusion gibt, will man das Leben retten. In ihren Zeitschriften argumentiert die Gesellschaft oft mit den medizinischen Aspekten oder dem fragwürdigen Nutzen der Transfusion, aber darauf kommt es eigentlich nicht an.

Selbst wenn man das Leben eines Menschen nur mit einer Bluttransfusion retten könnte, hätte dies keine andere Entscheidung bei der Wachtturmgesellschaft hervorgerufen. Der Gehorsam gegen Gott verlange es, so erklärt man, lieber ein Menschenleben zu opfern, als einer Transfusion zuzustimmen.

Die Zeugin, die mir die Zeitschrift überreichte, sagte mir, ihr seien die Tränen gekommen, als sie diese Ausgabe gelesen habe. Mir kamen auch die Tränen, doch aus einem anderen Grund, denn ich war erschüttert über das Gottesbild, das die Wachtturmgesellschaft verbreitet, das Bild eines Gottes, der Menschen lieber sterben läßt, als eine Bluttransfusion zuzulassen. In einem Leserbrief hierzu hieß es: *„Ich bin 17 Jahre alt und habe Angst, in eine ähnliche Situation zu gelangen. Ich fürchte nicht den Tod, sondern vielmehr, daß ich die Gebote Jehovas mißachten könnte. Es wäre furchtbar, wenn ich unter Druck nicht standhielte. Diese Berichte geben mir ungeheure Kraft"* (Erwachet vom 08.12.94).

Im *Wachtturm* vom 15.06.91 wird ausführlich auf die biblische Begründung dieser Lehre eingegangen, darin wird noch einmal betont, daß Bluttransfusionen nicht deshalb abgelehnt werden, weil es verunreinigt sein könnte, sondern *weil es für unseren Gott und Lebengeber kostbar ist.*

Gott habe schon in 3. Mose 17,10 das Essen von Blut mit dem Tode bestraft. Zwar stünden Christen nicht mehr unter dem Gesetz, aber zum einen sei das Essen von Blut bereits Noah und seinen Söhnen verboten worden, also noch in der Zeit vor dem mosaischen Gesetz für alle Menschen festgelegt worden, und zum anderen hätten die Apostel dieses Gebot Gottes ebenfalls bestätigt. Man beruft sich hierbei auf Apg. 15,28+29: „Denn es hat dem heiligen Geist und uns gut geschienen, keine größere Last auf euch zu legen als diese notwendigen Stücke: euch zu enthalten von Götzenopfern und von Blut und von Ersticktem und von Unzucht."

Damit sei bewiesen, daß der „Blutgenuß" – und nichts anderes sei eigentlich auch die Transfusion – nicht erlaubt sei. Man argumentiert, wenn der Arzt einem Menschen Alkohol verboten habe, so sei damit schließlich nicht nur das Trinken gemeint, sondern ein solches Verbot bezöge sich dann auch auf die Aufnahme durch eine Vene. Außerdem habe man auch in vorchristlicher Zeit medizinische Experimente mit Blut vorgenommen.

Um herauszufinden, ob Gott tatsächlich die Transfusion von Blut verboten hat, ist es notwendig, nicht nur die von der Wachtturmgesellschaft genannte Bibelstelle zu Rate zu ziehen, sondern auch den Kontext zu berücksichtigen. In Kapitel 15,19-21 begründet Jakobus nämlich, warum man sich „vom Blut enthalten sollte“:

„... Deshalb urteile ich, man solle die, welche sich von den Nationen zu Gott nicht beunruhigen, sondern ihnen schreiben, daß sie sich enthalten vom Erstickten und vom Blut. *Denn* Mose hat von alten Zeiten her in jeder Stadt solche, die ihn predigen, da er an jedem Sabbat in den Synagogen gelesen wird.“

Für die Juden war das Essen von Fleisch, in dem noch Blut enthalten war, von Gott im Alten Bund verboten worden. Sie hatten eine innerliche Abscheu vor diesen Dingen. Deshalb war es eine Frage der Rücksichtnahme für die Heidenchristen, darauf zu verzichten, um die Judenchristen nicht zu provozieren. Dieser Grundsatz der Rücksichtnahme durchzieht die Briefe des Paulus wie ein roter Faden (z. B. Röm. 14). Interessanterweise kamen orthodoxe Juden nie auf die Idee, Bluttransfusionen abzulehnen.

Für uns heute kann diese Anweisung keine Bedeutung mehr haben, es sei denn, wir würden mit einem Juden zusammen essen. Aus diesem Grund ist es auch leicht zu erklären, daß in den späteren Briefen nichts mehr von einem Verbot, Blut enthaltendes Fleisch zu essen, erwähnt wird. Dort, wo es fast ausschließlich Heidenchristen gab, trat dieses Problem nicht auf. Eigentlich wird dies auch im Korintherbrief bestätigt, wo Paulus schreibt: „Alles, was auf dem Fleischmarkt verkauft wird, eßt, ohne es um des Gewissens willen zu untersuchen“ (1. Kor. 10,25). Wenn Fleisch nicht untersucht werden mußte, so konnte es durchaus sein, daß es nicht nach der jüdischen Vorschrift geschlachtet und ausgeblutet worden war. Doch dies wird von der Wachtturmgesellschaft geleugnet: *„Offenbar war es Brauch, die im Tempel geopferten Tiere ausbluten zu lassen und das Blut auf den heidnischen Altären zu verwenden. Wenn somit etwas von dem überschüssigen Fleisch auf dem Markt verkauft wurde und keine offensichtliche Verbindung zu einem Tempel oder zu den falschen Vorstellungen der Heiden bestand, konnten Christen es einfach als handelsübliches Fleisch kaufen, das rein und in angemessener Weise ausgeblutet war“* (*Wachtturm* vom 15.10.92, S. 30). Man behauptet einfach, es sei offenbar Brauch gewesen, das Fleisch ausbluten zu lassen. Die Heiden hatten jedoch keinerlei Grund, Fleisch ausbluten zu lassen, denn nur den Juden war dieses Gebot von Gott gegeben worden. Doch würde man dies zugeben, müßte man die ganze Lehre über das Blut fallen lassen!

Weiteren Aufschluß erhalten wir, wenn wir untersuchen, warum Gott das Trinken von Blut verboten hatte. Bei einigen antiken Völkern war es üblich, das Blut seiner Feinde zu trinken; es waren zahlreiche abergläubische Ansichten damit verbunden, z. B. glaubte man, dadurch Macht über deren Seele oder Unsterblichkeit zu erlangen. Mit solchen Bräuchen sollte Gottes Volk nichts zu tun haben.

Eine Transfusion dagegen hat nichts mit abergläubischen Bräuchen zu tun. Gerade wenn das Blut Leben symbolisiert und in Gottes Augen kostbar ist, sollten Christen alles tun, um ein Menschenleben zu retten. *„In Gottes Wort wird sowohl das Leben als auch das Blut als heilig betrachtet ... Bei Jehova ist der Quell des Lebens (Ps. 36,9). Der Mensch kann ein Leben, das er genommen hat, nicht mehr zurückgeben. ‚Alle Seelen – mir gehören sie', sagt Jehova (Hes. 18,4). Jemandem das Leben zu nehmen bedeutet also, sich an Jehovas Eigentum zu vergreifen. Alles Lebendige dient einem bestimmten Zweck und hat einen bestimmten Platz in Gottes Schöpfung. Kein Mensch hat das Recht, Leben auszulöschen, es sei denn, Gott habe es erlaubt und es geschehe nach seinen Anweisungen"* („Einsichten über die Heilige Schrift", S. 421).

Jehovas Zeugen würden mit der Zurückweisung der Transfusion auch zeigen, daß ihr Leben von Gott allein abhinge. Müßten sie nach dieser Argumentation nicht auch Medikamente ablehnen?

„Wahre Christen schätzen zwar das Leben hoch ein und sind für ärztliche Hilfe dankbar, doch respektieren sie das Leben als eine Gabe des Schöpfers und versuchen daher nicht, es durch die Aufnahme von Blut zu erhalten (1. Samuel 25,29) ... Gott wies die gesamte Menschheit an, kein Blut zu essen. Warum? Weil es das Leben darstellt (1. Mose 9,3-6). Das mosaische Gesetz enthielt Gesetze, die darauf hindeuteten, daß alle Menschen Sünder sind. Wie Gott den Israeliten sagte, konnten sie durch die Darbringung von Tieropfern zeigen, daß ihre Sünden zugedeckt werden mußten (3. Mose 4,4-7; 13-18; 22-30). Von uns heute verlangt er das zwar nicht, doch hat es immer noch Bedeutung. Gott hatte vor, ein Opfer zu beschaffen, das die Sünden aller Gläubigen völlig sühnen konnte: das Lösegeld (Matthäus 20,28). Deshalb müssen

wir Gottes Ansicht über das Blut teilen" (*Wachtturm* vom 15.06.91, S. 10+12).

Diese Begründung habe ich nie verstehen können. Blut stellt also Leben dar – und deshalb soll es verboten sein, durch eine Transfusion ein Leben zu retten?

Wie eingangs erwähnt, gibt die Wachtturmgesellschaft 3. Mose 17,12-14 als Belegstellen für Gottes Verbot. Sie zitiert nicht umsonst nur bis dorthin, denn der nachfolgende Vers würde die Wachtturmlehre vom Verlust des ewigen Lebens in sich zusammenfallen lassen: „Jeder, der ein Aas oder Zerrissenes ist, er sei Einheimischer oder Fremder, der soll seine Kleider waschen und sich im Wasser baden, und er wird bis zum Abend unrein sein, dann wird er rein sein. Und wenn er sie nicht wäscht und sein Fleisch nicht badet, so wird er seine Schuld tragen" (Vers 15). Wer also doch nicht ausgeblutetes Fleisch aß, der mußte sich einer rituellen Waschung unterziehen, das war Gottes Forderung!

Die Wachtturmgesellschaft flößt ihren Mitgliedern jedoch Todesangst ein. Sie weiß ganz genau, daß sie diese Lehre nicht fallen lassen kann, denn sie hat Tausende von Menschenleben auf dem Gewissen. Wider besseres Wissen behält sie sie bei, um das Gesicht zu wahren und weil sie weiß, daß sonst eine Unzahl von Menschen ihre Organisation verlassen würden. Eltern haben ihre Kinder und Ehegatten den Partner sterben lassen, in dem Glauben, Gottes Gebot zu gehorchen. Das ist eine Blutschuld, die die Gesellschaft vor Gott verantworten muß.

Es ist nicht Gott, der das Verbot einer Transfusion ausspricht, sondern die Wachtturmgesellschaft fordert ihre Opfer!

Kapitel 7

Sind unsere Feiertage heidnisch?

Viele Menschen sind verunsichert, wenn sie von den Zeugen Jehovas hören, die christlichen Feste seien heidnischen Ursprungs, und wahre Christen dürften sie daher nicht begehen.

Ostern, eines der Hauptfeste der christlichen Kirchen, darf von Jehovas Zeugen nicht gefeiert werden. Es sei kein christliches Fest, sondern habe seine Ursprünge in heidnischen Frühlingskulten. Der Name Ostern leite sich von der germanischen Frühlingsgöttin *Ostara* ab; von daher rühre auch die Herkunft von Osterhasen und Ostereiern. Auch sexuelle Ausschweifungen werden damit in Verbindung gebracht: *„Der Frühling galt den phönizischen Anhängern der Fruchtbarkeitsgöttin als heilig. Die Symbole ihrer Fruchtbarkeitsgöttin Astarte ... waren das Ei und der Hase. Die Göttin hatte einen unstillbaren Hunger nach Blut und zügellosem Geschlechtsverkehr. Statuen zeigen sie mal ... mit einem Ei in der Hand oder einem Hasen an ihrer Seite. ... Selbst die Bezeichnung Ostern unterscheidet sich kaum von dem alten heidnischen Namen. Ist das aber der richtige Weg, den heiligen Sohn Gottes zu ehren?"* (*Erwachet* vom 22.11.93, S. 13).

Es ist verständlich, wenn nach solchen Erklärungen eine Abscheu gegen dieses angeblich heidnische Fest erwächst. In den meisten Lexika findet sich tatsächlich der Hinweis, daß dieser Name seinen Ursprung in dem Namen *Ostara*, einer germanischen Frühlingsgöttin, habe. Doch es gibt bei Sprachwissenschaftlern mittlerweile Zweifel, ob der Ausdruck Ostern mit dieser Göttin in Verbindung steht. Man vermutet statt dessen, das Wort sei nach einer Falschübersetzung des Wortes *„albae"* durch die Franken dann ins Angelsächsische als **easter** übersetzt worden und von dort wieder als Ostern zu uns gelangt. Auch die von Jehovas Zeugen vorgebrachte Ähnlichkeit des „Ostereis" mit den Eiern der Astarte ist nicht gesichert. Vielmehr sprechen Kirchengeschichtler von einem Brauch, der sich mit der Ostern vorangehenden Fastenzeit entwickelt habe. In der Fastenzeit war der Genuß von Eiern verboten, so daß es dann zu Ostern ein Überangebot von Eiern gab.

Aber selbst wenn es sich sprachgeschichtlich von der heidnischen Göttin ableitete, wäre Ostern deswegen heidnisch? Gerade die deutsche Sprache ist gespickt mit Worten, die aus dem Germanischen stammen. Unser Donnerstag leitet sich vom germanischen Donnergott *Donar* ab, der Freitag ist nach der Göttin *Freya*, der Sonntag nach dem Sonnengott benannt. Bei unseren Monatsnamen geht es weiter: *Mars* ist der römische Kriegsgott, und unser Januar ist nach dem doppelgesichtigen Gott *Janus* benannt. Feiern wir mit diesen Benennungen römische oder germanische Gottheiten oder zu Ostern die Frühlingsgöttin? Dürfen wir Ostern nur deshalb nicht feiern, weil heidnische Völker um die gleiche Jahreszeit ihre Göttin ehrten? Und was ist mit den Völkern, bei denen es den Ausdruck *Ostern* nicht gibt? Dürfen die Franzosen feiern, weil dieses Fest bei ihnen *Pâques* = Passah heißt?

Schädlich könnte ein Fest dann sein, wenn es mich von der Anbetung Gottes wegbrächte und zum Götzendienst aufriefe oder es ein falsches Bild von Gott oder Jesus vermittelte. Man muß zugeben, was zu Ostern in den Geschäften auftaucht, die Osterhasen mit ihren bunten Eiern und den Küken haben nichts mit dem Sinn dieses Festes zu tun. An diesem Tag feiern wir die Auferstehung Jesu. Jeder verantwortliche Christ wird deshalb wissen, was er seinen Kindern zu diesem Tag zu sagen hat. Doch auch dies läßt die Wachtturmgesellschaft nicht gelten: *„Sowohl Jesus Christus als auch der Apostel Paulus sagten voraus, daß das Christentum von falschen Lehren unterwandert werde (Matthäus 13,24.25.36-40; 2. Timotheus 4,3). Nach dem Tod der Apostel Jesu setzte sich der Gedanke durch, daß es angebracht sei, in der Passahzeit ein Fasten einzuhalten, dem ein Fest folgen sollte. Irgendwie meinte man, auf diese Art der Auferstehung Christi zu gedenken ... Das Aufkommen des Osterfestes hat somit keine biblische Grundlage"* (*Erwachet* vom 22.03.86).

In der heutigen Literatur der Wachtturmgesellschaft erhält man oftmals den Eindruck, die damaligen Bibelforscher hätten diese Feiertage nur aus Unwissenheit über die tatsächlichen Hintergründe begangen, doch ein Blick in die Geschichte zeigt uns, daß dies nicht den Tatsachen entspricht. Charles T. Russell schrieb in Band 6 seiner Schriftstudien, S. 483, Ausg. von 1916: *„Der heidnische Ursprung dieses Namens hat auf unser Gemüt keinen Einfluß, weil wir das Fest nicht zur Ehre der Göttin Ostara feiern ... Das Gedächtnis der Auferstehung unseres Herrn wird für sein Volk allezeit kostbar sein, aber jene, die diese Tatsache wirklich wertschätzen, werden jeden Sonntag als einen Ostersonntag ansehen, weil uns jeder Sonntag an die Auferstehung unseres Herrn vom Tode erinnert ...“*

Wahrscheinlich würde man Russell wegen seiner Haltung heute ausschließen. Fragt man heutige Zeugen danach, so sprechen sie von dem „neuen Licht“, das man in dieser Frage habe, jetzt wisse man, daß diese Feste heidnisch seien. Wenn all das, was in den Zeitschriften von Jehovas Zeugen über die Ursprünge von Ostern und Weihnachten zu lesen ist, stimmte, dann wäre es so offensichtlich gewesen, daß kein Christ es hätte übersehen können. Russell sagte ausdrücklich, daß der geschichtliche Hintergrund von Ostern ihn nicht störe, obwohl er ihn ja offensichtlich kannte!

Weihnachten, das wir am 24./25. Dezember feiern, ist eigentlich nicht der Geburtstag Jesu Christi, sondern wurde am gleichen Tag wie die Wintersonnenwende und das damalige heidnische Fest der *„unbesiegbaren Sonne“* gefeiert. Die Bibel sagt nichts über das Geburtsdatum Jesu. Deswegen und wegen vieler tatsächlicher oder angeblicher Ähnlichkeiten mit früheren heidnischen Bräuchen (Weihnachtsbaum, Mistelzweige, Geschenke, Kerzen, Weihnachtsmann) lehnen Jehovas Zeugen dieses Fest ab: *„Eine weiße Weihnacht zu feiern mag bei der Allgemeinheit noch so beliebt sein, es läuft schließlich doch darauf hinaus, ‚das Unreine anzurühren‘ (2. Korinther 6,17). Wer Gott und Christus wirklich liebt, sollte damit nichts zu tun haben“* (*Wachtturm* vom 15.12.93).

In den ersten 50 Jahren ihres Bestehens hatten Jehovas Zeugen keine Bedenken, Weihnachten zu feiern, was man heute auch zugibt: *„Dieses Fest wurde sogar im Hauptbüro der Watch-Tower Society, im Brooklyner Bethel (New York) alljährlich gefeiert. Seit Jahren wußte man, daß der 25. Dezember nicht das richtige Datum ist, aber man argumentierte, dieser Tag werde von der Allgemeinheit schon* *lange mit der Geburt Jesu in Verbindung gebracht ... ein Mitarbeiter des Hauptbüros untersuchte gründlich den Ursprung der Weihnachtsbräuche und ihre Auswirkungen ... Es handelte sich um eine gründliche Entlarvung der gottentehrenden Wurzeln des Weihnachtsfestes*" („Jehovas Zeugen – Verkündiger des Königreiches Gottes", S. 199).

Interessant hierbei ist: Auch Jehovas Zeugen war also schon lange bewußt, daß der 24. Dezember nicht der Geburtstag Jesu war. Die Hintergründe waren auch ihnen bekannt. Heute jedoch wird Menschen, die trotz dieses Wissens Weihnachten feiern, von der Wachtturmgesellschaft das Christsein abgesprochen. Hier wird offensichtlich mit zweierlei Maß gemessen (Spr. 20,23).

Eine Leserbrieffrage im *Erwachet* vom 08.07.89 zielte darauf ab, ob es erlaubt sei, Weihnachten in würdiger Art und Weise zu feiern: „In Erwachet! [8. Dezember 1988] wurde die Frage aufgeworfen, ob Weihnachten ein christliches Fest ist. Einige, die nur dem Namen nach Christen sind, feiern es mit Trinkgelagen, Jubel und Trubel, und ich stimme zu, daß diese Art Weihnachtsfest heidnisch ist. Doch viele feiern Weihnachten als Fest der Liebe. Ist das verkehrt?" Die Gesellschaft antwortete: *„Es besteht kein Zweifel, daß viele den angeblichen Geburtstag Jesu auf würdige Weise feiern möchten. Doch in dem Artikel wurde deutlich dargelegt, daß Jesus 1. keine derartige Feier geboten hat, daß er 2. im September/Oktober geboren worden sein muß (nicht im Dezember) und daß 3. viele Weihnachtsbräuche offensichtlich heidnischen Ursprungs sind. Für diejenigen, die Gott auf eine ihm wohlgefällige Weise anbeten möchten, geht es also nicht darum, wie Weihnachten gefeiert wird, sondern ob es überhaupt von Gott gebilligt wird*".

Im Grunde geht es also gar nicht um bestimmte Bräuche, sondern man lehnt das Fest generell ab. Warum soll es falsch sein, die Geburt Jesu zu feiern? Mit ihm kam der Erlöser der Menschheit zur Welt. Engel brachten die frohe Botschaft; in Lk. 2ff heißt es hierzu:

„Und der Engel sprach zu ihnen: Fürchtet euch nicht. Denn siehe, ich verkündige euch große Freude, die für das ganze Volk sein wird ... Und plötzlich war bei dem Engel eine Menge der himmlischen Heerscharen, die Gott lobten und sprachen: Herrlichkeit Gott in der Höhe, und Friede auf Erden in den Menschen seines Wohlgefallens."

Doch auch dies ist der Wachtturmgesellschaft suspekt: „*Wenn dem Gott der Ordnung daran gelegen wäre, daß Christen die Geburt seines Sohnes feiern, hätte er es dann wohl unvollkommenen Menschen gestattet, dies willkürlich auf das Datum heidnischer Feste zu legen und dafür unchristliche Bräuche zu übernehmen?*“ (*Wachtturm* vom 15.12.91, S. 5f).

Mit dem gleichen Argument, die ersten Christen hätten so etwas nicht getan, müßte man alles abschaffen, was sie nicht kannten. Der wahre Hintergrund muß sein, daß wir Gott fragen, ob er etwas dagegen hätte, ob es ihn entehren könnte. Wenn es nur darum ginge, die heutigen Mißbräuche des Festes anzuprangern, hätten Jehovas Zeugen in jedem wahren Christen einen Verbündeten. Es ist schlimm, was in der Werbung und der allgemeinen Anschauung aus Weihnachten gemacht worden ist. Der Weihnachtsmann oder das Christkind beraten über den billigsten Staubsauger oder das schnellste Auto, zum „Fest der Liebe“ schenken wir natürlich nur ausgesuchte Süßigkeiten und den besten Kaffee ... Auch sonst hat vieles von dem, was uns in der Adventszeit begegnet, nichts mit dem eigentlichen Sinn von Weihnachten zu tun. Man spricht von „Besinnlichkeit“, Zeit für die Familie – die man dann wegen der vielen Weihnachtseinkäufe doch nicht hat –, spendet für „Brot für die Welt“. Mitmenschlichkeit ist angesagt; in diese Zeit fallen auch Gespräche über Ausländerfeindlichkeit und Vorurteile. Nicht, daß dies falsch wäre, aber eigentlich wären es doch Themen für das ganze Jahr.

An Weihnachten aber sollen wir die Geburt Jesu Christi feiern, weniger als „herziges Jesulein“, sondern als Gedenken daran, daß Gottes Sohn aus dem Himmel zu uns kam und Mensch wurde. Wenn wir dies beherzigen und den ganzen Weihnachtsrummel abschütteln, dann können wir wirklich Weihnachten feiern – ohne Weihnachtsmann!

Jesu Abendmahl als Zankapfel

Allein das Abendmahl – bei Jehovas Zeugen Gedächtnismahl genannt – läßt man gelten, da Jesus dieses Fest als einziges geboten habe: *„Jesus gebot nicht, seiner Auferstehung zu gedenken, sondern seines Todes“* (*Wachtturm* vom 15.03.94, S. 4). Zweifellos, dies entspricht den Tatsachen. Doch gerade an diesem Beispiel kann man sehen, daß „der Buchstabe tötet, der Geist aber lebendig macht“. Schreibt denn nicht Paulus ausdrücklich, daß die Auferstehung Jesu eine der Hauptsachen seiner Predigt sei, daß alle Predigten inhaltslos und die Menschen noch in ihren Sünden seien, wenn Jesus nicht auferweckt worden sei? Wir haben also allen Grund, die Auferstehung Jesu zu feiern!

Doch auch bei der Feier des Abendmahls wirft man den Christen vor, sie hielten sich nicht an Jesu Vorbild, da das Abendmahl nur einmal im Jahr wie bei Jehovas Zeugen begangen werden dürfe. Jehovas Zeugen richten sich hier nach dem jüdischen Kalender und halten das Gedächtnismahl am 14. Nisan ab; auch sonst müssen genaue Bestimmungen eingehalten werden, z. B. über die Art des Weines, der verwendet wird: *„Jesus verwendete keinen unvergorenen Traubensaft, sondern Rotwein, der gut sein Blut darstellen konnte (vgl. Offb. 14,20). Christi Blut mußte nicht aufgebessert werden. Deshalb eignet sich weder ein mit Weinbrand verstärkter Wein ... noch Wein mit Gewürz- oder Kräuterzusätzen ..., sondern nur einfacher Wein.“* (*Wachtturm* vom 15.02.90, S. 18).

Die *Symbole* Brot und Wein dürfen erst nach Sonnenuntergang herumgereicht werden. Man verweist auf den Brauch der kleinasiatischen Gemeinden, der sogenannten Quartodezimaner oder Vierzehner, des Todes Jesu am 14. Nisan zu gedenken, und erklärt: *„Manche Gelehrte erkannten an, daß diese „Vierzehner“ dem ursprünglichen apostolischen Muster folgten“* (Wachtturm vom 15.03.94, S. 4+5). Doch kann man mit der Begründung *„Manche Gelehrte erkannten an ...“* die heutige Praxis des Abendmahls als falsch verwerfen. Was für ein Verständnis vom Abendmahl zeigt man damit eigentlich?

Die äußere Form scheint das Wichtigste zu sein. Aus der Freude darüber, Gemeinschaft mit Jesus und untereinander zu haben, ist ein Ritual geworden, nicht mehr, das sich darüber hinaus noch in einem wesentlichen Punkt vom dem unterscheidet, wie wir es üblicherweise kennen: Es dürfen nur diejenigen von Brot und Wein nehmen, die sich bei Jehovas Zeugen zu den sogenannten *Gesalbten* zählen, weltweit ca. 8700 Personen (Stand 1996). Alle anderen reichen Brot und Wein weiter, um anzuzeigen, daß sie nicht Teilhaber des Neuen Bundes sind, den Gott mit uns geschlossen hat.

Ein Blick in die Bibel legt die Vermutung nahe, daß schon die ersten Christen das Abendmahl nicht nur einmal im Jahr feierten, wie dies Jehovas Zeugen auch unter Hinweis auf das Passahfest fordern, sondern oft. In seinem ersten Brief an die Korinther mahnt Paulus die Gemeinde, sich beim Abendmahl ordentlich zu verhalten. Er schreibt: „Wenn ihr nun zusammenkommt, so ist es nicht möglich, das Herrnmahl zu essen. Denn jeder nimmt beim Essen sein eigenes Mahl vorweg, und der eine ist hungrig, der andere ist betrunken. Habt ihr denn nicht Häuser, um zu essen und zu trinken? ... Wenn jemand hungert, der esse daheim, damit ihr nicht zum Gericht zusammenkommt. Das übrige aber will ich anordnen, sobald ich komme" (1. Kor. 11,17-34). Wer diese Geschehnisse überdenkt, wird zugeben müssen, es ist äußerst unwahrscheinlich, daß es sich hier um Vorgänge handelt, die nur einmal im Jahr stattfanden.

Für Feiertage im Alten Bund war genau festgelegt, wann und unter welchen Umständen sie zu feiern waren. Gott gab dem Volk Israel durch Mose ein Gesetz, das genau einzuhalten war. Über das Abendmahl des Neuen Bundes dagegen wird uns nichts dergleichen berichtet. Wir feiern hierin auch nicht das Passah des Volkes Israel, und deswegen sind dessen Termine für uns nicht maßgeblich. In den Worten, die der Apostel Paulus zitiert, sagt Jesus: „Denn sooft ihr dieses Brot eßt und den Kelch trinkt zu meinem Gedächtnis, verkündigt ihr den Tod des Herrn, bis er kommt" (1. Kor. 11,25). Das Gesetz war nur ein Schatten des Zukünftigen (Kol. 2,17), und Christus ist das Ende dieses Gesetzes, darum sollten auch Christen frei sein von solch einem Gezänk um das richtige Datum und die Frage, wie oft es gefeiert wird. Dies ist zum einen ein Rückfall in die Gesetzlichkeit, vor der oft genug gewarnt wird (vergleiche auch Röm. 14,10-13; Gal. 4,10+11), aber auch etwas, womit die Wachtturmgesellschaft Jesus und das von ihm eingesetzte Abendmahl entehrt, denn die Vermutung liegt nahe, daß es nur darum geht, den christlichen Kirchen wieder einmal „Abtrünnigkeit" vorwerfen zu können. Dies zeigt auch ihre Einstellung zu **Pfingsten.**

Dessen biblische Herkunft kann man zwar nicht bestreiten, auch lassen sich hier wirklich keine heidnischen Einflüsse erkennen, doch will man keinesfalls zusammen mit den christlichen Kirchen, die man als *„Hure Babylon"* brandmarkt, irgend etwas gemeinsam haben. Außerdem habe Jesus seine Jünger nicht angewiesen, dieses Fest zu feiern.

Welche Bräuche sind heidnischen Ursprungs?

Mit Sicherheit schmückten Heiden ihre Tempel mit Blumen. Sollen wir als Christen darum darauf verzichten, Blumen in unsere Anbetungsstätten zu stellen? Wenn wir uns einmal mit Sitten und Gebräuchen befassen, werden wir feststellen, daß sehr viele davon auf Aberglauben und Heidentum beruhen. So ist es allgemein üblich, sich beim Gähnen die Hand vor den Mund zu halten, man würde sonst als schlecht erzogen betrachtet. Die wenigsten wissen, daß man früher glaubte, durch den Mund könnten Dämonen eindringen, oder daß die Seele, die mit dem Atem verbunden sei, beim Gähnen entweichen könne. Die blaue Farbe für Jungen bei der Babykleidung entwickelte sich aus dem Aberglauben, daß böse Dämonen von der Himmelsfarbe blau abgeschreckt wurden. Wie weit müßte man gehen, um sicher zu sein, daß im eigenen Benehmen kein Heidentum mehr enthalten ist? Sollte uns hier nicht Jesus das vollkommene Vorbild sein? Er setzte das Abendmahl mit Brot und Wein ein, ohne sich darum zu kümmern, daß es bei den Mysterienkulten des Mithras ebenfalls kultische Mahlzeiten mit Brot und Wein gab. Wir können heutzutage fast in jedem Brauch etwas Heidnisches finden, wenn wir uns nur genug „bemühen". Geschenke gab es zu allen Zeiten und zu allen möglichen Gelegenheiten. So ist es auch heute noch beim jüdischen Laubhüttenfest üblich, sich zu beschenken. Deshalb hat es fast den Anschein, als gehe es gar nicht darum, Heidnisches aus der Anbetung Gottes herauszuhalten, was ja eigentlich lobenswert ist, sondern sich von der „Christenheit" abzugrenzen, wie folgende Beispiele zeigen.

Jehovas Zeugen lehnen nicht nur die üblichen christlichen Feiertage, sondern auch andere weltliche Feiertage ab, so z. B. den

Muttertag. In der Broschüre *Jehovas Zeugen und die Schule* wird die Encyclopaedia Britannica zitiert: „Ein Fest, das von dem Brauch des Utitterkults im alten Griechenland abgeleitet wurde. Ein förmlicher Mutterkult mit Zeremonien für Kybele oder Rhea, die große Göttermutter, wurde an den Iden des März in ganz Kleinasien getrieben."

Ohne die Encyclopaedia Britannica herabwürdigen zu wollen, muß dieser Sachverhalt doch stark bezweifelt werden. Nach allgemeiner Anschauung – und so wird es auch üblicherweise in der Literatur vertreten – entstand der Muttertag vor etwa 90 Jahren in den USA, in Philadelphia. Eine Frau namens Anne Jarvis konnte den Tod ihrer Mutter nicht verwinden, und so kam ihr der Gedanke, an einem bestimmten Tag im Jahr alle Mütter der Welt für ihre Liebe und selbstlose Sorge um die Kinder zu ehren.

Auch sollte Jehovas Zeugen, die immer genau auf das Datum einer Feier achten, aufgefallen sein, daß bei den o. g. Feiern zu Ehren der Kybele in der Encyclopaedia Britannica vom März die Rede ist, während der heutige Muttertag im Mai gefeiert wird. Oder reicht schon die Tatsache, daß man die Mutter ehrt, aus, um Heidentum zu wittern? Nutzt man hier die Möglichkeit, sich ein weiteres Mal von der „Welt" zu distanzieren?

Ist auch der Sonntag heidnisch?

Jesus hatte seinen Jüngern nie geboten, am ersten Tag der Woche – unserem heutigen Sonntag – zusammenzukommen, um das Brot zu brechen, aber wir können schon in der Apostelgeschichte (Apg. 20,7) und im Korintherbrief (1. Kor. 16,2) lesen, daß dies bei der Gemeinde Jesu so üblich war.

Jehovas Zeugen schreiben hierzu: *„Christus wurde zwar am ersten Tag der Woche ... auferweckt, aber in der Bibel ist keine Anweisung zu finden,* die *besagt, daß man diesen Wochentag aussondern und heilighalten solle"* (Unterredungen anhand der „Schriften" S. 362). An anderer Stelle heißt es unter Bezugnahme auf den Sabbat des Volkes Israel: *„Sollten Christen einen Ruhetag beobachten?"* (*Wachtturm* vom 15.02.93, S. 27).

Jesus mußte schon damals die Pharisäer darauf hinweisen, daß der Sabbat um des Menschen willen und nicht der Mensch um des Sabbats willen gemacht worden war (Mk. 2,23ff). Statt sich über diesen Ruhetag zu freuen, wurden ausgeklügelte Gebote erlassen, was denn nun als Halten der Sabbatruhe galt und was nicht. Gott ruhte am siebten Tag, der Mensch darf dies auch. Aber der Gott, den die Wachtturmgesellschaft verkündet, ist wohl ein hartherziger Gott, der den Menschen gerne Regeln auferlegt.

Während die Bibel uns sagt, daß Christus des Gesetzes Ende ist, scheint die Ansicht der Wachtturmgesellschaft zu sein, daß Gott nur etwas andere Gesetze an die Stelle der mosaischen Ordnung gestellt habe. In einem Buch, das für Älteste geschrieben wurde, heißt es: *„Christen stehen nicht unter dem mosaischen Gesetz, sondern unter dem Gesetz des Christus (1. Kor. 9,21). Das Gesetz des Christus besteht aus einer Sammlung von Regeln für christliches Benehmen“ (Gal. 6,16).* (Habt acht auf euch selbst und auf die ganze Herde.)

Hier wird als Bibelstelle der Galaterbrief angeführt, man sollte ihn vielleicht einmal durchlesen.

Die Anweisung, einen Ruhetag zu halten, gibt es in der Bibel tatsächlich nicht. Brauchen wir Anweisungen, um uns in Gottesdiensten dem Herrn zu nähern?

Erinnern wir uns, noch C. T. Russell sagte, daß jeder Sonntag dem Christen heilig sein sollte. Die weitere Argumentation enthüllt, worum es Jehovas Zeugen wirklich geht: *„Nirgendwo in der Bibel wird gesagt, Christen hätten in apostolischer Zeit den ersten Tag der Woche – unser heutiger Sonntag – als eine Art christlichen Sabbat betrachtet, als einen Tag, der ausschließlich für ihre der Anbetung gewidmeten regelmäßigen Zusammenkünfte bestimmt gewesen sei. Erst nach dem Tod der Apostel gab man dem Sonntag diese Bedeutung und nannte ihn ‚Tag des Herrn‘. Das geschah im Zuge des von Jesus und den Aposteln vorausgesagten Abfalls“* (Mt. 13,36-43; Apg. 20,29.30; 1. Joh. 2,18). (*Wachtturm* vom 15.04.91, S. 26f)

Nach der Ansicht der Wachtturmgesellschaft gibt es keinen Grund, Tage zu begehen, die Gott nicht ausdrücklich geboten hat. Die Kirchengeschichte beweist, daß die ersten Christen ihre Gottesdienste regelmäßig sonntags meist in der Frühe feierten, denn zu dieser Zeit war der Sonntag ein normaler Arbeitstag. Es geht nicht darum, daß die Sabbatgebote gewissermaßen auf Sonntag gelegt worden wären. Der Sabbat war für die Christen nicht mehr verpflichtend (Kol. 2,16). Trotzdem hielten viele Judenchristen ihn weiterhin, was Gott eindeutig erlaubte:

„Der eine hält einen Tag vor dem anderen, der andere aber hält jeden Tag gleich. Jeder aber sei in seinem eigenen Sinn völlig überzeugt. Wer den Tag achtet, achtet ihn dem Herrn" (Röm 14,5+6).

Der Sabbat durfte weiterhin begangen werden, auch wenn es keine Pflicht dazu mehr gab. Es gab keinen Zwang zu feiern, aber auch keinen Zwang, nicht feiern zu dürfen! Natürlich soll man das Gedenken der Taten Gottes nicht auf ein paar bestimmte Feiertage beschränken, aber es tut uns gut, an das Handeln Gottes für uns zu denken und Ruhe für Gott zu haben. Viele der jüdischen Feiertage sind Gedenktage hierfür, so z. B. das Passahfest und das Laubhüttenfest. Einige Feste der Juden hat Gott nicht ausdrücklich angeordnet. Das Purimfest wurde zur Erinnerung der Rettung der Juden vor Hamans Mordplan gefeiert (Esther 9). Viel später kam dann das Tempelweihfest dazu (Joh. 10,22), bei dem die Reinigung des Tempels gefeiert wurde, den Antiochus Epiphanes 168 v. Chr. geschändet hatte. Mit Sicherheit kennen heidnische Völker ähnliche Feste wie das jüdische Tempelweihfest. Hätten die Juden deshalb darauf verzichten sollen, es zu feiern?

Wer in richtigem Gedenken an die Bedeutung von Ostern und Weihnachten feiert, braucht kein schlechtes Gewissen zu haben. Aber es bleibt auch jedem unbenommen, sie nach seiner eigenen Gewissensentscheidung nicht zu feiern.

Doch diese eigene Entscheidung gibt es bei Jehovas Zeugen nicht, auch wenn jeder Zeuge natürlich erklärt, er wolle gar nicht feiern. Jedes Jahr erscheinen darum in den Zeitschriften der Wachtturmgesellschaft Zuschriften von Kindern, die erklären, es mache ihnen gar nichts aus, Weihnachten und Ostern nicht zu feiern, sie erhielten das ganze Jahr über Geschenke. Von klein auf wird ihnen vermittelt, Weihnachten sei ein verabscheuungswürdiges heidnisches Fest. So heißt es auch in dem für Kinder herausgegebenen Buch *„Auf den großen Lehrer hören"* auf S. 126: *„... nachdem Jesus gestorben war, feierten seine wahren Nachfolger seinen Geburtstag nicht. Sie wollten nicht wie die Heiden sein. Später gab es*

Männer, die Jesu Geburtstag feiern wollten ... Denkst du, daß Gott dies gutheißt? ... Die meisten Leute wissen, daß Weihnachten nicht Jesu Geburtstag ist. Aber viele feiern es trotzdem. Sie kümmern sich gar nicht darum, wie Gott denkt. Wir aber wollen Jehova gefallen, nicht wahr?"

(Erinnern wir uns, auch die Bibelforscher hatten früher schon gewußt, daß der 24./25. Dezember nicht der Geburtstag Jesu war und hatten trotzdem gefeiert.)

Die gleiche Argumentation gilt auch für den eigenen Geburtstag. Auch er gilt als verwerflich, weil in der Bibel nur von zwei Geburtstagen berichtet werde, die allerdings von Heiden gefeiert worden seien und bei denen sich schlimme Dinge ereignet hätten, nämlich der Geburtstag des Pharao zur Zeit Josephs, an dem der Bäcker aufgehängt wurde, und der Geburtstag des Herodes, an dem Johannes der Täufer enthauptet wurde. Mit dieser Begründung wird also Kindern ein harmloser Spaß verwehrt! Außerdem, so erklärt man, würde mit einer solchen Feier Menschenverherrlichung betrieben. Lehrer und Erzieherinnen in Kindergärten wissen oft von bitteren Tränen zu berichten, die Kinder von Zeugen vergossen, weil sie von vielen Gemeinschaftsaktivitäten ausgeschlossen waren. Kann das, was vor Tausenden von Jahren an Geburtstagen geschehen ist, wirklich zur Beurteilung harmloser Festlichkeiten dienen? Eventuelle Exzesse, die an manchen Geburtstagen vorgefallen sind, können kein Maßstab sein, denn die Wachtturmgesellschaft verbietet, daß Geburtstage überhaupt gefeiert werden, egal wie.

Was würde im übrigen geschehen, wenn ein Zeuge Jehovas sich entschließt, Weihnachten, Ostern und Geburtstag zu feiern? Er könnte aus der Glaubensgemeinschaift der Zeugen Jehovas wegen *Götzendienstes* ausgeschlossen werden, und niemand dürfte mehr mit ihm reden.

Wer sich etwas genauer mit der Literatur der Wachtturmgesellschaft auskennt, dem wird auffallen, daß es offensichtlich zwei Maßstäbe für die Beurteilung von Menschenverehrung gibt. In der Broschüre *„Jehovas Zeugen – Menschen aus der Nachbarschaft – Wer sind sie?"* ist auf S. 5 das Bild einer älteren Zeugin abgebildet, die stolz ihr Bundesverdienstkreuz vorzeigt. Dagegen hat die Wachtturmgesellschaft nichts einzuwenden, ebensowenig wie gegen Straßenbenennungen nach den Namen von Hitler hingerichteten Zeugen Jehovas. Diese Ehrungen mögen sicherlich angebracht sein, keine Frage, nur zeigt diese unterschiedliche Behandlung, daß es der Wachtturmgesellschaft gar nicht um die Gefahr der Menschenverehrung geht.

Auch der Ehering, den fast jedes Ehepaar trägt, stammt übrigens aus dem Heidentum. Er ist ein Symbol des einstigen Frauenraubes bzw. -kaufes, bei dem den Frauen Ringe an Hand- und Fußgelenk gelegt wurden. Die Form soll dic Bedeutung von *Ewigkeit* haben; man steckte ihn an den Ringfinger, weil man glaubte, von diesem führe eine direkte Ader zum Herzen. Und wie sieht es dann mit dem alljährlichen Hochzeitstag aus? Diesen dürfen Zeugen Jehovas feiern, obwohl darüber ja auch nichts in der Bibel steht. Interessanterweise wird dieser Tag, der eher ein Tag ist, den das Ehepaar allein begeht – abgesehen von der Silber- oder Goldhochzeit –, bei vielen Zeugen als großes Fest begangen, bei dem oftmals die ganze Verwandtschaft eingeladen wird. Ist die Feier dieses Hochzeitstages denn keine Menschenverherrlichung? Während auf andere Menschen, die Weihnachten, Ostern oder einen Geburtstag feiern, als Götzendiener herabgesehen wird, mißt man auch hier offensichtlich mit zweierlei Maß.

Niemand wird bestreiten, daß z. B. die Osterfeiertage für viele nur noch ein paar zusätzliche freie Tage sind, an denen man die Kinder Eier suchen läßt und an die Auferstehung unseres Herrn überhaupt nicht mehr denkt. Für Nichtchristen ist Weihnachten nur noch eine Möglichkeit, es sich bei Kerzenlicht gemütlich zu machen und Geschenke auszutauschen. Wie die nichtchristliche Welt über Weihnachten und Ostern denkt, läßt sich schon am Fernsehprogramm dieser Tage ablesen, der sich oftmals durch eine Häufung von Action- und Horrorfilmen auszeichnet.

Bei der Frage, ob man den Pfingstmontag als Feiertag in Deutschland abschaffen sollte, ging es vor allen Dingen darum, daß den Arbeitnehmern ein längeres Wochenende weggenommen würde. Aber ist der Mißbrauch einer Sache ein Grund sie abzuschaffen? Sollte man z. B. Arbeitslosengeld und Sozialhilfe abschaffen, weil es Mißbräuche gibt? Schon Paulus mußte die Korinther ermahnen, das Mahl des Herrn nicht zu mißbrauchen; aber es wäre sicherlich niemandem eingefallen, das Abendmahl selbst abschaffen zu wollen.

Es liegt an uns selbst, unseren Mitmenschen ein Zeugnis davon zu geben, wie Ostern, wie Pfingsten, Weihnachten und der Sonntag wirklich zur Ehre des Herrn begangen werden können. Es liegt weder an der sprachgeschichtlichen Bedeutung noch an den historischen Wurzeln eines Festes, ob es heidnisch ist oder nicht. Man weicht im Grunde genommen vor dem Mißbrauch der christlichen Feste zurück, wenn man sie nur deshalb nicht feiert, weil in unserer heutigen Zeit oft nur noch ein kommerzielles Ereignis daraus gemacht wurde.

Es geht im Grunde genommen auch nicht darum, daß Jehovas Zeugen dieses Fest nicht feiern möchten. Es sollte ihnen und jedem anderen Menschen unbenommen bleiben, wenn sie die Gefahren – also das reine Konsumfest –, die damit verbunden sind, vermeiden möchten. Doch der einzelne Zeuge hat gar nicht die Möglichkeit, sich dafür oder dagegen zu entscheiden. Die Feier eines dieser Feste wird als Götzendienst bezeichnet und mit dem Ausschluß bestraft. Die Wachtturmgesellschaft hat daraus eine Streitfrage von Christ oder Nicht-Christ gemacht. Wer Ostern und Weihnachten feiert, egal wie, kann nach ihrer Darstellung kein Christ sein. So hat man auch hier, neben vielen anderen Dingen, Vorschriften aufgestellt, an die sich jeder zu halten hat, der beansprucht, ein Christ zu sein. Die biblischen Maßstäbe, die Jesus aufstellte, scheinen unwichtig geworden zu sein (Mt. 12,33-35; Joh. 3,36; Gal. 5,6+19-23; Röm. 10,9+10). Der Vorschriftenkatalog tritt an die Stelle des lebendigen Glaubens. Ist dies Nachfolge Jesu?

„Nur dies will ich von euch wissen: Habt ihr den Geist aus Gesetzeswerken empfangen oder aus der Kunde des Glaubens? Seid ihr so unverständig? Nachdem ihr im Geist angefangen habt, wollt ihr jetzt im Fleisch vollenden? So Großes habt ihr vegeblich empfangen?“ (Gal. 3,2-4).

Kapitel 8

Ein „Bibel"-Studium mit Jehovas Zeugen

In ihren Publikationen und beim Predigtdienst bieten Jehovas Zeugen ein sogenanntes Heimbibelstudium an. Wer sich darauf einläßt und erwartet, daß man ihn anhand der Bibel mit deren Glaubenslehren vertraut macht, wird überrascht sein, denn studiert wird gar nicht die Bibel, sie wird eher als Nachschlagewerk benutzt.

In der Regel wird *„sie anhand einer neueren Publikation der Gesellschaft studiert"*. Doch wie sieht ein solches *Studium* aus? Als Grundlage wird ein Buch der Gesellschaft, z. B. seit 1995 das im DIN-A6-Format herausgegebene knapp 200 Seiten starke Buch *ERKENNTNIS, die zu ewigem Leben führt*, benutzt. Einige wichtige Glaubenslehren der Gesellschaft werden in kleinen Kapiteln abgehandelt und die entsprechenden Bibelstellen in Klammern angegeben. Wer diese nachschlägt, wird oft feststellen, daß sie sich gar nicht auf den eigentlichen Lehrpunkt beziehen, sondern auf eine eigentlich unstrittige Aussage. Die eigentliche neue Lehre der Gesellschaft wird damit oftmals nicht belegt. Auch sonst kann man mit einzelnen Bibelstellen kaum einen objektiven Überblick über die Bibel erreichen. Die Lehren der Wachtturmgesellschaft wurden im Laufe ihrer Geschichte schon des öfteren geändert, und jedesmal fand man neue Bibelstellen hierfür. Auch Kirchen, die andere Lehren vertreten, können Bibelstellen hierzu anführen; es sollte daher einleuchten, daß man die Bibel im Zusammenhang betrachten muß, um ein richtiges Bild zu erhalten.

Der Stoff des Buches ist in Abschnitte gegliedert, zu denen in Fußnoten Fragen gestellt werden, deren Antworten wiederum im Text zu finden sind. Ein Bibelstudium würde etwa so durchgeführt werden, daß der Wohnungsinhaber, der mit dem Zeugen *studiert*, den Abschnitt liest, der Zeuge dann die Frage vorliest und der Wohnungsinhaber wiederum aus dem Text antwortet.

ERKENNTNIS, die zu ewigem Leben führt, S. 91+92, Abschnitt 6+7: *„Gottes Königreich ist nicht etwas, was jemand in seinem Herzen hat, sondern es ist eine echte funktionierende Regierung mit einem Herrscher und mit Untertanen. Es ist eine himmlische Regierung ... Jesus wird nicht allein regieren. Ihm werden 144 000 Personen zur Seite stehen ... Die Untertanen des Königreiches Gottes werden eine globale Menschheitsfamilie bilden und der Führung Jesu folgen."*

Frage in der Fußnote: Wo befindet sich das Königreich, wer ist der König, und wer sind seine Mitregenten? Wer sind die Untertanen des Königreiches?

Antwort: „Gottes Königreich ist nicht etwas, was jemand in seinem Herzen hat ..."

Diese Antworten sollen zwar normalerweise in eigenen Worten wiedergegeben werden – bei Kindern und Neulingen ist man hier etwas nachsichtiger –, eine vom Sinn her andere Antwort als die vorgegebene ist allerdings nicht erwünscht. Die Formulierungen lenken den Sinn in eine bestimmte Richtung. Es werden manchmal bewußt falsche Alternativen genannt: *Sind falsche Voraussagen nicht besser als schläfrige Untätigkeit?* oder *Ist es nicht besser, in der Gesellschaft zu bleiben, auch wenn sie Fehler hat als in die Unmoral der Welt zurückzukehren?* (Dies nach dem Motto: Ist ein Rabe gelb oder grün?)

Das Studium ist nach Angaben der Gesellschaft so aufgebaut, daß *„der Betreffende sich bereits nach wenigen Monaten taufen lassen"* sollte. Man warnt davor, *„zusätzlichen Stoff einzufügen, denn er könnte die Hauptgedanken verschleiern"*. Wer also Bedenken hat und diese gründlich ausgeräumt haben möchte, wird sein Studium unter Umständen schnell beendet finden. Er könnte als jemand eingestuft werden, der *nicht aufrichtig ist und nicht günstig reagiert: „Ist solche Wertschätzung für geistige Dinge nicht zu finden, nachdem das Studium mit dem Erkenntnisbuch über längere Zeit durchgeführt worden ist, wäre es ratsam, das Studium einzustellen"* (Unser Königreichsdienst, 10/96). Natürlich mag es einzelne Zeugen geben, die sich trotzdem auf ein längeres Studium einlassen.

Nach kurzer Zeit fragt man den *Neuinteressierten* – so die interne Bezeichnung –, ob er denn nicht auch die Zusammenkünfte besuchen wolle.

Es gibt fünf Zusammenkünfte, die in der Regel an insgesamt drei Tagen durchgeführt werden.

- Vortrag für die Öffentlichkeit
- Wachtturmstudium
- Versammlungsbuchstudium
- Theokratische Predigtdienstschule
- Dienstzusammenkunft

Die Versammlungen der Zeugen umfassen in der Regel höchstens 100 Personen, sind also relativ klein und überschaubar. Jeder Zeuge wird aufgefordert, Neue herzlich willkommen zu heißen, und diese fühlen sich von dieser Freundlichkeit auch meist angesprochen: *„Weist die Ordner an, Neue zu begrüßen, und erinnert sie gelegentlich daran. Lehrt alle Brüder und Schwestern, von sich aus Neue anzusprechen und mit ihnen bekannt zu werden ... Ihr könnt auch bei anderen Gelegenheiten mit Neuen Gemeinschaft pflegen, indem ihr sie vielleicht zu Hause besucht oder sie zu euch einladet. Durch dieses persönliche Interesse erkennen sie, daß unter Jehovas Volk echte Liebe herrscht. Dadurch wird auch das Vakuum ausgefüllt, das entsteht, wenn sie frühere Bekanntschaften und weltliche Unterhaltung aufgeben"* (Gebt acht auf euch selbst und auf die ganze Herde, S. 22/23 – internes Buch für die Ältesten). Es gibt, wie überall, auch bei Jehovas Zeugen nette, freundliche Menschen, und so würden viele von ihnen wahrscheinlich von sich aus Neue ansprechen. Doch bleibt ein kleiner Nachgeschmack, daß man anscheinend auch hierfür eine Anweisung braucht.

In den Zusammenkünften der Zeugen finden ebenfalls keine Bibelstudien statt, sondern es wird fast nur anhand der Publikationen der Gesellschaft gelehrt (Paradiesbuch, S. 200).

Das sogenannte *Wachtturmstudium* wird ebenfalls mit Fragen und Antworten, die in Fußnoten gestellt werden, durchgeführt, und auch das *Versammlungsbuchstudium* ist nach dem gleichen Schema aufgebaut.

Übernimmt der *Interessierte* diese Art des *Studiums*, dann ist dessen Ausgang folgerichtig eine immer stärkere Einbindung in die Gemeinschaft und die Übernahme ihrer Lehren.

Er wird in der Regel immer weniger Kontakt mit früheren Freunden und Bekannten haben, die nun alle als *weltlich* angesehen werden. Ist er verheiratet und sein Ehepartner ist oder wird nicht ebenfalls Zeuge Jehovas, hat dies gravierende Einflüsse auf die Ehe. Die Wachtturmgesellschaft betont zwar immer wieder, wie förderlich sich ihre Religion auf die Ehe auswirke, und führt immer wieder Berichte in den Zeitschriften auf, wie gegnerisch eingestellte Verwandte und Ehepartner *für die Wahrheit* gewonnen werden konnten, doch eine große Anzahl von Ehen scheitert.

Das *Studium* in der *Dienstzusammenkunft* ist ebenfalls nach dem bekannten Muster aufgebaut. Der Stoff des *Königreichsdienstes,* der monatlich erscheint, soll zu Hause bereits vorbereitet werden und wird dann im Königreichssaal von der Bühne aus noch einmal vorgelesen. Dann werden Fragen hierzu gestellt, die wiederum aus dem Text – möglichst mit eigenen Worten, bei kleineren Kindern ist man etwas nachsichtiger – beantwortet werden. Außerdem ist ein Teil der Themen in jeder Ausgabe gleich.

Die Theokratische Predigtdienstschule *„soll ihren Teilnehmern helfen, die Königreichsbotschaft wirkungsvoller darzulegen. Von Zeit zu Zeit halten diejenigen, die in die Schule eingetragen sind, vor allen Anwesenden kurze Ansprachen über biblische Themen* (Paradiesbuch, S. 200). Für diese Predigtdienstschule wurde ein Buch herausgegeben sowie ein spezieller Zettel „Rat zu den Ansprachen“, anhand dessen der Zeuge überprüfen kann, inwieweit er seine Darbietung noch verbessern muß, ob er zum Beispiel genügend Begeisterung und Gefühl in seine Darbietung gelegt hat, ob seine Einleitung Interesse geweckt hat und ob seine Gesten passend waren. Bei den Darbietungen von Frauen wird darauf geachtet, daß sie zu zweit stattfinden, da nur Männer einen lehrmäßigen Vortrag halten dürfen. Meist wird bei Frauen ein sogenanntes Heimbibelstudium nachgestellt.

In diesen Programmen ist auch eine wöchentliche Bibellese vorgesehen, doch dauert es bei der geringen Menge des angegebenen Textes etwa sechs Jahre, bis man die Bibel einmal durchgelesen hat. Zwar werden die Zeugen ermuntert, auch zu Hause eine tägliche Bibellese durchzuführen, doch vergleicht man diese Zeit mit der, die für das übrige Programm der Woche aufgewendet werden muß, so wird klar, daß die Bibel eben nicht das „Hauptlehrbuch“ der Zeugen Jehovas ist, wie sie gerne behaupten.

Immer wieder wird die Wichtigkeit des Predigtdienstes betont und aufgefordert, jede Möglichkeit zum Zeugnisgeben wahrzunehmen.

„Es ist nicht verkehrt, um günstige Gelegenheiten zu bitten, damit wir ‚allezeit reichlich beschäftigt im Werk des Herrn' sein können (1. Kor. 15,58). Viele haben festgestellt, daß ein straffer Zeitplan im Dienst Jehovas ein Schutz ist, denn für Wertloses bleibt nicht viel Zeit übrig" (Unser Königreichsdienst, 3/95).

Nachdem monatlich ein Predigtdienstbericht abgegeben wird, kann leicht festgestellt werden, wer im *„Dienst für Jehova vorbildlich"* ist und wer nicht.

Nach einer gewissen Zeit wird der *Interessierte* wahrscheinlich außer dem *Wachtturmstudium* und dem *Versammlungsbuchstudium* auch die *Dienstzusammenkunft* und die *Theokratische Predigtdienstschule* besuchen und ermuntert, am Predigtdienst teilzunehmen:

„Sobald jemand, der die Bibel studiert, die Wahrheit erfaßt hat und zeigt, daß er den Wert der Königreichsbotschaft wirklich schätzt, kann ihm das Vorrecht gewährt werden, sich am Haus-zu-Haus-Dienst, der hauptsächlichen Tätigkeit der Zeugen Jehovas, zu beteiligen ... Wenn sich der Betreffende taufen lassen möchte, wird er gewiß anderen bereits regelmäßig die gute Botschaft verkündigen und jeden Monat nicht nur ein oder zwei Stunden im Predigtdienst stehen" (Unser Königreichsdienst 6/90).

Dies zeigt bereits, daß die Zeit, die jemand im Predigtdienst verbringt, als klares Anzeichen seiner geistigen Reife angesehen wird. Als Stundenziel sind monatlich etwa 10 Stunden angegeben. Über diesen Predigtdienst wird ein Bericht abgegeben. Es gibt kein offizielles *„Muß"*, dieses Stundenziel auch zu erreichen, doch wird andererseits durch die Berichtspflicht ein gewisser Druck erzielt, auch wenn man die Notwendigkeit gerne mit statistischen und organisatorischen Erfordernissen begründet. Dies wird auch deutlich, wenn man weiß, daß der Sekretär der Versammlung u. a. die Aufgabe hat, den Versammlungsbuchstudienleitern mitzuteilen, *„wer im Predigtdienst unregelmäßig ist"* (Gebt acht auf euch selbst und auf die ganze Herde, S. 73).

Im Königreichsdienst werden detaillierte, monatlich wechselnde Vorschläge gemacht, wie man die Menschen ansprechen kann:

„Wenn du das Buch ‚Dein Königreich komme' abgegeben hast, versuche wie folgt an dein letztes Gespräch anzuknüpfen:

‚Beim letztenmal sprachen wir über Gottes Königreich und über das, was es für uns tun wird. Das Königreich wird unsere Erde bald zu einem Paradies machen. Da wir noch nie ein Paradies gesehen haben, können wir es uns möglicherweise schwer vorstellen. Vielleicht wird es einmal so aussehen. (Zeige die Bilder auf Seite 4 und 5.) Ein solches Paradies wird in der Bibel verheißen.' Lies Psalm 72,7. Wenn Interesse vorhanden ist, schlage Seite 175, Absatz 3 und 4 auf und zeige, was wir tun müssen, wenn wir in dem künftigen Paradies leben möchten" (Königreichsdienst 1/95).

Wie solche Äußerungen *„passend dargeboten"* werden, wird in kleinen vorgegebenen Szenen geübt:

15 Min. Im März das Offenbarungs-Buch anbieten. Ermuntere alle, es begeistert anzubieten. Behandle die Gründe, warum es veröffentlicht wurde, wie im Buch auf Seite 8 gezeigt wird. Erwähne Äußerungen der Wertschätzung für das Buch. (Siehe Wachtturm vom 15. März 1989, Seite 32 und vom 15. April 1989, Seite 32.) Bесprich und demonstriere kurz eine Darbietung, die mit der Frage beginnt: „Haben Sie schon einmal etwas von den vier Apokalyptischen Reitern gehört?" (Siehe Unseren Königreichsdienst für März 1994, Seite 4.) Erinnere alle, sich Bücher für den Dienst am Wochenende mitzunehmen (Königreichsdienst vom Febr. 95).

Der Begriff *„Darbietung"* ist äußerst passend, denn an einem wirklichen Austausch über die Lehren der Bibel sind die meisten Zeugen Jehovas nicht interessiert. Dies wird deutlich, wenn man ihnen biblische Literatur schenken will.

Auf eine Leserfrage im *Wachtturm* vom 15.08.84, warum *Jehovas Zeugen es ablehnen, ihre Bibelstudienhilfsmittel gegen religiöse Schriften anderer auszutauschen,* heißt es:

„Jehovas Zeugen führen ihren öffentlichen Gottesdienst im Einklang mit göttlichen Anweisungen durch. ... Die Zeugen gehen somit nicht an die Türen der Menschen, um nach der Wahrheit zu suchen oder um Aufklärung zu erhalten. Vielmehr haben sie bereits zahllose Stunden dafür eingesetzt, die Wahrheit des Wortes Gottes zu erforschen, und sie gehen, nachdem sie die ‚gute Botschaft' in sich aufgenommen haben, zu anderen, um sie ihnen mitzuteilen. ... Ebensowenig sind Jehovas Zeu-

gen in Unkenntnis über die Glaubenslehren anderer. Sie haben beträchtliche Grundkenntnisse über die Glaubenslehren der in ihrer Umgebung vertretenen Religionen. Solche Lehren sind in dem Buch ‚Was hat die Religion der Menschheit gebracht?' wie auch in zahlreichen Artikeln der Zeitschriften Der Wachtturm und Erwachet! erörtert worden.

In diesen Abhandlungen über verschiedene Religionen wird der Gegensatz zu den genauen Lehren der Bibel aufgezeigt. Gottes Wort läßt an Christen die Warnung ergehen: ‚Der Satan selbst nimmt immer wieder die Gestalt eines Engels des Lichts an. Es ist daher nichts Großes, wenn auch seine Diener immer wieder die Gestalt von Dienern der Gerechtigkeit annehmen. Ihr Ende aber wird gemäß ihren Werken sein' (2. Korinther 11,14.15). Satan stellte sich derart raffiniert als ein ‚Engel des Lichts' dar, daß es ihm sogar gelang, einen vollkommenen Menschen, nämlich Eva, zu täuschen (1. Timotheus 2,14). Daher wäre es sowohl Waghalsigkeit als auch Zeitverschwendung, wenn Jehovas Zeugen religiöse Literatur, die der Täuschung dienen soll, annehmen und sich damit auseinandersetzen würden ... Zudem sind manche religiöse Schriften, die Jehovas Zeugen von anderen als Lektüre empfohlen werden, von Abtrünnigen geschrieben worden oder enthalten deren Gedankengut. Wahre Christen halten sich an das Gebot, solche Abtrünnigen zu meiden" (2. Johannes 9-11; Titus 3,10.11). Daher wird im Wachtturm vom 15. September 1983 (Seite 15) der Rat gegeben:

„Im 1. Jahrhundert wurden Hymenäus und Philetus abtrünnig und versuchten, den Glauben anderer zu untergraben. Gottes Maßstab lautet: ‚Meide ... leere Reden, die verletzen, was heilig ist' (2. Timotheus 2,16-19). Christen, die an diesem Maßstab festhalten, haben kein Interesse daran, Abtrünnigen zuzuhören oder von ihnen zersetzende Schriften entgegenzunehmen, die sie ‚um unehrlichen Gewinnes willen' verbreiten mögen. Warum sollte man ihre Schlechtigkeit noch unterstützen, indem man ihre Literatur kauft? (Titus 1,11). Als loyale Christen wollen wir uns an Gottes Maßstäbe halten, unseren Sinn mit Dingen nähren, die wahr und gerecht sind, und uns voller Wertschätzung und Loyalität an den Kanal halten, durch den wir die biblische Wahrheit kennengelernt haben" (Vergleiche 1. Timotheus 4,16.).

Es verrät also Weisheit und Achtung vor dem Rat Gottes, wenn Jehovas Zeugen wertvolle Bibelstudienhilfsmittel, die die biblische Wahrheit enthalten, nicht gegen religiöse Schriften austauschen, durch die Irrlehren oder die Ansichten Abtrünniger verbreitet werden."

Wer sich mit Zeugen Jehovas unterhält, kann schnell feststellen, daß ihre Kenntnis von anderen Glaubensrichtungen nur auf dem beruht, was sie durch die Wachtturmgesellschaft erfahren haben. Die Aufforderung, den Glauben zu prüfen, ergeht immer nur an andere. Jehovas Zeugen haben kein Interesse daran bzw. dürfen es nicht haben. Es ist schon sehr interessant, daß einer der Gesprächsvorschläge des Königreichsdienstes vom Februar 97 ausgerechnet die Frage der religiösen Intoleranz anspricht und unter anderem erklärt, diese ließe sich durch besseres Kennenlernen einer anderen Religion vermeiden. *„Geoffrey Parrinder schrieb treffend: ‚Die verschiedenen Religionen zu erforschen muß nicht auf Untreue gegenüber dem eigenen Glauben hindeuten, sondern dieser wird eher größer, wenn man versteht, wie andere Menschen nach der Wirklichkeit gesucht haben und wie ihre Suche sie bereichert hat.'"* Doch dies gilt wohl immer noch nur für andere. Es mag sogar sein, daß ein Zeuge Literatur annimmt, ob er sie liest, ist jedoch eine andere Sache.

Von der Gesellschaft wurde auch ein Buch herausgegeben, das Vorschläge enthält, wie man auf Gegenargumente reagieren kann (Unterredungen anhand der Schriften). Ein detaillierter Index zu allen Publikationen der Organisation, inzwischen auch auf CD-ROM erhältlich, setzt den Zeugen zudem in die Lage, zu allen im Predigtdienst angeschnittenen Fragen die Lehre der Gesellschaft und die Begründung hierzu herauszusuchen, ohne sich mit der Bibel selbst beschäftigen zu müssen.

Wenn wir einem Zeugen an der Tür erklären, diese oder jene Lehre stimme doch nicht mit der Bibel überein, so wird seine Reaktion in der Regel darin bestehen herauszusuchen, was die Gesellschaft dazu sagt und uns dies beim nächsten Mal zu präsentieren. Wozu in der Bibel nachsehen, wenn doch die Organisation, die von Jehova persönlich eingesetzt wurde, dies alles schon getan hat?

Gegnerschaft wird in der Regel als Bestätigung für die Richtigkeit des eigenen Glaubens angesehen, den Gegnern selbst werden oftmals einfach unlautere Motive unterstellt. Durch die Art des

Studiums und die anschließende Aufforderung, keine Literatur von *„Gegnern und Abtrünnigen"* zu lesen, wird im Laufe der Zeit eine geistige Isolierung der Zeugen erreicht; er ist nicht mehr in der Lage, Argumente unvoreingenommen zu prüfen.

Auf eine wirkliche Auseinandersetzung mit den verschiedenen Argumenten sind Jehovas Zeugen kaum eingerichtet. Viele Christen können berichten, daß die Zeugen nach einem einmaligen Besuch nicht wiederkamen – überzeugte Menschen sind nicht gefragt! Natürlich gibt es auch hier Ausnahmen, auch solche habe ich kennengelernt, aber es bleiben eben wirklich Ausnahmen!

Christen sollten sich keinesfalls auf ein „Bibelstudium" der o. g. Art und Weise einlassen, aber sie können ein Zeugnis ihres Glaubens an Jesus Christus geben. Wir geben Zeugnis, das Übrige ist das Werk des Heiligen Geistes.

Zeugen an unserer Tür

Ehemalige Zeugen berichten immer wieder, daß sie während ihres Predigtdienstes für die Wachtturmgesellschaft an den Türen oft harsch abgewiesen worden seien. Auch Christen hätten meist nur kurz darauf hingewiesen, sie seien schon bekehrt und hätten kein Interesse für die Lehren der Zeugen Jehovas. Dieser Predigtdienst sei darum auch oft sehr frustrierend gewesen, wenngleich die Reaktion der Menschen auch einen gewissen Stolz ausgelöst habe. Sie sei gewissermaßen eine Bestätigung gewesen, daß man den richtigen Glauben habe; auch Jesus und seine Apostel seien beschimpft worden. Gleichfalls berichten einige dieser Menschen aber auch, daß die wenigen Ausnahmen, wo Christen von ihrer Beziehung zu Jesus berichtet hätten, sie ins Nachdenken gebracht hätten.

Woran liegt es, daß auch Christen Scheu haben, sich mit Jehovas Zeugen zu unterhalten? Zum einen wohl daran, daß sie stets zu zweit kommen. Man fühlt sich in die Defensive gedrängt. Ein weiterer Grund besteht aber auch darin, daß man so oft den Eindruck hat, die Zeugen wünschten in Wirklichkeit gar kein Gespräch über den Glauben, sondern spielten sich gewissermaßen gegenseitig die Bälle zu. Wir sollten als Christen jedoch nie vergessen, daß Jesus uns als seine Zeugen bezeichnete, Zeugen nicht in dem Sinne der Wachtturmgesellschaft, daß man ein ganzes Lehrsystem vortragen sollte, sondern Zeuge im eigentlichen Sinn: Wir haben etwas mit Gott erlebt, was wir mitteilen sollen. Wenn nicht wir Christen das Evangelium mitteilen, wer dann? Es liegt nicht in unserer Verantwortung, was der Zeuge Jehovas daraus macht, und nicht wir bekehren, sondern der Heilige Geist.

Jesus sagte, das ganze Gesetz sei in dem erfüllt, daß wir Gott lieben und unseren Nächsten wie uns selbst. Zu diesen Nächsten gehören auch die Zeugen. Wir können Brücken bauen und den Zeugen zeigen, daß hier Menschen sind, die sie annehmen. Doch ich möchte auch demjenigen kein schlechtes Gewissen einreden, der sich einfach nicht in der Lage fühlt, mit Jehovas Zeugen zu sprechen. Er sollte nur nie vergessen, daß dort Mitmenschen vor seiner Tür stehen, die Nächstenliebe und Respekt verdienen. Die meisten der Zeugen, die vor Ihrer Tür stehen, meinen ehrlichen Herzens, sie brächten Ihnen das Evangelium. Unterscheiden Sie zwischen der Wachtturmgesellschaft und den Menschen, die zu Ihnen kommen.

ANDEREN HELFEN, GOTTES ANFORDERUNGEN KENNENZULERNEN

„Eine Notwendigkeit ist mir auferlegt. Tatsächlich, wehe mir, wenn ich die gute Botschaft nicht verkündigte!“ (1. KORINTHER 9:16).

JEHOVA hat eine gute Botschaft für die Menschen. Sie handelt von seinem Königreich, und er möchte, daß alle Menschen davon erfahren. Wenn wir diese gute Botschaft kennengelernt haben, erwartet Gott von uns, daß wir sie anderen übermitteln. Dabei handelt es sich um ein zweifaches Werk. Erstens *müssen wir die gute Botschaft von Gottes Königreich verkündigen*. Jesus sagte in seiner Prophezeiung über den „Abschluß des Systems der Dinge“: „Diese gute Botschaft vom Königreich wird auf der ganzen bewohnten Erde gepredigt werden, allen Nationen zu einem Zeugnis; und dann wird das Ende kommen“ (Matthäus 24:3, 14).

[2] Bei dem zweiten Aspekt des Werkes geht es darum, *diejenigen zu belehren, die günstig auf die Verkündigung des Königreiches reagieren*. Jesus sagte nach seiner Auferstehung zu einer großen Gruppe seiner Jünger: „Geht daher hin, und macht Jünger aus Menschen aller Nationen, tauft sie im Namen des Vaters und des Sohnes und des heiligen Geistes, und lehrt sie, alles zu halten, was ich euch geboten habe. Und siehe, ich bin bei euch alle Tage bis zum Abschluß des Systems der Dinge“ (Matthäus 28:19, 20). Das, ‘was Christus geboten hatte’, stammte nicht von ihm; er lehrte andere, Gottes Gebote oder Anforderungen zu beachten (Johannes 14:23, 24; 15:10). Andere zu lehren, ‘das zu halten, was Christus geboten hat’, schließt somit ein, sie über Gottes Anforderungen zu belehren. Aufrichtige Menschen müssen Gottes Anforderungen erfüllen, damit sie Untertanen seines Königreiches werden können.

[3] Aber was ist Gottes Königreich? Und was wird es erreichen, weshalb die Königreichsbotschaft eine solch gute Botschaft ist? Gottes Königreich ist eine himmlische Regierung. Für Jehova ist es eine echte Herzensangelegenheit, denn durch das Königreich wird er seinen Namen heiligen und ihn von aller Schmach befreien. Durch das Königreich wird Jehova dafür sorgen, daß sein Wille auf der Erde ebenso geschieht wie im Himmel. Deshalb lehrte Jesus seine Nachfolger, um das Kommen des Königreiches Gottes zu beten, und deshalb forderte er sie auf, es in ihrem Leben allem voranzustellen (Matthäus 6:9, 10, 33). Erkennen wir, warum es für Jehova so wichtig ist, daß wir andere über sein Königreich belehren?

Eine Herausforderung, aber keine Last

[4] Ist es eine Last, diese gute Botschaft zu predigen? Absolut nicht! Wir möchten es einmal folgendermaßen veranschaulichen: Ein Vater ist verpflichtet, für seine Familie in materieller Hinsicht zu sorgen. Das nicht zu tun wäre gleichbedeutend damit, den christlichen Glauben zu verwerfen. Der Apostel Paulus schrieb: „Bestimmt hat jemand, der für die Seinigen und besonders für seine Hausgenossen nicht sorgt,

---

1, 2. (a) An welchem zweifachen Werk sollen wir uns gemäß Jehovas Willen beteiligen? (b) Was müssen aufrichtige Menschen kennenlernen, damit sie Untertanen des Königreiches Gottes werden können?

3. Was ist Gottes Königreich, und was wird es erreichen, weshalb die Königreichsbotschaft wirklich eine gute Botschaft ist?

4. Wie kann veranschaulicht werden, daß unsere Verpflichtung, die gute Botschaft zu predigen, keine Last ist?

Kapitel 9

Von Haus zu Haus

Fast zu einem „Markenzeichen" ist der Haus-zu-Haus-Dienst von Jehovas Zeugen geworden, den sie in der Regel zu zweit durchführen.

Nach ihrer Ansicht erfüllen sie damit den Auftrag Jesu, der den Jüngern geboten hatte, das Evangelium allen Völkern zu verkündigen und sie zu Jüngern zu machen. Diese Art von Predigtdienst ist für sie eines der Erkennungszeichen eines wahren Christen und kann über Leben oder Vernichtung in der Schlacht von Harmagedon entscheiden: *„Wird man unverzüglich bestraft, wenn man nicht predigt? Nein! Dennoch kann jemandem, der sich weigert, die gute Botschaft vom Königreich zu predigen, genauso der Eingang in Gottes Königreich verwehrt werden wie einem Ehebrecher, einem Homosexuellen oder einem Mörder"* (*Wachtturm* vom 01.10.70, S. 599). Und auch die neuere Literatur ist deutlich: *„Hilf den Brüdern zu erkennen, daß die Beteiligung am Verkündigen der guten Botschaft eine heilige Pflicht ist, ein Erfordernis, von dem unser Leben abhängt"* (Gebt acht auf euch selbst und auf die ganze Herde, S. 35).

Die Liebe an Gott wird hauptsächlich an dieser Beteiligung am Predigtdienst gemessen: *„Die erste und vielleicht charakteristischste Möglichkeit, durch die wir unsere Liebe und Wertschätzung zeigen können, besteht darin, daß wir mit der guten Botschaft von Gottes Königreich von Haus zu Haus gehen. Jesus Christus gab seinen Nachfolgern folgenden bedeutungsvollen Auftrag: ‚Geht ... hin, und macht Jünger aus Menschen aller Nationen, tauft sie im Namen des Vaters und des Sohnes und des heiligen Geistes, und lehrt sie, alles zu halten, was ich euch geboten habe. Und siehe, ich bin bei euch alle Tage bis zum Abschluß des Systems der Dinge' (Mt. 28,19.20). Wie dieses Werk hauptsächlich verrichtet werden würde, zeigte sich sogleich nach dem*

Pfingsttag 33 u. Z. ‚Jeden Tag fuhren sie im Tempel und von Haus zu Haus ununterbrochen fort, zu lehren und die gute Botschaft über den Christus, Jesus, zu verkündigen' (Apg. 5,42). Etwa 20 Jahre später war der Apostel Paulus im Haus-zu-Haus-Dienst tätig, denn er erinnerte christliche Älteste aus Ephesus daran, daß er sich, wie er sagte, ‚nicht davon zurückhielt, euch alles, was nützlich war, kundzutun und euch öffentlich und von Haus zu Haus zu lehren'" (Apg. 20,20). (*Wachtturm* vom 15.02.87)

Während wir in der Apostelgeschichte fast nur davon lesen, daß die Apostel in der Öffentlichkeit und in den Synagogen lehrten, wird hier behauptet, der Haus-zu-Haus-Dienst sei die hauptsächliche Art und Weise des Dienstes gewesen, wohl nur, um eine Begründung für die eigene Methode zu haben.

So liegt ein deutlicher Druck auf dem einzelnen Zeugen, diesen Predigtdienst auch zu verrichten, zu dem auch die Pflicht, einen Predigtdienstbericht über die Anzahl der geleisteten Stunden etc. abzuliefern (siehe auch Kap. 8).

Wenn Zeugen Jehovas bei diesem Dienst auf Christen treffen, so ist meist eine der ersten Fragen, ob diese denn auch von Haus zu Haus predigen würden. Verneinen diese, so ist für den Zeugen wieder einmal bewiesen, daß nur er in der *richtigen* Organisation ist. Ist es tatsächlich so, daß alle wirklichen Christen auf diese Art und Weise predigen müssen? Die biblische Begründung, so die Wachtturmgesellschaft, sei in Apg. 5,42 zu finden:

„JEDEN Tag fuhren sie im Tempel und von Haus zu Haus ununterbrochen fort, zu lehren und die gute Botschaft über den Christus, Jesus, zu verkündigen" (Apg. 5,42, N.W.-Übersetzung). *„Ja, kat' óikon, der im Urtext verwendete Ausdruck, wird nicht in adverbialem Sinn (‚zu Hause') gebraucht, sondern in distributivem Sinn und bedeutet buchstäblich ‚je Haus'. (In Apg. 20,20 steht die Pluralform kat' óikous, was ‚je Häuser' bedeutet.) ... Einmal mehr hat die Neue-Welt-Übersetzung den Angriffen der Kritiker standgehalten. Noch wichtiger ist allerdings, daß es eine feste biblische Grundlage für den Haus-zu-Haus-Dienst gibt. (Vergleiche Mt. 10,11-14; 24,14.) Jehovas Zeugen haben das Vorrecht, in dieser Hinsicht ihre Vorbilder aus dem ersten Jahrhundert nachzuahmen"* (*Wachtturm* vom 01.08.91).

In einer ganzen Reihe von Bibelübersetzungen wird dieser Bibelvers mit „... **in den Häusern** ...“ wiedergegeben, weshalb sich die Frage ergeben könnte, ob die Übersetzung der Wachtturmgesellschaft denn falsch sei.

Die Antwort: Nein, falsch ist diese Übersetzung in der Tat nicht! Doch dies ist nur die halbe Wahrheit, denn Tatsache ist, daß der oben genannte griechische Ausdruck **kat' óikon** beides bedeuten kann. Dies wird deutlich, wenn man Apostelgeschichte 2,46 – ebenfalls nach der Übersetzung der Wachtturmgesellschaft – betrachtet: *„Und Tag für Tag waren sie fortgesetzt einmütig im Tempel anwesend, und sie nahmen ihre Mahlzeiten in Privathäusern ein.“* Schlägt der Zeuge Jehovas in seiner eigenen Interlinearübersetzung nach, so findet er an dieser Bibelstelle den gleichen griechischen Ausdruck: **kat' óikon**.

Doch gegen eine Übersetzung von Apg. 5,42 mit „in Privathäusern“ wehrt man sich: *„In verschiedenen Bibelübersetzungen heißt es hier ‚in euren Häusern'. Aber der Apostel bezog sich nicht einfach auf gesellschaftliche Besuche bei Ältesten oder auf Hirtenbesuche in den Wohnungen von Gläubigen. Seine nächsten Worte zeigen, daß er vom Haus-zu-Haus-Dienst unter Ungläubigen sprach, denn er sagte: ‚Doch legte ich gründlich Zeugnis ab, sowohl vor Juden als auch vor Griechen, in bezug auf Reue gegenüber Gott und Glauben an unseren Herrn Jesus' (Apostelgeschichte 20,21). Mitgläubige hatten bereits bereut und übten Glauben an Jesus aus. In Apostelgeschichte 5,42 und 20,20 ist somit davon die Rede, daß Ungläubigen ‚von Haus zu Haus' oder von Tür zu Tür gepredigt wurde ...“*

Dies lenkt von der eigentlichen Fragestellung ab, denn kein Christ hat je behauptet, es handele sich um rein freundschaftliche Besuche. Tatsache ist, daß die Menschen herbeiströmten, wenn die Apostel predigten, und zwar in der Öffentlichkeit, in den Synagogen und auf Marktplätzen (Apg. 17,17-19), und eben **kat' óikon**.

Es scheint auch der Wachtturmgesellschaft klar zu sein, daß die o. g. Verse als Grundlage für den Haus-zu-Haus-Dienst nicht ausreichen, denn sie geben als *feste biblische Grundlage* Mt. 10,11-14 und 24,14 an. Betrachten wir deshalb einmal diese Belegstellen:

„Wenn ihr aber in eine Stadt oder in ein Dorf einkehrt, so forscht, wer darin würdig ist; und *dort bleibt, bis ihr weggeht* (Hervorhebung von mir). Wenn ihr aber in das Haus eintretet, so grüßt es. Wenn nun das Haus würdig ist, so komme eurer Friede darauf, wenn es aber nicht würdig ist, so wende sich euer Friede zu euch zurück. Und wenn jemand euch nicht aufnehmen noch eure Worte hören wird, geht hinaus aus jenem Haus oder jener Stadt und schüttelt den Staub von euren Füßen." Die genannte Stelle macht deutlich, daß es sich hier nicht um einen Predigtdienst von Haus zu Haus handelt, sondern um die Beherbergung der Jünger. Dies wird noch klarer, wenn wir die Parallelstelle in Lk. 10, 5-7 lesen: „In welches Haus ihr aber eintretet, sprecht zuerst: Friede diesem Haus! Und wenn dort ein Sohn des Friedens ist, so wird euer Friede auf ihm ruhen, wenn aber nicht, so wird er zu euch zurückkehren. In diesem Haus aber bleibt, und eßt und trinkt, was sie haben; denn der Arbeiter ist seines Lohnes wert. *Geht nicht aus einem Haus in ein anderes."*

Auch die zweite Belegstelle der Gesellschaft in Mt. 24,14 sagt über die Methode, wie gepredigt werden soll, nichts aus: „Und dieses Evangelium des Reiches wird gepredigt werden auf dem ganzen Erdkreis, allen Nationen zu einem Zeugnis, und dann wird das Ende kommen."

Es soll hier nicht gegen den Haus-zu-Haus-Dienst der Zeugen Front gemacht werden. Wenn sie dies für eine geeignete Methode halten, so ist dagegen nichts einzuwenden, und diese Ansicht teilen sie mit vielen.

Nur können sie sich, rein biblisch gesehen, nicht darauf berufen, dies sei **die** apostolische Methode gewesen, der man nacheifern müsse. (Nur nebenbei bemerkt, selbst wenn die Apostel es so gemacht hätten, wäre dies allein keine Begründung dafür, die gleiche Methode anzuwenden, denn auf die Methode kommt es Gott nicht an.) Vielleicht kündigt sich hier ein Wandel an, denn der Wachtturm vom 15.06.98 betont die Flexibilität der Zeugen in der Art des Predigtdienstes.

Nach der Lehre der Wachtturmgesellschaft haben alle Christen die Aufgabe zu predigen; eine der am häufigsten genannten Bibelstellen ist der Ausruf des Paulus: „... denn wehe mir, wenn ich das Evangelium nicht verkündigte!" (1. Kor. 9,16), und des weiteren wird auf das Wächteramt, das dem Hesekiel anvertraut wurde, hingewiesen. Doch hat man dabei nicht erwähnt, daß wir weder Apostel noch Propheten sind.

„*Aha!*" denkt jetzt vielleicht ein Zeuge Jehovas, *„ich habe mir doch gleich gedacht, daß diejenigen, die sich Christen nennen, es in Wirklichkeit gar nicht sind, denn sie predigen gar nicht."*

Jesus Christus sagte zu seinen Jüngern, sie sollten seine Zeugen sein, und wer Christ ist, hat auch ein brennendes Interesse daran, daß andere vom Evangelium Jesu erfahren. Wer sich Christ nennt, dieses Christsein jedoch auf einen Kirchenbesuch am Sonntag beschränkt, sollte wissen, daß das Bezeugen des Glaubens unabdingbar dazugehört (Röm. 10,10). Doch eine Verpflichtung zum Predigen von Haus zu Haus kann daraus nicht abgeleitet werden. Wie wir das Evangelium von Jesus weitergeben, ist unerheblich.

Wenn wir die Statistik der Wachtturmgesellschaft für das Jahr 1997 analysieren, so läßt sich feststellen, daß in Deutschland knapp 27 Millionen Stunden im Predigtdienst verbracht wurden, es ließen sich etwa 5800 Menschen taufen (pro Täufling also über 4600 Stunden), das tatsächliche Wachstum der Gemeinschaft lag bei 0 %. Umfragen in christlichen Gemeinden haben dagegen ergeben, daß die meisten Menschen durch sogenannte *Freundschaftsevangelisation* zu Jesus gefunden haben.

Kein Christ sollte sich also von Jehovas Zeugen ein schlechtes Gewissen einreden lassen, weil er keinen Haus-zu-Haus-Dienst absolviert.

Kapitel 10

Kinder in der Wachtturmgesellschaft

Die Welt der Wachtturmgesellschaft, in der Kinder von Zeugen Jehovas groß werden, ist eine Welt, die wenig auf die Bedürfnisse von Familien und Kindern Rücksicht nimmt. Dies mag manche Menschen erstaunen, die in den Publikationen der Wachtturmgesellschaft schon viel über Ehe und Familie und über deren hohen Stellenwert gelesen haben. So widmet sich ein 1996 erschienenes Buch mit dem Titel *„Das Geheimnis des Familienglücks"* ausschließlich diesem Thema. Die Bilder in den Artikeln von *Wachtturm* und *Erwachet* zeigen strahlende Kinder und glückliche Eltern, die Ausflüge, Spiele und Picknicks mit ihren Eltern machen. Immer wieder wird auf die Wichtigkeit von Zuhören und Kommunikation hingewiesen. Es erscheinen Publikationen über den Umgang der Generationen miteinander, über Toleranz, Bedürfnisse von Kindern, Altenpflege und vieles mehr. Diesen Dingen wird breiter Raum eingeräumt.

Wie kann jemand trotzdem zu der Behauptung kommen, daß die Wachtturmorganisation kein familienfreundliches System sei? Wer sich etwas näher mit Jehovas Zeugen beschäftigt, wird schnell feststellen, daß solche Bilder wie die oben genannten eher Seltenheitswert haben dürften. Die Gründe sind schnell einsichtig. Von jedem Zeugen wird erwartet, daß er pro Monat etwa 10 Stunden im Predigtdienst zubringt und darüber hinaus alle Zusammenkünfte besucht (siehe auch Kap. 8).

So könnte z. B. ein Wochenplan aussehen:

dienstags, 19.30-20.30 Uhr: *Versammlungsbuchstudium*

freitags, 19.30-21.00 Uhr: *Theokratische Predigtdienstschule und Dienstzusammenkunft samstags,* 9.30-12.00 Uhr: *Predigtdienst*

sonntags, 9.30-11.00 Uhr: *Vortrag für die Öffentlichkeit und Wachtturmstudium*

Dazu kommen die Fahrzeiten, und natürlich verläßt man den Saal nicht sofort wieder nach Beendigung der Zusammenkünfte. Zudem soll man sich hierauf vorbereiten. Wieviel Zeit bleibt einer Familie mit mehreren Kindern noch füreinander?

Um nicht mißverstanden zu werden: Natürlich gibt es auch in der Wachtturmgesellschaft Eltern, die sich liebevoll um ihre Kinder kümmern, die ihnen zuhören, sie unterstützen und mit ihnen spielen, die ihren Kindern Hilfe und Freunde sind – aber das sind sie dann *trotz* der Gesellschaft und *nicht wegen* der Gesellschaft.

Wer die Literatur der Gesellschaft regelmäßig verfolgt, stellt zudem fest, daß in schöner Regelmäßigkeit Artikel auftauchen, die solche Zeugen lobend hervorheben, die *„aus Liebe zu Jehova"* auf die Ehe verzichten oder sie lange Zeit hinauszuschieben: *„Paulus schrieb zwar: ‚Es ist besser zu heiraten, als von Leidenschaft entbrannt zu sein', er sprach dabei allerdings von Personen, die keine Selbstbeherrschung haben ... Für die Gabe der Ehelosigkeit Raum zu schaffen hat im wesentlichen damit zu tun, sein Herz auf dieses Ziel zu richten und Jehova um Hilfe zu bitten, es zu erreichen"* (*Wachtturm* vom 15.10.96).

Unter der Überschrift *Elternschaft in der Zeit des Endes richtig einschätzen* erschien im *Wachtturm* vom 01.03.88 ein Artikel, der sich mit der Frage auseinandersetzt, ob man Kinder haben sollte oder nicht. Man kommt zu dem Schluß, dies sei eine persönliche Angelegenheit, in der die Gesellschaft keine Regeln aufstelle, doch der Artikel geht dennoch klar in eine bestimmte Richtung: *„... Alle christlichen Ehemänner, ganz gleich, ob sie Versammlungspflichten haben oder nicht, sollten außerdem darüber nachdenken, welche Konsequenzen es für das Geistiggesinntsein ihrer Frau haben kann, wenn sie sich um kleine Kinder kümmern muß. Wie wird sich, wenn eine Frau geistig nicht sehr stark ist, die Pflege eines oder mehrerer kleiner Kinder auf ihr persönliches Studium auswirken und auf ihre Möglichkeiten, sich am Predigtdienst zu beteiligen? ... Sind sich die Ehemänner stets darüber im klaren, daß ihre Frau, wenn sie sich um einen Säug-*

ling oder ein Kleinkind kümmern muß, häufig nicht den vollen Nutzen vom Versammlungsbuchstudium, von den Zusammenkünften im Königreichssaal sowie von den Kreis- und Bezirkskongressen hat? Eine solche Situation kann monatelang bestehen – ja sogar jahrelang, wenn ein Kind nach dem anderen kommt. Es liegt in der Natur der Sache, daß die Hauptlast in dieser Hinsicht nicht der Vater, sondern die Mutter zu tragen hat. Gelegentlich kann man beobachten, daß christliche Männer geistige Fortschritte machen, so daß sie in der Versammlung sogar mit Vorrechten betraut werden, während ihre Frau geistig schwach wird. Warum? Weil sie durch ihre kleinen Kinder oft daran gehindert wird, sich in den Zusammenkünften zu konzentrieren, ein intensives Bibelstudium zu betreiben oder sich in größerem Maße am Zeugniswerk zu beteiligen. Kann man von verantwortungsbewußten Vätern sprechen, wenn sie zulassen, daß derartige Situationen entstehen? ...

Wenn in einer Versammlung alles entsprechend organisiert wird, können sich selbst junge Mütter mit Säuglingen am Hilfspionierdienst beteiligen. Eine Anzahl solcher Mütter steht sogar im allgemeinen Pionierdienst. Kinder sind also nicht immer ein Hindernis. Viele christliche Eltern bekunden einen vorzüglichen Pioniergeist.

Manche junge Ehepaare haben sich entschlossen, kinderlos zu bleiben. Obschon bei diesen Frauen der Mutterinstinkt genauso ausgeprägt war wie bei anderen Frauen, entschlossen sie sich im Einverständnis mit ihrem Mann, keine Kinder zu haben, um sich völlig in den Dienst Jehovas stellen zu können ...

Wie wir im ersten Studienartikel gesehen haben, sind Kinder eine Gabe Gottes (Ps. 127,3). Kinder zu haben ist ein einzigartiges Vorrecht, das Jehovas Geistgeschöpfe nicht besitzen (Mt. 22,30). Es gab Zeiten, in denen dies zu der Aufgabe gehörte, die Jehova seinen irdischen Dienern übertrug ...

Heute ist das Hervorbringen von Kindern kein ausdrücklicher Bestandteil der Aufgabe, die Jehova seinem Volk übertragen hat. Dennoch ist es immer noch ein Vorrecht, das er Verheirateten gewährt, wenn es ihr Wunsch ist.

Christliche Ehepaare, die sich ihren Wunsch nach Kindern erfüllen, sollten deshalb nicht kritisiert werden, genausowenig wie Ehepaare, die auf Kinder verzichten.

Ob ein Ehepaar in der heutigen Zeit des Endes Kinder haben möchte oder nicht, ist eine persönliche Angelegenheit, die jedes Paar selbst entscheiden muß. Doch da ‚die verbleibende Zeit verkürzt ist', würden Ehepaare gut daran tun, sorgfältig und gebetsvoll zu erwägen, was dafür und was dagegen spricht, in der heutigen Zeit Kinder zu haben (1. Korinther 7,29). Wer sich entschließt, Kinder zu haben, sollte nicht nur an die damit verbundene Freude denken, sondern sich auch völlig der Pflichten bewußt sein, die es mit sich bringt, sowie der Probleme, die sowohl für die Eltern als auch für die Kinder entstehen, die sie in die Welt setzen."

Nach solchen Äußerungen, die keine Seltenheit sind, könnte man den Eindruck bekommen, Kinder seien von seiten der Leitung doch nicht so erwünscht, wie die Artikel in *Wachtturm* und *Erwachet* suggerieren.

Wenn sich Familien dennoch für Kinder entscheiden, erleben diese eine Kindheit, die sich stark von dem unterscheidet, wie Kinder normalerweise aufwachsen. In den Publikationen der Organisation wird dies positiv dargestellt. Man selbst wachse in einer moralischen Umgebung auf, die sich für Jehova einsetze und nichts mit der heutigen Rebellion und Gesetzlosigkeit gemein habe, die allgemein in der heutigen Gesellschaft und den Familien üblich sei. Doch auch hier gibt es eine zweite Seite, die man anschauen sollte und die bezweifeln läßt, ob die Jugend in der Organisation denn wirklich so schön ist.

Auch von Kindern wird erwartet, daß sie an den Zusammenkünften der Organisation teilnehmen und das von frühester Jugend an. Diese finden teilweise abends statt, eine sogenannte Sonntagsschule bzw. Kinderstunde gibt es nicht, sondern die Kinder, auch Kleinkinder, sitzen während der ganzen Zeit mit den Erwachsenen zusammen. Zu den Abendzusammenkünften werden die Kinder in der Regel ebenfalls mitgenommen – was man ihnen am nächsten Tag in der Schule durchaus anmerkt. Auch in den sogenannten Predigtdienst sollen sie von frühester Jugend an einbezogen werden. Immer wieder werden in den Zeitschriften Familien lobend erwähnt, die ihre Zeit so organisieren, daß sie den Pionier- oder zumindest den Hilfspionierdienst durchführen können (ca. 60 bzw. 100 Stunden Predigtdienst im Monat).

Von daher ist die Schlußfolgerung, daß die Wachtturmgesellschaft eine familienfeindliche Organisation ist, ein einfaches Rechenbeispiel.

Wer die nachfolgenden Zitate aus dem *Königreichsdienst,* einem internen Blatt der Wachtturmgesellschaft, auf sich wirken läßt, erhält einen kleinen Eindruck, wie die Erziehung der Kinder in dieser Gemeinschaft aussieht oder wie sie laut Organisation aussehen sollte.

Wachtturm vom 1.8.88, S. 15
„Als unser Junge etwa ein Jahr alt war, begann ich, ihm vor dem Schlafengehen etwas aus der Bibel zu erzählen ... Sobald er zu sprechen begann – das war in seinem zweiten Lebensjahr –, knieten wir immer gemeinsam vor seinem Bettchen nieder, und ich ließ ihn das Vaterunser Satz für Satz nachsprechen. Als er drei Jahre war, begann ich mit ihm ein regelmäßiges Bibelstudium. Er verfolgte den Text in seinem Buch und wiederholte ihn Wort für Wort. ... Damit sich ihm die biblischen Wahrheiten tief ins Herz einprägten, ließen wir ihn einfache Bibeltexte auswendig lernen. Als er in den Kindergarten kam, wußte er etwa 30 Texte auswendig, und als er im September vergangenen Jahres in die Schule kam, waren es schon 70. Bevor unser Junge zu Bett geht, lasse ich ihn einige Bibeltexte, die er kennt, hersagen. Und morgens, wenn er aufsteht, begrüßt er uns oft mit Bibeltexten." Ein solches Programm fortschreitender Belehrung zusammen mit dem richtigen elterlichen Beispiel und dem konsequenten Erteilen von Zucht wird deinem Kind zu einem guten Start ins Leben verhelfen, für den es dir ewig dankbar sein wird. Ein wichtiger Teil des Programms besteht darin, es schon frühzeitig im öffentlichen Predigtdienst zu schulen. ... Der eben erwähnte Vater sagte über seinen Sohn weiter: „Da er so viele Bibeltexte kennt, ist er im Haus-zu-Haus-Dienst sehr erfolgreich, weil viele Wohnungsinhaber erstaunt sind, und die biblischen Zeitschriften, die er anbietet, einfach nicht ablehnen können. Er beteiligt sich schon seit seinem dritten Lebensjahr an diesem christlichen Dienst und gibt heute im Alter von 6 Jahren meistens mehr biblische Schriften ab als meine Frau und ich."

Wachtturm vom 15.4.87 „Eifrig für vortreffliche Werke" in Kenia
Auch Kinder, die noch nicht getauft sind, begleiten ihre Eltern gern, wenn diese anderen Menschen die gute Botschaft von dem wahren Gott überbringen, und sie sind voller Eifer (Matthäus 21,16). Während eines besonderen Feldzugs war ein viereinhalbjähriges Mädchen zusammen mit seinen Eltern in einem abgelegenen Gebiet tätig. Es stand in jenem Monat 160 Stunden im Predigtdienst und gab bei Menschen, die Interesse an der Bibel hatten, 27 Bücher, 66 Broschüren und 47 Zeitschriften ab.

Unser Königreichsdienst, 5/93
Manche Eltern sorgen zu Hause jeden Tag für eine Zeit der Ruhe, in der sie von ihren Kindern erwarten, daß sie lesen oder sich die Bilder in einer Veröffentlichung der Gesellschaft anschauen. Aufgrund dieser guten Schulung fällt es den Kindern viel leichter, in den Zusammenkünften und auf Kongressen ruhig zu sitzen. Eltern, die vorbildliche Kinder erzogen haben, sagen, daß sie ihren Kindern nicht gestattet haben, Spielzeug oder Malbücher in die Zusammenkünfte mitzunehmen. Selbst ganz kleine Kinder können lernen, daß der Grund für den Besuch der Zusammenkünfte die Anbetung Jehovas ist. Eltern, die ihre Kinder darüber belehren, was es für sie bedeutet, den ganzen Zehnten in das Vorratshaus zu bringen, sind wirklich zu loben.

Unser Königreichsdienst 8/93
Auch mit der Schulung im Dienst von Haus zu Haus kann nicht früh genug begonnen werden. Ein kleiner Vierjähriger hat noch den Freimut der Rede zu sagen: „Onkel, glaubst du an Jehova? Wenn nicht, dann kommst du nicht in das Paradies." Wenn er nicht rechtzeitig Hilfe erhält, wird er später diesen Freimut der Rede nicht mehr haben. Jehova wird eure Bemühungen reichlich belohnen, wenn ihr rechtzeitig mit dieser Schulung beginnt ... Kinder sollten jedoch im Haus-zu-Haus-Dienst nicht nur sozusagen ihre „Stunden ablaufen", sondern einen aktiven Anteil am Zeugnisgeben nehmen. Es ist für ein Kind ein Erfolgserlebnis, wenn es an den Türen zum Beispiel einen Bibeltext kommentieren oder ein Traktat abgeben kann. Die Wohnungsinhaber sind oft sehr beeindruckt, wenn sie feststellen, daß schon kleine Kinder Jehova lobpreisen.

Unser Königreichsdienst 12/94
Kinder müssen genauso wie Erwachsene die Unterweisung in sich aufnehmen, die in den Zusammenkünften dargeboten wird. Wenn die Eltern den Kindern Spielzeug oder Malbücher geben, damit sie beschäftigt und ruhig sind, werden diese nur sehr wenig lernen. Es ist ein Mangel an angemessener Zucht, wenn man Kinder spielen, erzählen, schreien oder andere Dinge tun läßt, die die in der Nähe Sitzenden stören. Häufigem und unnötigem Aufsuchen der Toiletten während der Zusammenkunft wird normalerweise entgegengewirkt, wenn das Kind weiß, daß ein Elternteil es immer begleiten wird.

Unser Königreichsdienst 1/93
Ihr Eltern, ermuntert ihr eure Kinder, den Vollzeitdienst aufzunehmen? Ist euren Kindern wirklich bekannt, daß ihr wünscht, daß sie sich mit ganzem Herzen, ganzer Seele, ganzem Sinn und ganzer Kraft in diesem lohnenden Werk einsetzen? (Mk. 12,30). Viele junge Verkündiger bereiten sich auf den allgemeinen Pionierdienst vor, indem sie während ihrer Schulzeit bei jeder Gelegenheit als Hilfspionier dienen. Solche Ergebenheit erfreut gewiß das Herz Jehovas (Spr. 27,11).

Unser Königreichsdienst 2/93
Auch junge Menschen beteiligen sich eifrig am Bibelstudienwerk anhand des Paradies-Buchs. Ein junger Bruder läßt das Buch in der Schule auf seinem Tisch liegen. Das führte schon zu guten Gesprächen und sogar zu mehreren Bibelstudien. Manche Jugendliche versuchen es mit der Direktmethode, indem sie Eltern, die sie im Haus-zu-Haus-Dienst antreffen, fragen, ob sie mit ihren Kindern die Bibel studieren dürfen. Unsere Kinder sind nie zu jung, um darüber zu sprechen, daß Jehova ewiges Leben auf einer paradiesischen Erde verheißen hat.

Unser Königreichsdienst 5/93
Kommt gründlich vorbereitet zum Kongreß, und bringt eure Bibel, euer Liederbuch, einen Stift und ein Notizbuch mit sowie jene Ausgabe des Wachtturms, die in der betreffenden Woche studiert wird. Es ist nützlich, sich Gedanken und Bibeltexte zu notieren, die die Redner darlegen. Macht kurze Notizen; zu viele Notizen können der Konzentration schaden. Auch Kinder sollten geschult werden, aufmerksam zu-

zuhören. Sie können gemeinsam mit ihren Eltern den Zehnten bringen, indem sie dem Programm so gut wie möglich folgen.

Manche Eltern sorgen zu Hause jeden Tag für eine Zeit der Ruhe, in der sie von ihren Kindern erwarten, daß sie lesen oder sich die Bilder in einer Veröffentlichung der Gesellschaft anschauen. Aufgrund dieser guten Schulung fällt es den Kindern viel leichter, in den Zusammenkünften und auf Kongressen ruhig zu sitzen. Eltern, die vorbildliche Kinder erzogen haben, sagen, daß sie ihren Kindern nicht gestattet haben, Spielzeug oder Malbücher in die Zusammenkünfte mitzunehmen. Selbst ganz kleine Kinder können lernen, daß der Grund für den Besuch der Zusammenkünfte die Anbetung Jehovas ist. Eltern, die ihre Kinder darüber belehren, was es für sie bedeutet, den ganzen Zehnten in das Vorratshaus zu bringen, sind wirklich zu loben.

Unser Königreichsdienst 8/93
Ihr Kinder und ihr Jugendlichen, denkt stets daran, daß Jehova, unser Schöpfer, und Jesus Christus, der gute Hirte, euch sehr lieben. Sie haben soviel für euch getan und werden es weiterhin tun, vorausgesetzt, ihr fahrt fort, Jehova durch eure Worte und durch euren Lebenswandel zu preisen.

Unser Königreichsdienst 10/92
Salomo erklärte: „Söhne sind ein Erbe von Jehova" (Ps. 127,3-5). Sie sind tatsächlich ein Erbe von unschätzbarem Wert. Eltern haben die ihnen von Gott übertragene Verpflichtung, ihre Kinder zu lehren, zu schulen und in Zucht zu nehmen. Dazu gehört auch, daß sie sie im Predigtdienst schulen und sie ermuntern, von Herzen über Jehova und das Königreich zu reden (Eph. 6,4).

Wann sollten die Eltern mit dieser Schulung beginnen? Die Antwort der Bibel ist klar: in frühester Kindheit (2. Tim. 3,14.15). Je früher damit begonnen wird, desto größer ist die Wahrscheinlichkeit, daß die Kinder in der Wahrheit fest gegründet werden und den Predigtdienst zu ihrer Berufung machen. Diese frühe Schulung wird sie auch vor weltlichem Denken und weltlichen Ansichten schützen.

Manche Kinder beweisen schon im Vorschulalter, daß sie ansehnliche Fähigkeiten haben, die es ihnen ermöglichen, schwierige Aufgaben zu bewältigen. Dieses frühe Lernpotential sollte so genutzt werden, daß die Kinder Fähigkeiten entwickeln, die ihnen Gottes Anerkennung einbringen ... Viele haben bereits im Kindesalter solch gute Fortschritte gemacht, daß sie ungetaufte Verkündiger geworden sind. Manche haben sich schon vor Beginn der Teenagerjahre Gott hingegeben und taufen lassen. Das ermöglichte es ihnen, den Hilfspionierdienst oder sogar den allgemeinen Pionierdienst aufzunehmen, schon bevor sie aus der Schule kamen oder ihre Berufsausbildung beendet hatten. Damit diese Ziele erreicht werden, müssen sie gelehrt werden, Gespräche über verschiedene biblische Themen zu führen.

Wer mit Kindern von Zeugen Jehovas Kontakt bekommt, sei es im Kindergarten oder in der Schule, wird schnell feststellen, daß Freundschaften zu Kindern, deren Eltern nicht zu dieser Gemeinschaft gehören, selten sind. Dies liegt unter anderem daran, daß die Organisation vor näherer Bekanntschaft mit Nicht-Zeugen warnt: „Wer zur Christenversammmlung gehört, ob jung oder alt, sollte unnötige Gemeinschaft mit Personen meiden, die nicht Jehova hingegeben sind" (*Wachtturm* vom 15.02.95, S. 16). Nicht-Zeugen werden meist als schlechte Gesellschaft dargestellt. Wer sich mit *„weltlichen"* Kindern – und das sind alle, die nicht zur Gesellschaft gehören – einlasse, laufe Gefahr, auf die schiefe Bahn zu kommen, zu rauchen, Alkohol zu trinken und es mit der sexuellen Moral auch nicht mehr so ernstzunehmen: *„Du möchtest die Fernsehsendungen sehen, über die alle anderen reden, aber deine Eltern sagen, der Film sei zu brutal. Du möchtest mit deinen Mitschülern in die Stadt gehen, aber deine Eltern bezeichnen sie als schlechten Umgang (1. Kor. 15,33). Du möchtest zu einer Fete gehen, auf der alle deine Klassenkameraden sind, doch Mutti und Vati sagen nein. Deine Mitschüler scheinen zu kommen und zu gehen, wann sie wollen, Konzerte zu besuchen und bis zum Morgengrauen auf Partys zu bleiben, ohne daß ihre Eltern etwas dagegen haben"* (Fragen junger Leute – praktische Antworten, S. 296).

Ein Kind, dessen Eltern Zeugen Jehovas sind, ist von vielen Aktivitäten ausgeschlossen. Zwar sind Klassenfahrten nicht direkt verboten, es wird jedoch davor gewarnt. Wer den Artikel hierüber im *Erwachet* vom 22.10.94 liest, muß den Eindruck bekommen, Jugendliche, die nicht zu Jehovas Zeugen gehören, hätten nichts anderes im Kopf, als sich auf diesen Klassenfahrten zu betrinken,

Drogen zu nehmen und mit den Jungen bzw. Mädchen aus ihrer Klasse zu schlafen.

Auch die Mitgliedschaft in Sportvereinen ist nicht gern gesehen. *„... Jugendliche unter Jehovas Zeugen nehmen im allgemeinen nicht am außerlehrplanmäßigen Schulsport teil und spielen nicht im Verein. Das bedeutet nicht, daß du als christlicher Jugendlicher dich nicht sportlich betätigen kannst. Allerdings mußt du womöglich die Initiative ergreifen. Du könntest beispielsweise mit deinen Eltern ein Picknick oder ein Grillfest im Grünen planen. Dabei kannst du dich mit Angehörigen und Freunden auf angenehme Weise sportlich betätigen. Auch kannst du ein paar christliche Jugendliche ansprechen, ob sie Lust haben, mit dir eine Fahrradtour zu unternehmen, Ball zu spielen oder Wettrennen zu machen"* (Erwachet vom 22.06.91).

Auch sonst sind Kinder von Jehovas Zeugen in der Schule und im Kindergarten isoliert. Sie dürfen nicht an Geburtstagsfeiern teilnehmen, in der Vorweihnachtszeit und den Wochen vor Ostern werden sie häufig nicht in den Kindergarten geschickt. Freundschaften unter kleineren Kindern lassen sich so leicht nicht verhindern, da Kinder allgemein recht unkompliziert und unvoreingenommen Kontakt suchen. Doch schon in der Schulzeit kann man beobachten, daß Kinder aus Zeugenfamilien in den Pausen oft allein sind, wenn nicht andere Kinder dieser Glaubensgemeinschaft in die gleiche Klasse gehen.

Der ständige Hinweis darauf, daß die anderen Kinder keine gute Gesellschaft seien, tut sein übriges: *„Wie Paulus zeigte, kann man in bezug auf die Gesellschaft leicht irregeführt werden. Jemand mag dir freundlich und sympathisch erscheinen. Wenn er jedoch dein Interesse am Dienst für Jehova nicht teilt oder nicht einmal an die biblischen Verheißungen glaubt, ist er schlechte Gesellschaft. Warum? Weil er nach anderen Grundsätzen lebt. Dinge, die für einen Christen sehr wichtig sind, mögen für ihn kaum Bedeutung haben.*

Das überrascht nicht, denn Jesus sagte von seinen Nachfolgern: ‚Sie sind kein Teil der Welt, so wie ich kein Teil der Welt bin' (Joh. 17,16). Es ist unmöglich, ein wahrer Christ und gleichzeitig ein Teil der Welt zu sein, deren Gott Satan ist (2. Kor. 4,4). Erkennst du, inwiefern ein solches Getrenntsein von der Welt uns vor der Verderbtheit und den Streitereien bewahrt, unter denen heute so viele zu leiden haben? Wenn ja, dann kannst du verstehen, warum du dich von der Welt getrennt halten mußt, auch wenn es bedeutet, daß du dich an einigen Schulaktivitäten nicht beteiligen kannst (*Wachtturm* vom 15.07.91).

In einer Publikation der Wachtturmgesellschaft heißt es:

„Jehovas Zeugen haben den aufrichtigen Wunsch, daß man sie besser kennenlernt. Vielen Leuten sind sie aus der Nachbarschaft, vom Arbeitsplatz oder aus der Schule bekannt. Sie unterscheiden sich zumeist kaum von deutschen Durchschnittsbürgern" (Jehovas Zeugen – Menschen aus der Nachbarschaft – Wer sind sie?).

Inwieweit diese Aussage noch glaubhaft ist, mag jeder selbst beurteilen.

Kapitel 11

Ein Greuel sind für den HERRN zweierlei Gewichtssteine ... (Sprüche 20,23)

Doppelte Moral

Es vergeht keine Ausgabe des *Wachtturm* und des *Erwachet*, in der nicht die christlichen Kirchen in ihrer Gesamtheit als sittenlos und verkommen beschimpft werden: „*Gräßliches geschieht in der Christenheit, wodurch sich biblische Prophezeiungen erfüllen ... Die permissive Einstellung der Geistlichkeit ist weitgehend dafür verantwortlich, daß ihre Herden von Unmoral durchdrungen sind. In den Vereinigten Staaten, einer angeblich christlichen Nation, wird etwa die Hälfte aller Ehen geschieden. Teenagerschwangerschaften und Homosexualität nehmen unter den Kirchenmitgliedern immer mehr zu. Priester vergehen sich an Kindern – und dabei handelt es sich keineswegs um Einzelfälle*“ (*Wachtturm* vom 01.04.96, S. 19).

In der *Erwachet*-Ausgabe vom 22. April 1996 versteigt man sich sogar dazu, den christlichen Kirchen Mitschuld an der Ausbreitung von Aids zuzuschieben. „*Wieso hat sich das Virus unter Menschen, die behaupten Christi Nachfolger zu sein, so rasch ausgebreitet? Viele Afrikaner nennen sich zwar Christen, doch in Wirklichkeit halten sich nur verhältnismäßig wenige an die in der Bibel aufgezeichneten christlichen Sittenmaßstäbe. Das scheint eine unmittelbare Folge der Art und Weise zu sein, wie die Missionare der Christenheit die afrikanische Bevölkerung ‚bekehrten‘*“ (S. 19).

Egal, was passiert, die christlichen Kirchen scheinen eigentlich an *allem* schuld zu sein!

Dagegen wird immer wieder die sittliche Reinheit, für die Jehovas Zeugen bekannt seien, hervorgehoben. Nur sie hielten sich an die Maßstäbe der Bibel und seien unter anderem dadurch als wahre Christen zu erkennen.

Es soll nicht bezweifelt werden, daß sich ein Großteil der Zeugen Jehovas an das hält, was Gott uns zum Thema Ehe sagt. Darum geht es jedoch nicht, sondern um das Messen mit zweierlei Maß (Spr. 20,10.23) bei der Beurteilung von schlimmen sexuellen Verfehlungen, wie die eigene Literatur der Wachtturmgesellschaft enthüllt.

Im *Wachtturm* vom 1. November 1995 erschien ein Artikel über sexuellen Mißbrauch an Kindern und die Art und Weise, wie die Gesellschaft damit umgeht:

„Wenn sich ein Glied der Versammlung an die Ältesten wendet, weil im plötzlich Gedanken daran kommen, als Kind mißbraucht worden zu sein, werden normalerweise zwei der Ältesten beauftragt, Hilfe zu leisten ... Die Namen aller Mißbrauchstäter, an die sich der Betreffende ‚erinnert', sollten streng vertraulich bleiben ... Was wäre, wenn sich der Betroffene zu einer Anzeige entschließt? (Fußnote: ‚Der in diesem Absatz umrissene Schritt ist möglicherweise unumgänglich, wenn die Angelegenheit in der Versammlung allgemein bekannt geworden ist.') Die beiden Ältesten sollten ihm dann raten, den Beschuldigten im Einklang mit dem Grundsatz aus Matthäus 18,15 selbst anzusprechen ... Wird die Beschuldigung zurückgewiesen, sollten die Ältesten dem Ankläger erklären, daß rechtlich nichts weiter unternommen werden kann. Und die Versammlung wird den Beschuldigten weiterhin als unschuldig betrachten. Gemäß der Bibel müssen zwei oder drei Zeugen vorhanden sein, damit rechtliche Schritte unternommen werden können ... Selbst wenn sich mehr als eine Person an einen Mißbrauch durch dieselbe Person ‚erinnert', ist die Natur dieser Erinnerungen doch zu ungewiß, um ohne weitere belastende Beweise rechtliche Entscheidungen darauf zu stützen. Das bedeutet nicht, daß solche ‚Erinnerungen' als falsch (oder wahr) betrachtet werden ... Was ist, wenn der Beschuldigte – obwohl er die Missetat bestreitet – tatsächlich schuldig ist? Kommt er sozusagen ungestraft davon? Ganz gewiß nicht! Die Frage der Schuld oder Unschuld ist bei Jehova in besten Händen ...“

Bei der in diesem Artikel erwähnten „Anzeige“ handelt es sich nicht um eine strafrechtliche Anzeige bei der Polizei, sondern um eine Meldung bei den Leitern der Versammlung. Dem Betroffenen wird, wenn der Beschuldigte die Tat bestreitet, die Möglichkeit genommen, zur Polizei zu gehen, und sogar die mehrfache Nennung des gleichen Namens durch andere Personen ändert nichts daran. So kann jemand, der möglicherweise Kindesmißbrauch begangen hat, ein geachtetes Mitglied der Zeugen Jehovas bleiben. Fast hört es sich so an, als ob zur Vertuschung einer Straftat aufgefordert würde, denn es ist eher selten, daß Kinderschänder bei ihrem abscheulichen Treiben „zwei oder drei Zeugen" mitnehmen.

Spricht man Zeugen Jehovas auf diese Tatsache an, so reagieren sie empört. Man habe den Artikel mißverstanden oder böswillig ausgelegt. Ist dies jedoch möglich? Wenn es sich tatsächlich um eine Anzeige bei der Polizei handelte, so würde diese den Fall weiterverfolgen müssen! Selbst wenn der Verdächtige die Beschuldigung zurückwiese, würden polizeiliche Ermittlungen aufgenommen. Dagegen heißt es in dem erwähnten Artikel: *„Wird die Beschuldigung zurückgewiesen, sollten die Ältesten dem Ankläger erklären, daß rechtlich nichts weiter unternommen werden kann."* Die Tatsachen sind eindeutig.

Während die Wachtturmgesellschaft also mit Eifer auf Verfehlungen in anderen Gemeinschaften hinweist, heißt die Devise für den einzelnen Zeugen Jehovas, alles unter den Teppich zu kehren, damit der gute Ruf der Versammlung nicht leidet. Dies zeigt auch die Anmerkung, daß eine Anzeige eventuell nicht zu vermeiden sei, wenn die Sache schon in der Versammlung bekannt geworden sei.

Anders sieht die Sache aus, wenn der Mißbrauch doch ans Licht kommt *„Je nach Rechtslage in dem Land, in dem der Mißbraucher lebt, kann es durchaus sein, daß er eine Gefängnisstrafe oder andere vom Staat verhängte Strafen verbüßen muß. Die Versammlung wird ihn davor nicht schützen. Überdies hat der Mann eine schwerwiegende Schwäche* (kann man so etwas nur als Schwäche bezeichnen?) *erkennen lassen, die künftig in Betracht gezogen werden muß. Wenn er reumütig zu sein scheint, wird man ihn ermuntern, geistig Fortschritte zu machen, sich am Predigtdienst zu beteiligen und sogar Aufgaben in der Theokratischen Predigtdienstschule (siehe Kap. 8) zu halten sowie in der Dienstzusammenkunft mitzuwirken, soweit damit kein Lehren* *verbunden ist. Das bedeutet jedoch nicht, daß er sich eignet, in verantwortungsvoller Stellung in der Versammlung zu dienen ... Auch kann er nicht als Pionier dienen oder eine andere Form besonderen Vollzeitdienstes verrichten"* (*Wachtturm* vom 01.01.97).

In einem internen Schreiben an alle Ältestenschaften vom 20. September 1995 hatte es noch geheißen: *„Es wäre unbiblisch, würde man sagen, daß jemand, der sich des Kindesmißbrauchs schuldig gemacht hat, in der Versammlung niemals Dienstvorrechte genießen kann, die Vorbildlichkeit voraussetzen ... Ihm dürfen erst dann. Vorrechte übertragen werden, wenn er sich ein vortreffliches Zeugnis von Personen innerhalb und außerhalb der Versammlung erworben hat, das heißt, wenn die durch seinen Fehltritt verursachte Schmach wegen seines tadellosen Lebenswandels in Vergessenheit geraten ist. Sich einen solchen guten Ruf zu erwerben, erfordert in der Regel etliche Jahre; dabei spielt es eine Rolle, wie bekannt der Fehltritt geworden ist."*

Im Interesse der Kinder kann man über diese kleine Änderung froh sein; doch wie an den Anweisungen der Gesellschaft deutlich wird, geht es nicht in erster Linie um Wahrhaftigkeit und um den Schutz der Kinder, sondern um das Ansehen der Wachtturmgesellschaft in der Öffentlichkeit als Hüter der Moral. Doch genau dies ist es, was man gemeinhin *doppelte Moral* nennt: *„Die Versammlung soll rein erhalten werden"*, ist im vorgenannten Artikel vom 01.01.97 zu lesen. Doch muß man sich nach diesen Tatsachen die Frage stellen, ob dies nur nach außen oder auch nach innen gilt.

Wie heißt es doch so schön im *Paradiesbuch* der Wachtturmorganisation: *„Welche Schlußfolgerung muß man ziehen, wenn Kirchenmitglieder, die ... unrechte Dinge tun, bei ihrer Kirche in gutem Ansehen bleiben? Daß Gott ihre Religionsorganisation nicht gutheißt."*

Kapitel 12

Zeugen Jehovas und Bildung

Bekanntlich verkündigt die Wachtturmgesellschaft seit über 100 Jahren, daß Harmagedon kurz vor der Tür stehe. Diese Lehre beeinflußt den gesamten Lebensverlauf junger Menschen natürlich stark. In früheren Zeiten nahmen viele junge Zeugen direkt nach der Schule den Vollzeitdienst auf; da das Ende ja kurz bevorstehe und es sich nicht lohne, noch einen Beruf zu erlernen oder einen höherwertigen Bildungsabschluß anzustreben. Dies wurde in den Schriften der Organisation als Musterbeispiel eines lobenswerten Einsatzes für Jehova gelobt. Diese Menschen, die damals glaubten, das Ende stehe unmittelbar bevor, haben in aller Regel kaum Vorsorge für ihr Alter getroffen und sind heute oft auf Sozialhilfe und Hilfe durch Freunde und Verwandte angewiesen. Heute erlernen die meisten Zeugen zumindest in Deutschland einen Beruf. Hat sich die Einstellung der Wachtturmgesellschaft zur Bildung also geändert?

In der Broschüre „Jehovas Zeugen – Menschen aus der Nachbarschaft – Wer sind sie?" aus dem Jahre 1995 heißt es auf S. 30: *„Was Intelligenz, Bildung und Fähigkeiten betrifft, so bilden Jehovas Zeugen einen Querschnitt der allgemeinen Bevölkerung. 34,6 Prozent haben die Schule mit mittlerer Reife oder Abitur abgeschlossen ..."* Dies bedeutet im Umkehrschluß, daß der Anteil der Zeugen Jehovas, die einen Hauptschulabschluß oder einen geringeren Schulabschluß haben, 65,4 Prozent beträgt; ganz sicherlich ist dies kein Querschnitt der bundesdeutschen Bevölkerung!

Eine Seite weiter schreibt man, daß Jehovas Zeugen die Schulbildung hoch einschätzten, und wörtlich heißt es: *„Daher bringen 65,9 Prozent ihrer Kinder sehr gute oder gute und weitere 34,1 Prozent befriedigende Noten nach Hause. Aber wegen ihrer Einstellung zu materiellen Dingen und ihrer Zukunftshoffnung verzichten viele junge*

Zeugen auf eine akademische Ausbildung, allerdings nicht, weil dies verboten wäre. Sie ziehen aus persönlichen Gründen eine anderweitige Ausbildung vor, die sie ausrüstet, für sich selbst und gegebenenfalls für eine Familie zu sorgen." (Wer mitgerechnet hat, wird festgestellt haben, daß es bei Jehovas Zeugen keine Kinder mit schlechten schulischen Leistungen gibt! Dies rührt u. a. wohl daher, daß die Umfrage, auf der die Broschüre basiert, insofern nicht anonym war, als der abgegebene Umschlag den Namen des jeweiligen Zeugen trug.)

Ebenfalls von der Wachtturmgesellschaft wurde eine Broschüre herausgegeben, die sich speziell an Lehrer wendet – „Jehovas Zeugen und Schulbildung". Hierin heißt es auf S. 5: „*Ferner gebietet die Bibel, die Staatsgesetze einzuhalten. Wenn daher ein Mindestschulbesuch gesetzlich vorgeschrieben ist, halten sich Jehovas Zeugen daran.*"

Unter der Überschrift „*Wie Jehovas Zeugen Bildung vermitteln*" heißt es: „*In den Versammlungen wird das Lesen wärmstens empfohlen, und jede Familie wird ermuntert, eine eigene Bibliothek mit einer großen Auswahl an Veröffentlichungen zu haben, so daß der Wissensdrang von Kindern und Erwachsenen gestillt werden kann.*" Die Ausführungen vorher enthüllen allerdings, daß damit Veröffentlichungen der Wachtturmgesellschaft gemeint sind.

Ein ausführlicher Studienartikel zum Thema Bildung ist ebenfalls in einer neueren Publikation der Wachtturmgesellschaft zu finden, nämlich im *Erwachet* vom 22.08.94. Die ganze Ausgabe trägt den Titel: „Eine ausgeglichene Ansicht über Bildung" und behandelt in mehreren Artikeln den Wert einer besseren Schulbildung. Hier heißt es u. a.: „*Sicherlich betrachtet ein Christ sie (die Bildung) nicht als unwichtig. In der Regel braucht man eine gewisse Bildung, um der biblischen Verpflichtung nachkommen zu können, auf die der Apostel Paulus mit den Worten hinwies. ‚Jemand, der für die Seinen ... nicht sorgt, hat den Glauben verleugnet und ist schlimmer als ein Ungläubiger.' ... Außerdem besteht der Auftrag Jesu für seine Nachfolger darin, Jünger zu machen und ‚sie zu lehren, alles zu halten, was er geboten hat', und dazu muß man Erkenntnis in sich aufnehmen und andere wirkungsvoll belehren können ... Jehovas Zeugen sind an Bildung interessiert, nicht um der Bildung willen, sondern weil sie sich im Dienst Gottes besser einsetzen und ihren Lebensunterhalt verdienen möchten. ... Väter, die keine Zeugen Jehovas sind, verlangen von ihren minderjährigen Kindern vielleicht, daß sie weiter zur Schule gehen, und vom biblischen Standpunkt aus ist das ihr gutes Recht. In solchen Fällen werden Jugendliche jedoch im Einklang mit Matthäus 6,33 wahrscheinlich eine Berufsrichtung wählen, die ihnen hilft, sich später im Dienst Jehovas besser einsetzen zu können, oder die ihnen sogar während der Schulzeit ermöglicht, den Vollzeitdienst durchzuführen"* (a. a. O., S. 10).

Weiteren Aufschluß liefert ein Artikel im Wachtturm vom 01.02.96 mit der Überschrift „Bildung – nutze sie zum Lobpreis Jehovas": *„Eine sinnvolle Bildung soll uns helfen, 1. flüssig zu lesen. 2. deutlich zu schreiben, 3. Verstand und Sittlichkeitsempfinden zu fördern und 4. praktische Schulung für das Alltagsleben zu erhalten."*

Noch deutlicher wird die Wachtturmgesellschaft, wenn es um ein Hochschulstudium geht:

„Ob eine Hochschulausbildung deine Berufsaussichten nun verbessert oder nicht, eines ist unbestreitbar: ‚Die verbleibende Zeit ist verkürzt' (1. Korinther 7,29)! Würde man – bei all den eventuellen Vorteilen – die verbleibende Zeit wirklich am besten nutzen, wenn man vier Jahre oder länger an einer Hochschule studiert (Epheser 5,16)? ... Man geht freizügig mit Drogen, Medikamenten und Alkohol um; ungebundene Geschlechtsbeziehungen sind die Regel – nicht die Ausnahme. Wenn das auf die Hochschulen in deinem Land zutrifft, könnte dann dort dein Bemühen, moralisch rein zu bleiben, untergraben werden (1. Korinther 6,18)? Die gutbelegte Verbindung zwischen höherer Bildung und abnehmender ‚Bindung an grundlegende religiöse Lehren' mahnt ebenfalls zur Vorsicht (The Sacred in a Secular Age). Christliche Jugendliche haben aufgrund des Leistungsdrucks in ihrem Dienst für Gott nachgelassen und sind so für das unchristliche Gedankengut, das von den Hochschulen gefördert wird, anfällig geworden. Einige haben an ihrem Glauben Schiffbruch erlitten" (Fragen junger Leute – praktische Antworten, S. 177). *Mit der schlimmste Umgang, den ein Christ sowohl in geistiger als auch in moralischer Hinsicht haben könne*, so der Wachtturm wörtlich, *sei an Universitäten zu finden* (*Wachtturm* vom 15.10.82, S. 14). Es werden Beispiele aufgeführt, wie *„junge Menschen fern von zu Hause in eine Umgebung geraten, in der Unmoral, Drogen- und Alkoholmißbrauch, Perversion und rebellische politische Ideen gang und gäbe*

sind". Daran schließt sich die Frage an, ob *„ein gehobenes Familienprestige oder die Möglichkeit eines besser bezahlten Berufes diesen Preis wert"* sei. Hier wird auch deutlich, daß die Wachtturmgesellschaft dem Wunsch nach einer besseren Ausbildung lediglich solche Motive unterstellt.

Wer alle diese Aussagen aufmerksam gelesen hat, muß feststellen, daß die Wachtturmgesellschaft höherer Schulbildung ziemlich skeptisch gegenübersteht, auch wenn man betont: *Wahre Christen blicken nicht auf Personen herab, die keine zusätzliche Schulausbildung haben, und geben ihnen nicht das Gefühl, minderwertig zu sein; sie verurteilen auch nicht diejenigen, die eine umfassende Bildung haben, und unterschieben ihnen nicht, hochmütig zu sein* (Erwachet vom 22.08.94, S. 6).

Der Nutzen von Bildung wird in erster Linie danach beurteilt, ob sie ausreicht, um den Lebensunterhalt zu bestreiten und wirkungsvoll für die Organisation zu predigen. Von daher ist es nicht verwunderlich, daß der Anteil der Zeugen Jehovas, die Abitur oder ein Studium vorweisen können, sehr gering ist. In der Regel sind dies Menschen, die erst als Erwachsene zur Wachtturmgesellschaft gestoßen sind oder bei denen – wie von der Organisation selbst angedeutet – ein Elternteil, der kein Zeuge Jehovas ist, auf einem längeren Schulbesuch bestanden hat. Zeugen Jehovas, die ihre Kinder studieren lassen, werden meist mit Skepsis betrachtet. In etlichen Publikationen wird ebenfalls indirekt gewarnt, eine bessere Ausbildung anzustreben, da ein jugendlicher Zeuge in *„erster Linie das Königreich suchen"* soll, außerdem könne man hierdurch unter den Einfluß *„weltlicher Philosophien geraten und den Glauben an Jehova Gott verlieren"*.

In Deutschland und anderen Industrienationen ist eine Ausbildung heutzutage meist unerläßlich, will man noch einen Arbeitsplatz erhalten. Interessanterweise werden junge Zeugen in Entwicklungsländern, die direkt nach der Schule den Vollzeitdienst für die Wachtturmgesellschaft aufnehmen (i. d. R. ca. 90 Stunden monatlich), als leuchtendes Beispiel dargestellt, nachzulesen in fast jeder Ausgabe der Zeitschriften.

Es soll hier nicht gegen den Idealismus junger Leute Front gemacht werden, und es ist zweifellos lobenswert, sich für Gott einsetzen zu wollen. Doch sollten junge Menschen folgendes bedenken: Es ist Gott, der uns unseren Verstand und unsere Fähigkeiten gab, damit wir diese nutzen und nicht nur, um lesen und schreiben zu lernen.

Wenn die Menschen der Vorstellungsweise der Wachtturmgesellschaft über den Stellenwert der Bildung gefolgt wäre, sähe unsere Welt wahrscheinlich etwas anders aus.

Welchen Beruf hätte Robert Koch, der Entdecker des Erregers der Tuberkulose, ergriffen, wenn er Zeuge Jehovas gewesen wäre? Welche Gemälde könnten wir heutzutage bewundern, wenn Arbeit nur daran gemessen würde, ob man damit den Lebensunterhalt verdienen kann? Welche Musik würden wir hören? Was hätte wohl Galileo Galilei gemacht, was Albert Einstein, wenn sie die Einstellung der Wachtturmgesellschaft gehabt hätten?

Natürlich ist mit dem Erfindungsreichtum des Menschen auch viele Mißbrauch getrieben worden, aber kann dies ein Argument sein, Verstand, Kreativität und Phantasie nicht zu nutzen?

Tatsache ist, daß sich Glaube und Bildung nicht widersprechen müssen. Was wäre das im übrigen für ein armseliger Glaube, der nur deshalb Bestand hätte, weil er auf mangelnder Bildung beruht. Wovor haben Menschen Angst, die vor höherer Schulbildung warnen? Es soll nicht der Eindruck erweckt werden, Menschen mit einer besseren Bildung seien mehr wert. Wahr ist, daß Gott den Menschen verschiedene Fähigkeiten gegeben hat. Wir brauchen Maurer und Professoren, Schlosser und Musiker, Schriftsteller und Feinmechaniker.

Ein Zeuge Jehovas mag jetzt versucht sein, all dies als Materialismus und weltliche Philosophie abzutun, aufgeführt mit dem Ziel, ihn von Gott wegzuziehen. Doch das ist damit nicht gemeint. Christen sollen Zeugen Jesu sein, und das können sie in jedem Beruf. Die Frage ist jedoch: Warum hat man so großes Interesse daran, eine bessere Schulbildung zu verhindern, warum wird eine sinnvolle Bildung nur als etwas dargestellt, was – ich wiederhole – uns helfen soll: 1. flüssig zu lesen, 2. deutlich zu schreiben, 3. Verstand und Sittlichkeitsempfinden zu fördern und 4. praktische Schulung im Alltagsleben zu erhalten?

Kapitel 13

Exkommunikation

„Der Gemeinschaftsentzug – Eine liebevolle Vorkehrung?" lautet die Überschrift eines Wachtturmartikels vom 15.07.95. Gemeinschaftsentzug ist die interne Bezeichnung für den Ausschluß aus der Wachtturmgesellschaft. Doch wie kann man einen Ausschluß als liebevoll bezeichnen? Die Versammlung der Zeugen Jehovas sei ein geistiges Paradies, und um dieses rein zu erhalten, sei es manchmal notwendig, gewisse Menschen auszuschließen: *„Getaufte Diener Jehovas, die willentlich einen bösen Weg einschlagen und sich nicht ändern wollen, müssen als reuelos und daher für die christliche Gemeinschaft als ungeeignet betrachtet werden ... Solchen Personen kann nicht gestattet werden, in der reinen Christenversammlung zu bleiben und sie dadurch zu verunreinigen ... Diese Maßnahme ist ein Ausdruck der Liebe gegenüber Jehova und seinen Wegen ... Würde schwerwiegende Unsittlichkeit oder geistige Unreinheit in der Versammlung geduldet, dann würde sie verunreinigt und wäre nicht mehr tauglich, Jehova, dem heiligen Gott, heiligen Dienst darzubringen. Außerdem kann der Ausschluß einem Missetäter helfen, die Tragweite seines verkehrten Laufs zu erkennen, zu bereuen und die nötigen Änderungen vorzunehmen, so daß er wieder in die Versammlung aufgenommen werden kann*" (a. a. O., S. 25+26).

Der Ausschluß aus der Wachtturmgesellschaft bedeutet mehr, als sich die meisten Menschen vorstellen können. Wird der Verstoß gegen bestimmte Gebote der Wachtturmgesellschaft (s. Kap. 1) bekannt, wird ein Rechtskomitee gebildet, das sich mit dem Fall befaßt. Je nach Schwere des Verstoßes hat der Beschuldigte verschiedene Sanktionen zu erwarten, vom Entzug verschiedener „Vorrechte" wie dem Kommentargeben in den Zusammenkünften, dem Verweis wegen unziemlichen Verhaltens bis zum Ausschluß. Dies sei allerdings immer das letzte Mittel, betont die Wachtturmgesellschaft und werde nur dann angewandt, wenn der Beschuldigte nicht „bereue“ oder das Komitee zu dem Schluß komme, seine Reue sei nicht aufrichtig. Sobald dies in der Versammlung bekanntgegeben wird, ist er für alle Zeugen Jehovas automatisch eine „Unperson“, er existiert nicht mehr, man spricht nicht mit ihm, darf ihn noch nicht einmal mehr begrüßen. Wer sich darüber hinwegsetzt, läuft Gefahr, ebenfalls ausgeschlossen zu werden, was gleichbedeutend ist mit dem Verlust des ewigen Lebens. Dies erklärt auch, warum sich fast alle Zeugen Jehovas an diese Ächtung halten.

Die Wachtturmgesellschaft verweist auf die Bibel, die sie dazu ermächtige: *„Personen wie Hurer, Ehebrecher, Homosexuelle, Habgierige, Erpresser, Diebe, Lügner, Trunkenbolde, Schmäher, Spiritisten, Mörder, Götzendiener, Abtrünnige und solche, die Spaltungen in der Versammlung verursachen, verdienen es, aus der Christenversammlung ausgeschlossen zu werden (1. Kor. 5,9-13; 6,9.10; Tit. 3,10; Offb. 21,8). Wenn jemand eine Sekte fördert, wird der Betreffende barmherzigerweise erst zweimal gewarnt ... Doch bezüglich eines Menschen, der Christ war, aber später der Christenversammlung den Rücken kehrte oder ausgeschlossen wurde, gebot der Apostel Paulus, ‚keinen Umgang mehr mit‘ ihm zu haben; und der Apostel Johannes schrieb: ‚Nehmt ihn niemals in euer Haus auf, noch entbietet ihm einen Gruß‘ (1. Kor. 5,11; 2. Joh. 9,10)“* (Einsichten über die Heilige Schrift, Bd. I, S. 261).

Und wer die Wachtturmgesellschaft verläßt?

Auch mit jemandem, der seinen Austritt erklärt, darf nicht mehr geredet werden. Es seien oft Menschen, die sich nicht dauerhaft an die „hohen moralischen Anforderungen“ halten wollten oder zu stolz seien, um sich dem unterzuordnen, was „Jehovas Organisation“ lehre. Wenn jemand zum Ausdruck bringe, daß er kein Zeuge Jehovas mehr sein wolle, so werde sein Wunsch respektiert, heißt es in der Broschüre *„Jehovas Zeugen – Menschen aus der Nachbarschaft – Wer sind sie?“*.

Auch in einem Leserbrief an eine Tageszeitung schrieb ein Zeuge Jehovas, es sei leichter, die Zeugen Jehovas zu verlassen als aus der

Kirche auszutreten. Er hatte jedoch „vergessen“, die Folgen zu erwähnen.

Die Wachtturmgesellschaft reagiert gelassen auf öffentliche Empörung über diese Handlungsweise, Gott selbst ordne es so an, man habe eine biblische Grundlage. Den Ausschluß aus der Gemeinde kennt das Neue Testament tatsächlich: „Nun aber habe ich euch geschrieben, keinen Umgang zu haben, wenn jemand, der Bruder genannt wird, ein Unzüchtiger ist oder ein Habsüchtiger oder ein Götzendiener oder ein Lästerer oder ein Trunkenbold oder ein Räuber, mit einem solchen nicht einmal zu essen. ... Tut den Bösen von euch selbst hinaus“ (1. Kor. 5,11-13). Hierauf beziehen sich Jehovas Zeugen, und zur Begründung des absoluten Grußverbotes verweisen sie auf 2. Joh. 9-11: „Jeder, der weitergeht und nicht in der Lehre des Christus bleibt, hat Gott nicht, wer in der Lehre bleibt, der hat sowohl den Vater als auch den Sohn. Wenn jemand zu euch kommt und diese Lehre nicht bringt, so nehmt ihn nicht in euer Haus auf und grüßt ihn nicht. Denn wer ihn grüßt, nimmt teil an seinen bösen Werken.“ Dies bezieht man auf *alle* Ausgeschlossenen und Menschen, die von sich aus die Gemeinschaft verlassen haben. Der Kontext des Bibeltextes beweist jedoch, daß etwas anderes damit gemeint ist, als Jehovas Zeugen praktizieren: „Denn viele Verführer sind in die Welt hinausgegangen, die nicht Jesus Christus, im Fleisch gekommen, bekennen; dies ist der Verführer und der Antichrist“ (2. Joh. 7). Nur für diese gilt also, was Johannes in seinem zweiten Brief sagt. Doch selbst da ist fraglich, ob denn damit gemeint ist, was die Wachtturmgesellschaft hineinlegt. Wenn Jesus in Röm. 12,20 sagt: „Wenn nun deinen Feind hungert, so speise ihn, wenn ihn dürstet, so gib ihm zu trinken, denn wenn du das tust, wirst du feurige Kohlen auf sein Haupt sammeln“, so läßt sich dies kaum mit dem Verbot, Ehemalige auch nur kurz zu begrüßen, vereinbaren.

Problematisch ist auch, daß die Wachtturmgesellschaft *alle* ehemaligen Zeugen Jehovas auf diese Weise behandelt und welche Vergehen mit dem Ausschluß geahndet werden können (siehe Kap.1). Der erste Brief des Paulus an die Korinther umreißt den Personenkreis, mit dem Christen keinen näheren Umgang haben sollen, doch die Auslegung der Wachtturmgesellschaft erlaubt es ihnen z. B., Menschen auszuschließen, die Weihnachten oder Geburtstag feiern, denn auch dies ist nach ihrer Definition *Götzendienst.* Wer bestimmte Lehren bezweifelt, gilt als Abtrünniger: *„Personen, die vorsätzlich Lehren verbreiten (hartnäckig daran festhalten und darüber reden), welche im Widerspruch zu der biblischen Wahrheit stehen, die Jehovas Zeugen lehren, sind Abtrünnige"* („Gebt acht auf euch selbst und auf die ganze Herde"). Ausgeschlossen werde nur, wer Gottes Gebote übertrete, so heißt es. Was jedoch mit dem Ausschluß geahndet wird, bestimmt die Wachtturmgesellschaft und hat sich im Laufe ihrer Geschichte schon des öfteren geändert.

Austritt oder nicht?

Gerade weil ein Verlassen der Wachtturmgesellschaft so schwere Folgen nach sich zieht, ist verständlich, warum auch Menschen, die inzwischen nicht mehr hinter der Lehre der Gesellschaft stehen, zögern auszutreten. Es bestehen große Hemmschwellen, christliche Kirchen zu besuchen, die man als „Hure Babylon" verachtet hat. Manchmal sind auch die Ansprüche, die an andere Kirchen gestellt werden, enorm. Man hat Fehler in der Lehre der Wachtturmgesellschaft entdeckt. Stimmen denn jetzt alle Lehren der neuen Gemeinschaft? Wohin soll man gehen? Wo ist die Gemeinschaft, die „die Wahrheit hat"?

Doch diese Fragestellung ist falsch: Jesus ist „der Weg, die Wahrheit und das Leben" (Joh. 14,6). An ihn müssen wir uns wenden. Wir erhalten ewiges Leben, wenn wir Gott und seinen Sohn „kennenlernen", und nicht, wenn wir „Erkenntnis über ihn aufnehmen", wie die Wachtturmgesellschaft Joh. 17,3 übersetzt hat.

Bei dieser Übersetzung müssen wir „kleinlich" sein, denn der Unterschied ist entscheidend. Die Wachtturmgesellschaft hat wohl wider besseres Wissen übersetzt, denn sogar die wörtliche Übersetzung seiner „Kingdom Interlinear" lautet: „... *in order that they may be knowing you the only true God ...*" Es kommt auf das persönliche Kennenlernen Jesu an. Doch wie soll es weitergehen?

Der Wachtturm schrieb am 01.02.95 unter der Überschrift: *DEINE RELIGION EIN SCHIFF, DAS MAN AUF KEINEN FALL VERLASSEN SOLLTE?*: *„... argumentieren viele Menschen aus den verschiedensten Religionen: Ich weiß, daß meine Religion in vielem unrecht hat, aber ich hoffe, sie wird sich ändern; ich will sie nicht verlassen; vielmehr würde ich gerne mithelfen, die Schwierigkeiten zu überwinden ... Kann man aber im Boot der eigenen Kirche bleiben und darauf hoffen, Gott werde in seiner Barmherzigkeit allen Religionen unbegrenzt Zeit einräumen, sich zu reformieren ... Ist es weise, um jeden Preis in einer Kirche zu bleiben, ungeachtet ihres Zustandes?"* Wenn wir mit gleichem Maß messen wollen, so muß dies auch für die Wachtturmgesellschaft selbst gelten. Sie weist ihre Mitglieder nicht auf Jesus hin, sondern auf sich selbst und hat sich an die Stelle Jesu gesetzt.

Es kostet viel Kraft, die Konsequenzen zu ziehen. Viele schrekken wegen ihrer vielen Freunde und Verwandten vor einem endgültigen Bruch zurück und bleiben desillusioniert in der Gemeinschaft. Manche ziehen sich stillschweigend zurück und können so unter Umständen der Ächtung entgehen. Doch sind ihre Probleme damit keineswegs beendet. Wer jahrelang Zeuge Jehovas war oder sogar in diese Gemeinschaft hineingeboren wurde, hat in der Regel keinen Freundeskreis außerhalb der Wachtturmgesellschaft und ist sozial isoliert. Bisher wurde ein Großteil seines Lebens durch Regeln der Wachtturmgesellschaft vorgezeichnet: Bildung, Wahl des Freundeskreises, Freizeitaktivitäten. Seine Zeit war reichlich ausgefüllt mit Predigtdienst und Besuch von Zusammenkünften. Dies alles ist auf einmal weggefallen. Er muß in verschiedener Hinsicht erst lernen, eigene Entscheidungen zu treffen, was vielen zunächst schwerfällt. Jahrelang waren die christlichen Kirchen allesamt Teil der „Hure Babylon", und dieses Bild hat Nachwirkungen, selbst für einen ehemaligen Zeugen, der sich zu Jesus bekehrt hat. Er hat eine Gemeinschaft mit einem Absolutheitsanspruch verlassen, den *Vertreter Gottes auf Erden*, die Angst, sich wieder zu binden, ist groß.

Auch die erlebten Enttäuschungen sind nicht so leicht zu überwinden. Darüber hinaus sind Teile der Wachtturmideologie manchmal selbst bei Menschen zu finden, die die Gesellschaft schon lange verlassen und zu Jesus gefunden haben. Einige gründen ihren eigenen „kleinen Wachtturm" mit dem gleichen Absolutheitsanspruch und der Verurteilung anderer als „Namenschristen". Wieder andere wollen nach ihrem Ausstieg von Gott nichts mehr wissen. Sie haben Jahre ihres Lebens in einer Gemeinschaft verbracht, die angeblich von Gott auserwählt war, und übertragen ihre Enttäuschung auf Gott. Wenn sie erfahren müssen, wie wenig Freundschaften noch wert sind, nachdem sie aus der Wachtturmgesellschaft ausgestiegen sind, wie enge Verwandte und Freunde auf einmal nichts mehr von ihnen wissen wollen, so hat dies Auswirkungen; manche sind unfähig, sich wieder auf enge Bindungen einzulassen. In vielen Fällen dauert es Jahre, bis alle Erfahrungen verarbeitet sind, und bedarf großer Geduld und viel Liebe. Ich habe mit Menschen gesprochen, die die Wachtturmgesellschaft schon vor Jahren verlassen hatten, so, wie sie darüber redeten, hätten es erst einige Wochen sein können.

Außenstehende reagieren oft mit Unverständnis, wenn sie um diese Problematik nicht wissen. Hier sind Christen gefragt, um Aussteiger aufzufangen, und zwar, ohne als direkten Rettungsanker sofort ihre eigene christliche Kirche und ihre Glaubenssätze anzubieten. Die Prioritäten müssen stimmen – zuerst Jesus.

In einem christlichen Buch las ich eine Frage, die mich nachdenklich gemacht hat: „Liebst du mich, weil du willst, daß ich mich bekehre, oder willst du, daß ich mich bekehre, weil du mich liebst?"

Kapitel 14

„Kann man sagen, es sei lieblos, wenn jemand Menschen vor einer drohenden Gefahr, die sie nicht wahrnehmen, warnt oder wenn er sie darauf aufmerksam macht, daß sie von Personen irregeführt werden, die sie als ihre Freunde betrachten? Sie mögen es vorziehen, die Warnung in den Wind zu schlagen. Oder vielleicht nehmen sie sie sogar übel. Enthebt ihn das aber der Verantwortung, die Betreffenden zu warnen?" (WT vom 15.04.74, S. 227)

Sind Jehovas Zeugen eine Sekte?

Viele würden diesen Punkt bereits am Anfang des Buches erwarten, doch ich habe ihn bewußt ans Ende gestellt, wenn man bereits Einblick in die Lehren der Gesellschaft gewonnen hat.

Die Frage wird oft gestellt, ist aber kaum mit einem einfachen *Ja* oder *Nein* zu beantworten. Dies liegt unter anderem daran, daß die Vorstellungen, was man sich denn unter einer Sekte vorzustellen habe, sehr weit auseinanderklaffen. So sind für manche Menschen alle Religionsgemeinschaften außerhalb der Evangelischen oder Katholischen Kirche Sekten. Aber auch Lexika liefern höchst unterschiedliche Definitionen hierzu:

- *kleine Gesinnungs- oder Glaubensgemeinschaft, die sich von einer größeren Gemeinschaft abgespalten hat (Das neue große farbige Lexikon, Bassermann).*
- *abwertender Begriff v. a. für christliche Sondergemeinden, die sich von der Mutterreligion abgespalten haben. Dazu gehören z. B. Adventisten, Zeugen Jehovas, Mormonen, i. w. S. auch die Jugendreligionen (Familienlexikon, Isis-Verlag).*
- *religiöse Gemeinschaft, die sich innerhalb einer Konfession um eine Sonderlehre gesammelt und mit der Verwerfung der gemeinsamen Glaubensgrundlage auch die äußere Trennung vollzogen hat. (Bertelsmann Universallexikon).*

Der Begriff Sekte (griech. *hairesis*) war ursprünglich neutral und bezeichnete eigentlich Gruppen oder Parteien der Pharisäer und Sadduzäer. Auch die ersten Christen wurden so genannt (Apg. 28,22).

In 2. Petr. 2,1 sind mit „verderbliche Sekten“ falsche Lehrmeinungen, also Irrlehren, gemeint. Diesen Beigeschmack hat Sekte behalten: ein Häretiker ist ein Irrlehrer. Nun kann auch der Vorwurf der „Irrlehre“ sehr subjektiv sein. So war Luther für die damalige katholische Kirche ein „Irrlehrer“. Im weiteren Sinne wird mit Sekte eine religiöse Gemeinschaft bezeichnet, die gefährlich oder auch schädlich für das Individuum ist.

Welche dieser obengenannten Definitionen trifft nun auf die Zeugen Jehovas zu? Zu oberflächlich ist in jedem Fall der Begriff der kleinen Randgruppe. Eine Irrlehre würde nicht dadurch richtig, daß eine Menge Menschen sie vertreten, andersherum ist auch der Begriff der Wahrheit nicht abhängig von der Zahl der Menschen, die sie vertreten. Weltweit zählte die Gemeinschaft der Zeugen Jehovas im Jahre 1997 knapp 5,4 Mio. Verkündiger. Gezählt werden hierbei nur diejenigen, die aktiv am Predigtdienst teilnehmen und hierüber einen Bericht abgeben. Wie groß jedoch das Umfeld sein muß, wird deutlich, wenn gleichzeitig eine Zahl von über 14 Millionen Gedächtnismahlanwesenden angegeben wird (Abendmahl einmal im Jahr).

Die nun folgende Definition kann nicht alle Aspekte aufzeigen, bietet jedoch eine recht gute Beurteilungsbasis. Einige Merkmale einer Sekte im christlichen Bereich wäre demnach bei einer Glaubensgemeinschaft erfüllt,

- die das Heil *ausschließlich* an ihrer Gemeinschaft festmacht,
- die unbedingten oder zumindest sehr weitgehenden Gehorsam beansprucht,
- dem einzelnen Entscheidungen in weitreichendem Maß abnimmt und
- abweichende Gewissensentscheidungen nicht duldet;
- deren Publikationen *notwendige* Verstehenshilfe zur Bibel sind;
- wo innerhalb der Gemeinschaft alles Gute und außerhalb alles Böse ist
- und eigene Fehler geleugnet oder beschönigt werden.

Den Vorwurf, eine Sekte zu sein, weisen natürlich auch Jehovas Zeugen empört zurück. Die Ausgabe des *Wachtturm* vom 15.02.94 trägt den Titel: *Jehovas Zeugen – Eine Sekte oder Diener Gottes: „Gelegentlich werden Jehovas Zeugen von Anti-Sekten-Organisationen und von den Medien als Sekte bezeichnet. In jüngster Zeit wurden sie in einigen Zeitungsartikeln sogar mit religiösen Gruppen in Verbindung gebracht, die für ihre fragwürdigen Praktiken bekannt sind. Doch ist es korrekt, Jehovas Zeugen als ein kleine Randgruppe zu bezeichnen? Sektenmitglieder kapseln sich oft von Freunden, Familienangehörigen und sogar von der Gesellschaft im allgemeinen ab. Ist das bei Jehovas Zeugen der Fall? Bedienen sich die Zeugen der Täuschung und gegen die Moral verstoßender Praktiken, um Mitglieder anzuwerben? Sektenführer sind dafür bekannt, daß sie gewisse Manipulationsmethoden anwenden, um den Sinn ihrer Anhänger zu beherrschen. Gibt es irgendwelche Hinweise darauf, daß Jehovas Zeugen das tun? Ist ihre Anbetung in einen Schleier des Geheimnisses gehüllt? Folgen sie einem menschlichen Führer, den sie verehren?"*

Die Wachtturmgesellschaft scheint davon überzeugt, daß dies die Merkmale einer Sekte seien und diese allesamt nicht auf sie zuträfen. Inwieweit dies den Tatsachen entspricht, kann man vielleicht nach der Lektüre dieses Buches etwas besser beurteilen.

Wer Zeuge Jehovas wird, kapselt sich mit der Zeit wirklich von früheren Freunden ab, und wie wir gesehen haben, ist genau dies von der Gesellschaft beabsichtigt. Geschichtliche Fakten und Zitate von Forschern werden teilweise bewußt entstellt wiedergegeben, damit sie mit der Lehre der Organisation „übereinstimmen"; auch die Art und Weise, wie die Zeugen ihr „Bibelstudium" durchführen, wird auf keinen Fall den Anforderungen eines wirklichen Bibelstudiums gerecht. Die Gesellschaft erklärt ausdrücklich, daß man ohne die Verstehenshilfe des *„treuen und verständigen Sklaven"* die Bibel nicht verstehen könnte, sooft man sie auch läse.

Wie weitreichend die Eingriffe in die Privatsphäre sind, wurde bisher schon deutlich. Wie unmündig die Zeugen gehalten werden zeigt sich, wenn man z. B. die Hausordnung des *Bethel* – das sind die Zentralen der Gesellschaft in den jeweiligen Ländern, wo Zeugen in einer *ordensähnlichen* Gemeinschaft wohnen und arbeiten – liest. Kleinigkeiten, an die man normalerweise kleinere Kinder erinnern muß, finden sich in dieser Hausordnung: *„Von allen wird erwartet, daß sie sich vor dem Essen waschen ... Nimm dir nie mehr auf den Teller, als du essen wirst ... Wenn du Speisen vom Tisch mitnimmst, dann iß sie auch und verschwende nichts. Das Licht sollte ausgeschaltet werden, wenn es nicht mehr gebraucht wird. Achte darauf, daß du den Wasserhahn richtig zudrehst."*

Wohlgemerkt, es handelt sich bei den Bewohnern des Bethel ausnahmslos um Menschen, die bereits seit Jahren Zeugen Jehovas sind.

Auch der Vorwurf der Manipulation kann bejaht werden; je länger ein Mensch zur Wachtturmorganisation gehört, desto einseitiger wird alle Information, die er erhält, von ihr bestimmt und gefiltert. Durch seinen ausgefüllten Zeitplan hat er kaum noch Zeit, irgendetwas anderes außer den organisationsinternen Schriften zu lesen. Auch alle seine Information über andere Glaubensgemeinschaften stammen fast ausschließlich von der Wachtturmgesellschaft; benutzt man doch einmal andere Bücher, so eigentlich nur solche, die die Ansicht der Wachtturmgesellschaft stützen. Literatur, die sich kritisch zur Gesellschaft äußert, soll nicht gelesen werden. Bücher von Ehemaligen werden gar mit Pornographie verglichen und mit Dämonischem gleichgesetzt. So ist es kein Wunder, wenn für den Zeugen nach einiger Zeit eigentlich nichts Positives außerhalb der Wachtturmgesellschaft mehr existiert.

Wenn es auch kein *einzelner* Führer ist, der verehrt wird, so hat doch der sogenannte „treue und verständige Sklave" eine Machtfülle, die ihresgleichen sucht. Die Organisation als „Mama" verkündet morgen eine neue Lehre, und übermorgen werden die einzelnen Verkündiger sie an die Türen bringen.

Interessant ist eine Aussage von Charles Taze Russell zu der Denkweise der Sektenanhänger in seinem Buch *„Dein Königreich komme": „... weiß, daß er sich damit verpflichtet, weder mehr noch weniger zu glauben, als jenes Glaubensbekenntnis über die Sache ausspricht. Wenn sie trotz solcher freiwillig eingegangenen Knechtschaft für sich selbst denken und aus anderen Quellen Licht empfangen, über das Licht hinaus, das die Sekte genoß, als sie sich ihr anschlossen, so müssen sie entweder der Sekte oder ihrem Versprechen gegenüber, nichts ihrem Glaubensbekenntnis Widersprechendes zu glauben, untreu sein, oder* *das Bekenntnis, dem sie entwachsen sind, ehrlich beiseite werfen, ihm entsagen und aus dieser Sekte austreten. Das zu tun, erfordert Gnade und kostet einige Anstrengungen, zerreißt oft angenehme Verhältnisse und setzt den ehrlichen Wahrheitssucher den einfältigen Beschuldigungen aus, daß er ein ‚Verräter' an seiner Sekte, ein ‚Wetterwendischer', ein ‚Unbeständiger' sei usw. Wenn man sich einer Sekte anschließt, so wird erwartet, daß man sich der Sekte gänzlich ergibt und nicht mehr sich selbst gehört. Die Sekte unterscheidet nun für ihn, was Wahrheit und was Irrtum sei; und er muß, um ein wahres, zuverlässiges, treues Glied der Sekte zu sein, deren spätere wie frühere Entscheidungen über alle religiösen Fragen annehmen, seine eigene Meinung übersehen und persönliche Nachforschungen vermeiden, da er sonst in der Erkenntnis wachsen und als Glied solcher Sekte verloren gehen könnte ... Diese Bande des Sektentums, weit davon entfernt, als das, was sie sind, als Fesseln und Ketten, angesehen zu werden, werden als ein Schmuck, als Ehrenzeichen und Ausweis von Charakterstärke betrachtet und getragen"* (a. a. O., S. 173, Nachdruck).

Es geht nicht darum, die Menschen schlechtzumachen, die sich in dieser Organisation befinden. Sie treten für die Lehren der Gesellschaft mit einer Überzeugung ein, die man auf der einen Seite nur bewundern kann. Beweist ihre Überzeugung aber auch, daß sie recht haben? Sicherlich gibt es auch positive Dinge in dieser Gemeinschaft. Warum diese hier nicht aufgeführt werden? Dazu muß man sich nur alle zwei Wochen einen *Wachtturm* oder *Erwachet* besorgen, die je eine Auflage von ca. 20 000 000 weltweit haben, oder eines der zahlreichen Bücher der Wachtturmgesellschaft. Dort findet man nur positive Dinge, kaum ein negatives Detail trübt das Bild. Viele Angehörige dieser Gemeinschaft mögen nett und aufrichtig sein, und wir sollten ihnen christliche Nächstenliebe entgegenbringen, doch ist es gerade auch die Pflicht eines Christen, über die anderen Seiten der Wachtturmgesellschaft aufzuklären, die sie in der Öffentlichkeit nicht zeigt.

Anhang

In jedem Jahr veröffentlichen Jehovas Zeugen im *Wachtturm* vom 1. Januar einen Bericht über das abgelaufene Jahr, in dem die Anzahl der Zeugen in allen Ländern, die Zahl der eingesetzten Stunden, die Zahl der Täuflinge usw. aufgeführt werden.

Wer sich etwas ausführlicher mit diesen Statistiken beschäftigt, wird etwas Interessantes feststellen können:

Zwischen der Anzahl der Getauften und dem Anwachsen der tatsächlichen Verkündigerzahl klafft eine gewaltige Lücke.

So wurden im Jahre 1996 in Deutschland z. B. 6193 Menschen getauft, während die tatsächliche Zunahme an Verkündigern nur 722 betrug. In der Zeit von 1969 bis 1996 wurden über 147 000 Menschen in Deutschland getauft, die tatsächliche Zunahme betrug aber nur etwa 86 000. Selbst wenn man davon ausgeht, daß eine Anzahl von Zeugen stirbt oder aufgrund des Alters nicht mehr in der Lage ist, in den Predigtdienst zu gehen, bleibt die Tatsache bestehen, daß eine sehr große Anzahl der Organisation den Rücken kehrt, sei es, daß sie ausgeschlossen oder untätig werden oder die Gesellschaft verlassen.

	Durchschnitt / Höchstzahl	Getaufte
1969	81 051 / 83 450	6 678
1970	84 421 / 86 252	5 503
1971	87 976 / 89 706	5 136
1972	89 737 / 90 475	5 001
1973	90 702 / 93 178	6 476
1974	95 610 / 98 382	7 959
1975	98 194 / 100 351	7 407
1976	98 648 / 102 044	4 469
1977	97 760 / 100 213	3 194
1978	96 738 / 99 632	2 748
1979	96 112 / 97 629	3 240
1980	97 831 / 99 739	3 125
1981	99 223 / 101 451	3 312

1982	101 454 / 104 068	4 091	
1983	104 931 / 106 834	4 781	
1984	107 479 / 109 102	4 288	
1985	114 188 / 115 604	4 066	(ab 1985 Inkl. West-Berlin)
1986	116 152 / 118 645	4 954	
1987	118 318 / 121 273	4 770	
1988	121 825 / 125 068	4 751	
1989	125 793 / 129 061	5 993	
1990	129 756 / 132 942	7 054	
1990	20 874 / 21 942	654	(DDR)
1991	154 496 / 157 845	6 904	(Deutschland gesamt)
1992	158 461 / 163 095	6 345	
1993	161 685 / 166 505	6 601	
1994	163 327 / 167 878	5 682	
1995	165 746 / 170 346	6 018	
1996	166 468 / 170 040	6 193	

Verkündiger von 1969-1996	**Getaufte von 69-96**
165 746 / 170 346	
81 051 / 83 450	141 200
84 692 / 86 696	
166 468 / 170 040	
-81 051 / -83 450	147 393
85 417 / 86 590	

Differenz Getaufte zu Durchschnitt 62 342
Differenz Getaufte zu Höchstzahl 60 803

Quellenangaben

Carl-Olof Jonsson: Die Zeiten der Nationen näher betrachtet
Carl-Olof Jonsson / Wolfgang Herbst: The Sign of the last days – when?
Brücke zum Menschen, Zeitschrift des Bruderdienst-Missionsverlages
Rufié / Sournia: Die Seuchen in der Geschichte der Menschheit
Wachtturmliteratur wie angegeben

Bibelzitate wurden, soweit nicht anders vermerkt, der rev. Elberfelder Übersetzung entnommen.

Empfehlenswerte weiterführende Literatur

Raymond Franz: Der Gewissenskonflikt
Raymond Franz: In search of christian freedom
Franz Stuhlhofer: Charles Taze Russell und die Zeugen Jehovas – Der unbelehrbare Prophet
Steven Hassan: Ausbruch aus dem Bann der Sekten

Adressen, die weiterhelfen können

Sektenbeauftragte der evangelischen Landeskirchen
Für die Pfalz
Evangelische Kirche der Pfalz
Domplatz 5
67346 Speyer
Sektenbeauftragter Dr. Ziegert

Sektenbeauftragte der Katholischen Kirche
Für die Pfalz
Bischöfliches Ordinariat

Kleine Pfaffengasse 6
67346 Speyer
Sektenbeauftragter Herr Bussen

Betroffeneninitiative
Kontaktadresse
Sigrid Raquet
Eschenweg 8
67454 Haßloch
Tel. + Fax: 06324 /80256
Email: raquetrs@t-online.de

Sekteninfo München
Bayerstraße 77a
80335 München
(hat ein Adressenregister herausgegeben)

Netzwerk ehemaliger Zeugen Jehovas
Stephan E. Wolf
Postfach 1215
75435 Knittlingen
Email: 100023.236@compuserve.com

Exodus – Informationen
c /o Bertram Satzinger
Werner-Egk-Bogen 63
80939 München
Tel. 089 /3110071
Fax: 08131 /58654

Bruderdienst – Missionsverlag e.V.
Kremper Weg 38b
25524 Itzehoe

Glossar

Neue-Welt-Übersetzung: Bibelübersetzung der Wachtturmgesellschaft

Kingdom Interlinear: Interlinearübersetzung des Neuen Testaments der Wachtturmgesellschaft, bisher nur in Englisch erschienen, Vers-für-Vers-Übersetzung des griechischen Textes, daneben der Text der Neue-Welt-Übersetzung

Verkündiger: jemand, der *predigt*

Zeuge Jehovas: getaufter Verkündiger

Versammlung: Gemeinde, besteht i. d. R. aus ca. 100 Verkündigern

Pionier: Zeuge Jehovas, der 100 Std. monatlich für das *Predigen* einsetzt

Hilfspionier: Zeuge Jehovas, der 60 Std. monatlich *predigt*

So lösen Sie Ihre Konflikte

Gerhard Scheibel
Konflikte verstehen und lösen
Handbuch für Betroffene und Berater
Paperback. 160 Seiten.
ISBN 3-87067-663-9

Überall, wo Menschen zusammenleben, gibt es Unterschiede im Verständnis des Lebens, in den Zielen, Hoffnungen und Vorstellungen. Dabei kommt es zu Konflikten, die jeden Bereich betreffen: ob am Arbeitsplatz oder in der Familie, ob in der Gemeinde oder in der Partnerschaft.

Dieses Buch hilft, Konflikte besser zu verstehen und zeigt vielfältige und kreative Lösungsmöglichkeiten auf.

Brendow
Buch · Kunst · Verlag

Machtmenschen in der Gemeinde

Edin Løvås

Wölfe in Schafspelzen

Machtmenschen
in der Gemeinde
Paperback. 80 Seiten
ISBN 3-87067-392-3

Machtmenschen – sie leben in vielen Gemeinden. Unerkannt spannen sie ihre Fäden, manipulieren, drangsalieren und zerstören ihre Mitchristen unter dem Deckmantel der Frömmigkeit.

Leiter und Führungspersönlichkeiten sind wichtig in der Gemeinde, doch der Autor weist eindeutig auf die erheblichen Gefahren einer unkontrollierten Machtausübung hin. Viele Beispiele untermauern seine Argumente und geben konkrete Hilfen für den Umgang mit Machtmenschen und zerstörerischen Strukturen.

Brendow
Buch · Kunst · Verlag